本书由大连海洋大学农村发展学科经费资助出版

农业商品化:历史与启示

谭光万　著

东南大学出版社
SOUTHEAST UNIVERSITY PRESS
·南京·

图书在版编目(CIP)数据

农业商品化:历史与启示/谭光万著. —南京:东南大学出版社,2018.1

ISBN 978-7-5641-7627-3

Ⅰ. ①农… Ⅱ. ①谭… Ⅲ. ①农业经济-商品化-研究-中国-古代 Ⅳ. ①F329.0

中国版本图书馆 CIP 数据核字(2018)第 015330 号

农业商品化:历史与启示

出版发行	东南大学出版社
出 版 人	江建中
社　　址	南京市四牌楼 2 号(邮编:210096)
网　　址	http://www.seupress.com
责任编辑	孙松茜(E-mail:ssq19972002@aliyun.com)
经　　销	全国各地新华书店
印　　刷	虎彩印艺股份有限公司
开　　本	700 mm×1000 mm　1/16
印　　张	14.5
字　　数	292 千字
版　　次	2018 年 1 月第 1 版
印　　次	2018 年 1 月第 1 次印刷
书　　号	ISBN 978-7-5641-7627-3
定　　价	49.80 元

(本社图书若有印装质量问题,请直接与营销部联系。电话:025-83791830)

目　　录

第一章　导　言

1.1　研究背景、目的和意义

1.1.1　研究背景

1.1.1.1　现实背景

农业商品化是众多发展中国家农业转型过程中正面临的一个问题，也是我国经济转型中的一个热点问题。农业商品化是农业由自给自足式的生产向以满足市场需求为导向的商品式生产过渡的过程。在发展中国家的农业商品化实践中，既有基于土地集中的规模化农场生产，也有在地权分散条件下，以农户为主导的商品性农业生产，各自所采取的模式和实现的路径都不尽相同。我国地域广阔，农业类型多样，如何根据各地农业生产的实际情况来选择农业商品化发展的路径是当前我国推进传统农业向现代农业转变进程中所迫切需要解决的问题。我国农业依然处于自给性农业与商品性农业相结合、规模化农业与小农经营并存的局面。这种局面的形成与我国农业发展的历史进程和资源禀赋有着重大的关系。因此，针对我国古代农业商品化进程中的核心问题进行探究，从中发掘出规律性的认识，以史为鉴，有助于更好地理解和应对中国农业商品化现实中所面临的诸多问题，从而推动我国农业由传统农业向现代农业的转变。

1.1.1.2　理论背景

马克思主义的基本原理，尤其是马克思主义经典作家对关于农业发展和农业商品化问题的论述是本研究主要的理论来源。

首先，社会分工是商品经济产生和发展的基础，农业内部分工的深化和商品经济的发展推动农业商品化发展。马克思认为传统的农业社会是自给自足的自然经济占主导地位的社会,农业生产的主要目的在于供生产者消费而非用于交换。社会分工的发展、专门化的农业开始出现,"不仅引起农业品和工业品之间的交换,而且也引起了各种农产品的交换"[①],从而促进了农业领域商品经济的发展,推动农业生产向商品化的方向转变。

其次,农业现代化的过程同时也是农业中商品经济代替自然经济的过程。马克思和恩格斯认为,农业商品经济发展的起点是封建农民摆脱人身依附关系获得人身自由,同时获得土地所有权;土地成为自由买卖的商品,货币地租成为主要地租形式。在英、法、德等西方国家农业现代化过程中,工业革命和城市的繁荣,农业人口向工业和城市的转移,造成大量的农产品的需求是农业商品经济发展的动力。农业生产的商品率由于生产规模的扩大、资本的集中等而不断提高,小农的生产方式在农业商品化过程中将被规模化的农场生产所代替,现代化的商品农业取代自给自足的传统农业。

再次,农业中商品经济取代自然经济促进了农业生产的专业化和区域化分工,促进了土地、资本和劳动力等生产要素的商品化和自由流动。马克思和恩格斯通过考察英、法、德等西方国家农业在走向现代化工业社会过程中所发生的变化指出,农业的现代化过程必然由农业的商品化推动,农业的商品化进一步加深了农业的内部分工,促使农业基本生产要素市场的形成,促进了农业生产者间的自由竞争,有利于推动现代化的大农业的发展。

此外,西方经济学家有关小农经济发展的理论也具有一定的参考价值。如恰亚诺夫的"劳动-消费均衡"理论、舒尔茨和波普金"理性小农"理论、吉尔兹和黄宗智"农业内卷化"理论、斯科特和利普顿"风险厌恶"理论、巴纳姆和斯奎尔的"小农场经营模型"。这些理论的研究过程虽然有着独特的时空结构,但在一定程度上有助于理解中国古代以小农分散经营为基础的农业商品化进程。

中国古代的小农经济以及农业商品化进程有着特定的时空背景,也不同于英国、法国、德国等西方国家农业商品化的历史实践。因此,我们在借鉴这些理论及其论证方法时,坚持以中国特色的马克思历史唯物主义为指导,遵循论从史出,以史实来支撑论点的基本史学研究程序。以此来避免将马克思主义和西方经济学理论生搬硬套到中国农业商品化的研究中。

① 《列宁全集》第3卷。

1.1.2 研究目的

首先，在系统梳理国内外对我国古代农业商品化问题的研究成果的基础上，针对现有研究的不足之处，本书从农业生产的三大基本要素——土地、劳动力、资本入手，对我国古代农业商品化进程中土地制度演变对土地商品的制约、农业雇佣关系的演变以及农业资本市场的发展进行了系统的梳理和发掘，由此来展现我国古代农业商品化的发展进程并探讨其制约因素。

其次，通过对我国古代农业商品化进程中三大基本生产要素商品化问题的考察，从以经济作物种植业为核心的商品性农业发展作为切入点深入探究土地、劳动力、资本在商品性农业生产过程中的渗透，以期从中发掘三大基本生产要素商品化程度对农业商品化进程的影响及相互关系，从而推动农业商品化问题研究的深入，弥补现有研究的不足。

再次，归纳出在我国古代农业商品化进程中制约土地、劳动力、资本的商品化发展的因素，探究古代社会农业基本生产要素难以商品化和有效结合从而引发农业生产经营方式变革的原因，从而为研究现代农业商品化问题提供借鉴。

1.1.3 研究意义

首先，本研究具有一定的学术意义。我国古代农业商品化问题是中国经济史和农业史研究的重要课题。现有的研究成果多只是从农业商品化的某一时段、某一方面展开，并没有从整体的角度进行通代性研究。本研究试图将农业三大基本要素的商品化纳入农业商品化的整体历史进程中来进行分析，有利于进一步推动学界对农业商品化问题的宏观研究。此外，本研究试图将马克思主义的基本原理与西方经济学的若干理论结合起来，在基于中国农业商品化历史演进的基础上，对其中的若干经典观点进行重新反思和审视，有利于推动相关理论的完善和深入。

其次，本研究具有较强的现实价值。我国传统农业领域商品经济的发展历史悠久，当前我国农业商品化发展中存在的诸多问题，往往隐含着深刻的历史原因。因此，在我国传统农业向现代农业转化的时期，对我国古代农业商品化进程进行系统而深入的分析，客观地总结农业商品化进程中存在的问题及其原因，可以为解决当今农业商品化进程中出现的问题提供历史借鉴；深刻地剖析古代农业商品化进程中农业基本生产要素商品化发展中的制度约束，为在新时期推动农业商品化发展而进行的制度改革提供启发。

1.2 国内外研究综述

1.2.1 国内研究综述

1.2.1.1 国内研究概况

近年来,随着"三农"问题的研究趋热,国内学者对我国古代农业商品化问题的关注程度也呈现上升的趋势。通过检索和分析中国知网学术论文数据库所收录近二十年(1992—2011)有关我国古代农业商品化问题的研究论文,可以对近二十年国内学者对我国古代农业商品化问题的研究态势作宏观的审视。我们选取与古代农业商品化问题研究相关的关键词:土地交易、土地买卖、土地市场、农业雇工、农业雇佣关系、农业资本主义萌芽、农村高利贷、农村借贷、农民借贷、经济作物、粮食价格、商品农业、商业性农业、农产品商品化、农业商品化等,逐年进行检索,仔细辨读后筛选出576篇论文,统计出历年发表的论文数量,绘出近二十年来国内学者对我国古代农业商品化问题的研究态势图(参见图1.1)。

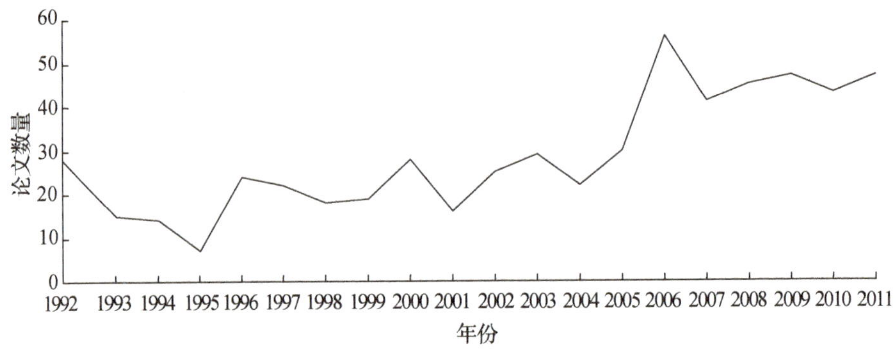

图1.1 近二十年中国古代农业商品化问题研究态势(1992—2011)

从图1.1中可以看出,近二十年来,国内古代农业商品化问题的研究论文数量总体上呈上升态势,表明国内学者对古代农业商品化问题的关注程度在不断提高。在前十年间,论文数量在震荡中回升。1992年的论文数量为28篇,此后数量有所减少。至2000年,又回到28篇的水平。这表明,在前十年中,国内学者对古代农业商品化问题的关注度有所下降,但逐渐趋稳。从2002年开始,论文数量逐年增加,至2006年达到后十年的最高值56篇。在2002—2011这近十年间,随着论文数量的增加，国内学者对古代农业商品化问题的研究明显升温，学界对古代农业商品化问题的关注程度也在提升。

根据研究内容的不同，我们将所检索的论文划分为土地的商品化、农业劳动力的商品化、农业生产资金的商品化以及商品性农业四个主题。通过统计近二十年来所发表的不同主题论文数量，来分析国内学者对古代农业商品化问题不同主题的关注程度和研究状况。从图 1.2 所反映的主题分布情况可以看出，近二十年来，国内学者对我国古代农业商品化问题的研究主要集中在土地的商品化和商品性农业上，而对农业劳动力商品化问题的关注度则较低(参见图 1.2)。可以说，国内学者对我国古代农业生产资金的商品化和农业劳动力的商品化问题研究尚显薄弱。此外，从我们对已有论文的辨读来看，对我国古代农业商品化问题进行综合性的研究还很少。在研究时段上，已有的研究多为断代研究，虽然已经涉及了各个历史时段，但集中于明清时期。通代性的研究成果较少，已有的通代性的研究多关注土地的商品化，而对其他主题的通代性研究非常匮乏。结合研究内容和研究时段来看，近二十年国内学者对我国古代农业商品化问题的通代性、综合性的研究还非常欠缺，有必要加强在这一领域的研究。

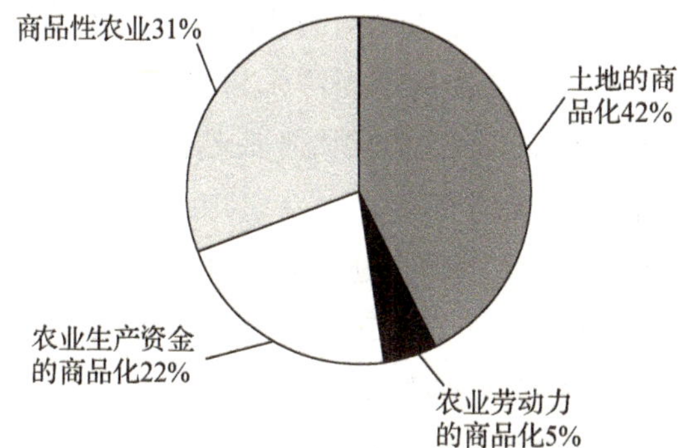

图 1.2 近二十年中国古代农业商品化问题研究主题分布(1992—2011)

1.2.1.2 国内研究成果述评

近年来随着国家对“三农”问题的重视，国内学界对农业商品化问题的关注度也逐渐趋热。学者从不同的角度对我国古代农业商品化问题进行了深入而广泛的研究，不仅整理了大量的相关史料，还取得了丰硕的理论研究成果。从近年来学界所关注的我国古代农业商品化的具体内容来看，国内学者的研究成果主要集中在以下几个方面：

第一个方面是中国通史性的论著中对农业商品化问题的涉及性研究。我国古代农业领域商品经济的发展是研究经济通史、农业通史过程中必然会涉及的内容,因此在中国经济通史、中国农业通史乃至中国商业通史的研究成果中均会涉及有关农业商品化的问题。著名经济史学家傅筑夫先生在《中国封建社会经济史》中对我国古代社会各个朝代农业生产水平、雇佣劳动、土地买卖、货币关系等方面的内容进行了研究。尤其是傅先生在第五卷论述宋代经济史时,以茶叶产销为例,探讨了农业生产中的商品生产的发展与资本主义经济因素的增长及其消灭,为研究宋代农业的商品化问题提供了重要的参考(傅筑夫,1981)。田昌五、漆侠主编的四卷本《中国封建社会经济史》中对经济作物种植、土地的经营方式、国有土地上的商品生产、土地买卖以及农业资本主义萌芽等问题的论述对古代农业商品化问题的深入研究大有裨益(田昌五和漆侠,1996)。1996 年至 2002 年,由赵德馨教授组织 37 位学者历时 6 年多的时间完成的十卷本的《中国经济通史》(赵德馨,2002)中对我国不同历史时期农村经济的发展有着系统的梳理和深入的探讨。其中第二卷对秦汉时期农业领域商品生产的分析;第四卷对隋唐五代农业中经济作物种植业的发展、农村借贷、农业雇工等问题的论述;第五卷中对两宋经济作物种植业和商品性农业成长的探究;第六卷中元代以蚕桑、棉花为代表的经济作物、农村商品生产、农村集市、高利贷等问题的关注;第七卷中对明代农业经济、农村市场、生产结构的异变等问题的探讨;第八卷中对清代前期经济作物与农业多种经营的发展,土地关系、商业资本等的剖析都为深入研究古代农业商品化问题奠定了基础。中国社会科学院历史所、经济研究所组织全国经济史专家,历经 12 年所编成的九卷本《中国经济通史》中对我国古代农业商品化问题的关注颇多。周自强主编的《中国经济通史·先秦经济卷》结合文献和考古资料对夏商周至春秋战国时期农业经济的形式、农业经营方式、土地制度演变、商品货币经济的发展有较为全面的论述(周自强,2000)。林甘泉主编的《中国经济通史·秦汉经济卷》在已有秦汉经济史研究的基础上,进一步推进了对秦汉时期土地所有制及其经营形式、农田水利、农业生产、商品价格等问题的深入(林甘泉,2000)。高敏主编的《中国经济通史·魏晋南北朝经济卷》对魏晋南北朝时期雇佣劳动者的来源、出雇原因、身份特征、类别等进行了深入分析,为研究魏晋南北朝时期的农业雇工提供了参考(高敏,2000)。宁可主编的《中国经济通史·隋唐五代经济卷》中关于隋唐五代农产品的商品化、土地关系、货币流通与信用关系等问题的探讨,为深入研究隋唐五代农业商品化问题提供借鉴(宁可,2000)。漆侠主编的《中国经济通史·宋代经济卷》对农业生产与土地的关系、商业资本与高利贷资本等问题都有系统的论述,尤其是漆侠先生在书中开拓性地统计了宋代农业生产单位面积以及棉花和经济作物生产，这对研究古代农业商品化问题具有极为重要的参考价值（漆侠，2000）。漆侠先生还承担了《中国经济通史·辽夏金经济卷》的编撰，在该书中他对 10 至 13 世纪，我国北部边疆契丹辽国、党项夏国和女真金国农业经济的发展演变有深入的研究，填补了经济史研究的空白，也为更好地研究这一时期农业商品化问题提供了借鉴（漆侠，2000）。陈高华和史卫民主编的《中国经济通史·元代经济卷》对元代经济作物种植业、土地制度、高利贷、农业雇佣关系等进行有益的探究（陈高华和史卫民，2000）。王毓铨主编的《中国经济通史·明代经济卷》对明代土地买卖及管理、地主的土地经营、经济作物种植业的发展、茶业管理体制与贸易等农业商品化相关问题进行了深入分析，有助于我们加深对明代农业商品化问题的认识（王毓铨，2000）。方行、经君健、魏金玉主编的《中国经济通史·清代经济卷》从经济学角度对清代土地的买卖、农业劳动力的流动，粮食商品量、农产品商品生产、商人资本的经营、高利贷等问题进行了细致的研究，尤其是他们对清代土地买卖、农民的商品生产、高利贷与农民再生产关系的独到分析，对研究清代农业商品化问题具有很强的启发意义（方行，等，2000）。在中国农业经济通史的著作中，陈安仁对土地买卖、高利贷等问题进行了开创性的论述（陈安仁，1948）。曹贯一对农业生产经营的组织形式、农业生产的商品属性、土地制度的变迁与土地的商品化、高利贷与农业生产的关系、明清农业资本主义萌芽的发展等问题的系统论证有助于对农业商品化问题的深入研究（曹贯一，1989）。岳琛将我国古代农业生产力的发展变化置于首要地位，对土地制度、农业生产技术、农村雇佣关系、农村商品生产进行了别具特色的探究，对我国古代农业商品化问题的研究也颇具启发意义（岳琛，1989）。此外，李军、冯开文主编的《中国农业经济史纲要》中关于我国古代商业性农业的发展和农产品贸易方面也有诸多观点值得借鉴（李军和冯开文，2008）。在中国农业通史的研究成果中，梁家勉先生主编的《中国农业科学技术史稿》以大量的历史文献和考古、民俗学材料，对我国古代农业科技发展的进程进行了全面系统的考察。尤其是书中对农业内部生产结构的变化以及经济作物种植业的发展有着细致而深入的论述，为进一步开展古代农业商品化问题奠定了基础（梁家勉，1989）。吴存浩的《中国农业史》以我国农业的发展历程为线索，详细地描述了我国农业历史的发展轨迹，揭示了我国古代农业发展的规律。该书对我国古代原始农业和传统农业时代农业生产技术、农业经济结构变化、农产品商品化、农业资本主义萌芽等问题都有着详细的论述，对研究我国古代农业商品化问题有着重要的参考价值（吴存浩，1996）。1996 年，由中国农业历史学会和中国农业博览馆共同主持,杜青林等担任总主编,集合全国农史学界数十位专家学者开始编纂的《中国农业通史》,至 2007 年已经出版了《原始农业卷》《战国秦汉卷》《魏晋南北朝卷》。其中,张波和樊志民教授主编的《中国农业通史·战国秦汉卷》中对战国秦汉时期农业商品化趋势有独到的见解和开创性的研究(张波和樊志民,2007)。王利华主编的《中国农业通史·魏晋南北朝卷》则对学界关注较少的魏晋南北朝时期经济作物种植业有较为详细的论述(王利华,2007)。这些研究成果对研究我国古代农业商品化问题都具有重要的参考价值。此外,白寿彝主编的《中国通史》中对我国古代经济作物种植业、农业雇佣关系、土地买卖等问题都有专题性的论述(白寿彝,1999)。许涤新、吴承明主编的《中国资本主义发展史》(第一卷)《中国资本主义萌芽》中,对明清时期农业雇佣关系、经济作物种植业的发展以及农业雇工经营有着翔实的论证(许涤新和吴承明,1985)。张晋藩主编的《中国法制通史》中从法学的角度对我国不同历史时期的雇佣关系、土地买卖、民间农村借贷关系等进行了独特的剖析(张晋藩,1998)。吴慧先生主编的《中国商业通史》中对我国古代农产品的商品化、商业资本向农业的渗透等问题进行了论证(吴慧,2008)。

第二个方面是对我国古代土地商品化问题的研究。土地是我国古代社会农业生产最为重要的生产要素。土地买卖是我国古代地主制经济的重要特征。土地市场的形成对我国古代农业商品化的推进有着深远的影响。章有义的《明清徽州土地关系研究》根据明清安徽省徽州府现存租簿、置产簿等文书资料对明清时期徽州地区土地关系进行了细致的研究。书中所用统计资料,加工精细,具有很高的参考价值(章有义,1984)。张忠民对前近代中国社会土地买卖及其引起的资金流动进行了统计和研究,将土地买卖引起的流通资金的使用方向可归纳为两类:一类是重新纳入社会消费基金范畴的生活消费支出,另一类是重新加入社会再生产的广义的生产性消费。他认为前近代中国社会普遍存在的土地买卖改变并从长期趋势上平衡着社会再生产中积累和消费的比例,同时又进一步降低和减少了社会年产品价值中的积累部分,抑制了社会再生产中资金投入(张忠民,1989)。周绍泉以现存明代徽州契约文书为主要资料,认为明代徽州的土地买卖呈现出频率增加和节奏加快的趋势,徽州的土地买卖没有走出"土地财产转化为商业资本—商业赢利资本扩大—商业资本又转化为土地财产"的往还循环(周绍泉,1990)。周龙华通过对宋朝淳祐九年全国土地买卖一般情况和绍兴、淳熙年间淳安县土地买卖情况的数量分析,认为学界对宋代土地所有权转移情况的估计超过了实际情况;在小农经济占绝对优势的两宋时期,商品经济发展毕竟不够充分,价值规律对整个经济的影响不太大，小农分化的速度比较缓慢，所以土地所有权的转移速度不可能相当快（周龙华，1992）。李玲崧对秦汉时期的土地买卖对社会扩大再生产物质基础产生的负面影响进行了研究，认为秦汉时期封建土地私有制的确立、土地买卖的合法化，导致人们注重土地数量的追求，却忽略或无力对已购土地垫支资金，缩小了社会扩大再生产的物质基础；工商业利润和利息向地产转移，削弱了农工商扩大再生产的基础；周期性的土地兼并和土地所有权的频繁更替限制了土地生产潜能的发挥（李玲崧，1999）。龙登高对我国古代土地买卖及其土地市场的形成有系统而深入的研究，他在《中国传统市场发展史》中认为明清时期的土地市场呈现以下特征：地权市场范围扩大、地权转移高频率和零细化、地权交易形式多样化、地权与资本相互转化（龙登高，1997）。在《江南市场史：十一至十九世纪的变迁》一书中，他进一步指出，在允许土地买卖的前提下力求维护地权的凝固，是中国土地制度自井田制、占田制到均田制一以贯之的宗旨。而宋代则实行“田制不立”“不抑兼并”的土地政策，中国地权市场由此进入新的历史发展阶段。私有土地的买卖日益广泛和频繁，国有土地也渐次卷入了交易。不仅如此，历代以来土地交易的诸多特征在承续和扩展，还出现了种种新现象和趋势（龙登高，2003）。江太新根据徽州地区《王鼎盛户实征底册》，并结合乾隆时期广东省田房税事例对清代前期的土地买卖周期进行了研究（江太新，2000）。方行在《中国封建社会的土地市场》一文中对我国古代土地市场形成的必要条件、土地市场的发展阶段及土地市场的性质都有精辟的论述。他指出土地市场的性质决定于市场主体，即土地购买者和出卖者的需求使用方向以及经济行为在社会再生产中的作用。我国封建社会的土地买卖是当时社会平衡社会再生产中积累与消费基金比例关系的一种手段与机制，土地市场是当时社会平衡积累与消费供求的调节器。直到明代中叶以后，土地市场作为生产资料市场的性质开始突出（方行，2001）。方行对清代前期的土地产权交易的研究认为，清代地权交易形式多样化，地权交易中“亲邻优先权”的发展变化，使封建性的地权交易发展到了极致，而市场配置资源的作用在农业生产中日益扩大（方行，2009）。

2000 年 11 月 18 日中国经济史论坛召开了以“中国历史上的要素市场与土地买卖”为主题的研讨会，来自中国社会科学院、北京大学、清华大学等科研院所的国内专家学者对土地市场问题展开了热烈的讨论。他们的观点基本上反映了其时国内对土地商品化问题的研究状况。方行在会议上重新论述了他对土地市场形成条件和土地市场发展阶段的研究成果，并特别指出明代中叶以后，土地买卖具有要素市场的性质主要是基于两个方面：一是土地经营权进入市场，土地大量在生产者之间流动，有利于资源配置的优化；二是土地价格形成机制发生变化，供求关系决定地价。龙登高认为在我国传统社会生产要素的流动相对于西欧中世纪的生产要素更为活跃。地权与劳动的关系是传统经济体系依以旋转的轴心。在我国传统社会，劳动推动地权，推动土地产出的能力呈逐渐增强的趋势。我国传统社会后期地权市场比较发达，地权转移频率高，地权交易形式复杂多样，地权发生多层次的分解与裂变，并各自形成独立形态进入市场。地权市场调节与平衡家庭和社会财富负载的作用日趋强化，并通过自身的不断运动在其他生产要素与社会资源的配置中发挥作用。土地价格在不同年景、不同季节大幅度波动与农户再生产状况息息相关。吴承明指出，我国古代社会土地私有始终不完全，宋以后是否完全还值得研究。土地对农业是基本需求，土地价格基本决定于土地的好坏，供求有影响但不起决定作用。萧国亮认为从根本上说，地价是由土地的肥沃程度决定的，粮价决定地价是其特殊的表现形式。栾成显则认为研究封建社会土地买卖的性质量化分析是难点。秦晖认为在我国古代社会政治权力对土地交易的影响最大，各种特权不可忽视，地价中有许多的非市场因素。马克垚认为土地买卖就是地权买卖，涉及社会、经济、法律等诸多方面的概念，需要经济学家和法学家的结合。高聪明认为土地买卖是一种经济行为，因而决定地价主要还是经济因素，也就是投资和收益的比率；土地的收益有时以实物的形式来衡量，在商品经济发达的情况下则以货币的形式来衡量。李根蟠认为在封建地主制前期，土地买卖对当时物质资料再生产的意义，远不如对生产关系再生产的意义重大。刘玉峰认为对土地买卖还应该主要对用于土地买卖资金来源的研究，大量工商业资本用于土地买卖，引起和加剧了土地兼并，造成社会动荡，妨碍资本主义生产方式的生长（叶茂，2001）。

近十年以来，学界又涌现出一批学者关注土地商品化问题，他们所出版的论文和著作也值得关注。赵云旗对我国古代土地买卖尤其是唐代土地买卖有着深入的研究。他在《中国土地买卖起源问题再探讨》一文中将中国土地买卖的起源断定为西周中叶恭王时期，土地买卖发展于秦孝公商鞅废井田之后，由此他认为土地私有化推动了土地买卖的产生和发展（赵云旗，1999）。在他的著作《唐代土地买卖研究》中，他以翔实的史料对唐代均田制下土地买卖存在的问题及其原因，唐代皇庄和官庄、私人田庄、寺院田庄的买卖，唐代土地买卖价格，土地买卖契约，土地买卖进程，土地买卖类别，土地买卖政策及其影响进行了全面而深入的研究，是关于唐代土地买卖研究的一部力作（赵云旗，2002）。胡钢的《中国古代土地市场发育研究》通过对我国古代土地市场发生发展历程的考察，深化了对我国古代社会土地买卖和土地市场历史作用的认识(胡钢,2003)。吕志峰对研究汉代土地买卖有重要参考价值的买地券的著录和研究情况进行了综合考察(吕志峰,2003)。台湾政治大学的张益祥从法制史的角度通过对清代田产买卖的法律规定来深入解析清代民间土地买卖的内部结构。他的研究认为清代法律所呈现的田产买卖是一种基于现金思维下的田产买卖形态,且卖主可以不像买主那样负担担保责任(张益祥,2004)。李文治和江太新在《中国地主制经济论:封建土地关系发展与变化》中,对我国封建地主制经济发展的不同阶段中土地关系以及土地商品化发展进行了深入的论述。他们认为明清时期土地买卖自由化趋势成为主流,土地商品化成为不可抗拒的潮流(李文治和江太新,2005)。周进在借鉴现代民法理论的基础上,运用关系契约论的方法对清代土地绝卖契约的成立、有效、生效条件和中人在契约中的作用进行研究。他的研究表明由于清代国家私法制度的匮乏,清代土地绝卖契约的运行规则主要来自社会关系的安排(周进,2005)。陈学文认为土地买卖和地权转移是中国封建社会中经常发生的民间事务,到明清时期土地所有权的转移逐渐进入法制化的程序,政府介入地权的转移,并制定了一系列的法律制度(陈学文,2006)。成文章立足于唐宋时期的经济变革,以变动的历史观考察了唐宋时期土地的商品货币化运动,并分析了土地商品化与社会经济发展之间的内在联系(成文章,2007)。柴荣对明清时期法律对土地交易的规范性要求和实际执行情况进行了对比分析(柴荣,2008)。武沐和王敬伟根据清代嘉庆至宣统年间的河州契文资料,对清代河州土地交易中的土地价格、土地交易量以及土地买卖的特点进行了深入的探讨(武沐和王敬伟,2008)。余寅同对宋代法律中所赋予的亲族、邻人以及其典权人等特定身份的主体享受的优先购买权进行了剖析,认为优先购买权制度的设立是法律儒家化的产物,有利于保证稳定的社会秩序(余寅同,2009)。杨文认为随着北宋商品经济的发展,土地作为商品开始在河湟地区的经济贸易中,北宋政府特别制定了规范蕃汉之间进行土地买卖的政策(杨文,2010)。赵忠仲通过对徽商与明清土地市场关系的全面考察,认为徽州的土地市场,在徽商商业资本的影响下,呈现出十分活跃的态势和独特的发展趋势(赵忠仲,2011)。王晔通过对辽代时刻文献中有关辽代土地买卖材料的分析,认为辽代的土地买卖活动主要集中在封建经济比较发达的幽云地区。该地区土地买卖的盛行和随之而来的土地兼并,促成了辽代庶族地主势力的发展(王晔,2011)。

第三个方面是以雇佣劳动关系、雇工、工价等为切入点的古代农业劳动力商品化的研究。由于自由的雇佣劳动关系被视作资本主义生产方式的特征之一,早在

20世纪五六十年代关于中国农业领域资本主义萌芽问题的研究中，不少学者已对农业雇佣关系进行了深入的探讨。何清谷认为我国古代的雇佣劳动产生于春秋战国之际，春秋晚期雇佣劳动在个别地区出现，战国时期，逐渐普遍。春秋战国时期农业中使用雇工事例已很常见。战国时期的雇佣劳动是封建性的雇佣，与资本主义的自由雇佣有本质的区别（何清谷，1981）。翦伯赞分析了战国以来雇佣劳动出现的原因、两汉雇佣劳动使用范围以及雇佣劳动关系的特点。他认为战国以来以土地自由买卖为基础的地主经济的出现，促使地主和农民人身关系发生变化，农民具有一定的人身自由是雇佣劳动出现的原因，两汉时期农业生产中雇佣劳动关系也普遍存在（翦伯赞，1959）。高敏在《试论汉代的雇佣劳动者》中认为汉代的雇佣劳动是封建性质的，只是一种例外的、暂时的救急办法，不是也不会转化为资本主义生产方式下的雇佣劳动。汉代雇佣劳动关系中雇主主要是官府和地主，雇工从事的主要是消费性的农业生产。雇工不是完全的自由人，雇佣劳动者不单独构成一个阶层，本质上只是依附民的另一种存在形式，是破产的自耕农走向身份卑贱的农奴的一个中介阶段（高敏，1982）。傅筑夫通过与欧洲比较，认为中国雇佣劳动制在春秋战国时出现，并在秦汉时完全确立的原因，是封建地主土地所有制对土地的兼并，与资本主义无关。秦汉时期雇佣劳动涉及的行业，傅筑夫认为秦汉雇佣劳动的情况与战国时是基本相同的，主要还是在服务性、农业劳动和手工业劳动中使用（傅筑夫，1981）。徐扬杰在区分了前资本主义和资本主义雇佣劳动的区别的基础上对汉代雇佣劳动问题进行了分析，他认为秦汉时期，农业雇佣劳动更为广泛。汉代雇佣劳动者的身份基本上是自由的（徐扬杰，1982）。李文治、魏金玉的著作《明清时代的农业资本主义萌芽》对明清时期农业资本主义萌芽产生的条件、指标、雇工经营、雇工人的法律地位，农业雇工法律上人身隶属关系的解放、等级性雇佣向非等级性雇佣的过渡等问题有深入的探析，是研究明清时期农业资本主义萌芽问题的一部经典之作，对明清时期农业劳动力商品化问题的研究极具参考价值（李文治和魏金玉，1983）。罗仑和景甦通过对山东省所保存的历史资料，探讨了清代山东各地农业雇佣关系的发展程度，经营地主采用雇工经营方式的面积常数等问题（罗仑和景甦，1985）。吴量恺通过统计雍、康、乾三朝刑部档案中农业雇工案件认为，清代前期在农业经济中，较为广泛地适应雇工生产，较为普遍地存在雇佣关系，劳动力在某些地区成为商品，在市场上已成为交换对象。通过对长工、短工的工价分析，表明当时的计时工资已经围绕劳动力价值上下浮动，逐渐趋向接近（吴量恺，1983）。赵冈和陈钟毅在《中国历史上的劳动力市场》一书中对我国古代劳动力市场的出现、雇佣劳动市场、雇佣劳动的数量、雇佣劳动者的身份、工资等问题都进行了较为深入和系统的研究（赵冈和陈钟毅，1986）。赵冈和陈钟毅在《中国经济制度史论》中对我国汉代的雇佣劳动进行了研究，认为雇佣劳动产生于土地私有制出现后的春秋战国时期，并在汉代得到较大发展。汉代，农业是使用雇佣劳动最多的部门。汉代民间的雇佣劳动者能自由受雇、自由辞雇，属于自由良民（赵冈和陈钟毅，2006）。宋杰对汉代雇佣价格进行了分析（宋杰，1988）。黄冕堂对清代农村长工工价分阶段地进行了详细的考察，认为清入关到乾隆前中期的长工工价在纹银二两至四两之间上下浮动，嘉道时期的长工工价平均增加了1/3左右。清代全国各地农村长工工价差别较大，东北地区的工价一直很高，关内工价则以浙江最高，最低为贵州。清代各地从东北到西南、从闽广到陇右工价呈现两头小，中间大的特征（黄冕堂，1992）。秦和平对清代四川羌区农业的发展和劳动力问题进行了分析，认为玉米、土豆的引进和扩种使得农业作为该地区社会主体经济的地位确立，并导致羌区农闲时节剩余劳动力转移方式发生改变（秦和平，1991）。苏金花通过对唐五代时期敦煌农业劳动力的身份结构的研究认为，唐五代时期敦煌存在大量身份自由的农业雇佣劳动力，农业雇工的盛行，主要是家庭劳动力构成不均衡造成的农户与农户之间暂时性的资源交换（苏金花，2004）。方行考察了清代山东农村的劳动力市场中雇佣关系的变化、劳动力流动自由程度以及雇工工资形式与水平（方行，2006）。张显清在《明代后期社会转型研究》中对明代后期的农业雇工经营进行了全面细致的分析（张显清，2008）。乜小红基于对唐五代及宋初敦煌农业雇工契约的考察，认为雇佣双方基于彼此需求、平等自愿订立约定，契约中的各种预防性条款并不构成对被雇人的人身束缚和依附，受雇者的社会地位自由，其中所反映的农业雇佣关系实际上是劳动力的一种盈缺调节，有利于将土地和劳动力结合在一起（乜小红，2009）。周志斌对明清时期江苏农业中的雇佣劳动状况进行了论述（周志斌，2009）。孙刚华对汉代雇佣劳动进行了相对全面的研究，认为汉代的雇佣劳动使用最多的集中于农业，特别是农业中的耕地作业（孙刚华，2010）。武建国和张锦鹏深入分析了宋代江南地区农村劳动力利用和流动，并总结出宋代江南地区农村富余劳动力流动的三种模式（武建国和张锦鹏，2011）。

第四个方面是以农业借贷问题为代表的农业生产资金商品化的专题研究。学界对农业借贷的研究多集中于农业金融、农村高利贷、国家农贷等方面，取得了不少研究成果，为进一步研究古代农业生产资金商品化问题奠定了基础。詹玉荣在《中国农村金融史》中对我国古代农村金融的历史演进及在清代的发展变化进行了深入的研究,其中也对各历史阶段农村的高利贷问题进行了相应的论述(詹玉荣,1991)。《中国金融史》中对我国古代的信用和信用机构分历史阶段地进行了较为系统的梳理,其中不乏对农村借贷机构和高利贷问题的论述(中国金融史编写组,1993)。刘秋根先生对我国古代借贷问题有着持久而深入的研究,形成了一系列高质量的研究成果。他从外部活动及内部经营两个方面考察了两宋私营高利贷资本的发展变化(刘秋根,1987)。他对宋代和元代的官营高利贷资本进行了论述(刘秋根,1989,1991)。在《明代农村高利贷资本》一文中,刘秋根论述了明代农村中各种借贷,探讨了农业再生产与高利贷资本的关系,并对明代农村高利贷资本的历史作用重新评价(刘秋根,1998)。在《明清高利贷资本》一书中,他对明清时期的高利贷资本的发展、形式、利率,以及高利贷与社会经济发展的关系作了全面而深入的分析,尤其是该书对农村高利贷资本与农业再生产的关系进行了深入的探索,具有很高的参考价值(刘秋根,2000)。刘秋根认为中国古代农业金融史大体上可以划分为三个阶段:战国秦汉到唐代中叶、唐代中叶至明代中叶以及明代中叶至鸦片战争前。封建国家、地主阶级和商人阶级分别在这三个阶段起主体作用(刘秋根,2007)。他对15至18世纪中国资金市场发育水平进行了较为系统的考察,认为15至18世纪中国资金市场中工商业融资得到发展,而且表现出了稳定化及越来越有金融机构经营的趋势(刘秋根,2008)。其他学者亦有不少研究成果。曾维君的研究表明受商品经济的发展及国家政策法令的影响,战国至清代前期高利贷资本利率走向稳定与趋于下降的趋势(曾维君,2001)。罗彤华《唐代民间借贷之研究》对唐代借贷类型、放贷来源与借用对象、借贷原因、借贷期限、借贷数量与利息等问题进行了深入的论证。该书考证细致,史料翔实,是一部难得的学术专著(罗彤华,2005)。王中良对辽金官营借贷的类别、资本运营以及历史作用进行了研究(王中良,2007)。柏桦和刘立松对清代借贷与规制"违禁取利"进行了研究(柏桦和刘立松,2009)。高石钢对高利贷在中国古代的起源与发展问题进行了探析(高石钢,2010)。杨贞对清代前期国家在民间借贷的交易主体、利率等问题方面的法律规定进行了系统的研究(杨贞,2011)。王文书对宋代借贷业者的构成、民间借贷的抵当物、宋代借贷法律、官营借贷等问题进行了较为全面系统的研究,认为宋代借贷业已经发展成比较完备的体系,虽然官营借贷业发展迅速,但民间自由借贷依然占主导地位(王文书,2011)。杨乙丹在梳理我国古代国家农贷组织结构演进的基础上,分析了封建国家、地方政府和借贷农户之间的利益结构,揭示了地方官员的寻租行为与传统国家农贷目标偏离的内在关系(杨乙丹,2010)。我国古代国家农贷基于常平仓和义仓制度，因此有关常平仓和义仓的研究成果亦很有借鉴意义。刘秋根对唐宋常平仓的研究表明，唐宋时期常平仓已经具有了国家农贷的职能（刘秋根，1989）。牛敬忠探讨了清代常平仓、社仓的社会功能，认为清代常平仓、社仓的社会功能主要表现在稳定社会秩序，维护农民最低程度的简单再生产等方面（牛敬忠，1991）。马玉臣在《宋代常平仓制度研究》中对宋代的常平仓的发展情况、管理制度、收支、社会作用等问题都作了较为全面的探讨（马玉臣，2000）。孔祥军对两宋的常平仓制度演变也进行了深入研究（孔祥军，2009）。宋代青苗法的推行是我国古代国家农业借贷的一大变革，学者对宋代青苗法的研究成果也颇多。顾全芳在《青苗法研究》一文中从青苗法利息、抑配、动机、效果等诸多方面进行了研究（顾全芳，1990）。此后，李华瑞对《青苗法研究》的几个问题进一步进行了论述（李华瑞，1992）。刘德探析了青苗法的得失及其原因（刘德，1993）。张全民对社仓制与青苗法进行了比较，认为社仓制度在制度上更为完善，在客观效果上更有益于农民的生活和生产（张全民，1994）。赖作卿从农业金融的角度，论述了青苗法产生的社会背景和实施过程，以及青苗法在农村金融制度上的创新（赖作卿，1996）。傅允生从制度变迁与经济发展出发对青苗法进行了新的考察，认为青苗法只是封建国家的高利贷政策，背离国家职能，无益于国计民生（傅允生，2004）。王文东将宋朝青苗法和唐宋常平仓制度进行了比较研究，认为常平仓制度在运行方式上比青苗法更为灵活多样（王文东，2006）。江剑从法学角度对北宋青苗法进行了深入研究（江剑，2011）。

第五个方面，以经济作物和粮食商品化为核心的商品性农业发展问题研究。学界对我国古代农业领域商品经济、经济作物的专业化生产以及粮食的商品化发展进行了广泛的研究，取得了丰硕的成果。在农产品商品化和农业领域商品经济发展的研究上，成果尤为突出。刘志伟认为清代广东地区商品生产突破了基于自然条件的土特产生产局限，在市场需求刺激下获得发展，从而促使部分地区的农村自然经济向商品经济转变（刘志伟，1988）。马新认为基于小土地经营的局限性和汉代的赋役政策，两汉的自耕农从事着与商品市场有多方联系的半自给自足式的生产经营（马新，1996）。冷鹏飞对战国秦汉农业领域商品经济的发展进行了深入而细致的考察，认为战国秦汉时期是我国历史上农业领域商品经济发展的第一次高峰（冷鹏飞，2002）。黄今言和王福昌认为汉代农业商品生产的群体由专业农户、田庄主和小农构成，小农又可以分为自给型、半自给型和交换型三种，这三种都有商品性的生产。他们对汉代农业商品生产的发展水平进行了估算，认为汉代农业商品生产具有明显的不平衡性、地域性和分散性，农业商品率约为30%（黄今言和王福昌，2003）。黄今言在《秦汉商品经济研究》一书中对秦汉农业领域中的商品生产、农民参与商品交换、农村商品市场的发展以及商业资本进入农业等问题进行了全面而系统的论证（黄今言，2005）。李恒全对汉代农业领域中的商品生产问题进行了论述，认为汉代农业生产是自给生产和商品生产的结合。在汉代小农的生产中，商品生产的存在具有必然性，离开商品性生产，自给性生产也将无法维持（李恒全，2005）。刘玉峰认为唐代商品性农业的发展和农产品的商品化不仅表现在粮食作物的生产、销售、加工上，而且表现在经济作物的种植以及畜牧业、林业、渔业等方面（刘玉峰，2004）。关履权认为宋代广东工商业的发展，对于贸易的增长推动了以经济作物种植为代表的广东农业生产的商品化和多种经营的展开（关履权，1991）。虞云国对宋代太湖流域的农业经济进行了论述，认为宋代太湖流域商业性农业的发展和经济作物种植的扩大为该地区社会经济的繁荣创造了条件（虞云国，2002）。葛金芳对宋代以来江南区域商品性农业的增长进行了考察，并提出了江南宋元"农商社会"的发展态势（葛金芳，2009）。徐晓望对晚明福建商业性农业的发展进行了较为系统的分析（徐晓望，2003）。史志宏从农家生产结构、农村市场及农家收支中的货币比重等方面论述了清代农民生产商品化程度的提高（史志宏，2004）。吴斌认为明清时期是陕南农业商品化的重要时期，陕南经济作物的广泛种植、粮食产量的提高、以农林副产品为主体的手工业的发展，陕南农业商品化在内容和规模上都有增长（吴斌，2005）。李靖莉对唐宋明清时期黄河三角洲商品经济的发展进行了考察，认为明清时期黄河三角洲棉花等经济作物的规模种植，促使黄河三角洲农产品的商品化程度加深（李靖莉，2006）。郭华以太湖流域为中心对明清时期江南商业性农业的发展及其背后的人文因素进行了论述（郭华，2008）。魏小英和曹敏对明清时期农业领域商品经济在粮食、经济作物生产以及畜牧、林业和渔业等方面的表现进行了论述（魏小英和曹敏，2008）。黄清敏根据福建师范大学所藏明清经济契约文书，论述了福州山区农业生产中的商品化趋势（黄清敏，2009）。周智武对明清时期客家山区商业性农业的发展及其影响进行了论证（周智武，2010）。李锦伟对明清黔东粮食作物和经济作物种植业的商品化发展趋势进行了考察（李锦伟，2010）。在我国粮食的商品化以及粮食市场的研究上，学者们多关注唐、宋、元、明、清的粮食商品化，尤以明清时期最为集中。蒋建平通过考察清代前期米谷贸易发展的历程，总结了清前期米谷贸易特征；分析了清代前期米谷贸易的主要供应地和需求地，探究了清前期米谷贸易迅速发展的原因（蒋建平，1988）。

谭天星对清前期两湖地区商品粮总量进行了估计，认为官方采买仓谷是推动粮食商品化的主要途径（谭天星，1988）。谢景芳梳理了清代乾隆至道光时期，清政府对海运奉天粮米政策的变化，认为清代奉天粮食海运内地可划分为政府调运、官府采买、政府控制下的民商买运、商人自由采买和走私偷运（谢景芳，1989）。樊树志对明清长江三角洲的粮食业市镇与米市的研究表明，明清长江三角洲地区市镇的发展促进了粮食商品化程度的提高，长江三角洲地区形成了以苏州为中心的米市，粮食业市镇成为该地区仅次于丝绸业市镇、棉布业市镇的第三大类市镇（樊树志，1990）。陈春声对 18 世纪广东地区的米粮贸易和米价进行了细致的考察，深入研究了广东地区米粮市场的发育程度及其社会经济影响（陈春声，1992）。张岩通过考察清代汉口粮食的集散与经营、流通运销，探讨了汉口粮食贸易对农业、商品经济和全国粮食市场的影响（张岩，1993）。郭松义对清代粮食市场和商品粮数量进行了数据化的估测，认为清代中前期的全国中长途商品粮流通量约为 4 650 万～5 750 万石（郭松义，1994）。马波分析了清代闽台地区的粮食流通（马波，1994）。任放认为清康雍时期，两湖地区每年至少有 400 万石大米向外省输出，最高时接近 1 000 万石，约占两湖稻谷总产量的 8.1%～16.8%，两湖地区在 18 世纪的稻谷商品率平均可达到 12.5%（任放，2002）。邓玉娜对清代河南粮食市场体系、特征、粮食贸易发展性质、因素以及清代河南粮食贸易对城镇化的影响进行了较为系统的研究（邓玉娜，2003）。黄彩霞认为明清时期徽商将产粮区粮食贩运至江南，使江南出现稳定的粮食市场，为江南经济作物种植的扩大提供条件，促进江南粮食市场体系的形成和自然资源合理利用（黄彩霞，2004）。王元林和刘强对明清时期潮州地区粮食供给地区、交通路线、原因和特征进行了剖析（王元林和刘强，2005）。常平凡认为明清时期粮食贸易在晋商资本积累中具有基础性作用。晋商粮食贸易方式包括地方粮食贸易、官商粮食贸易、军需粮食贸易、粮食贩运和加工贸易（常平凡，2005）。杨松水从江南农业经济的转型的角度，探究皖中地区与江南米粮贸易动因及对皖中农业经济专业化和农业开发等方面产生的影响（杨松水，2006）。黄冕堂在充足的史料基础上，不仅对我国历代的粮食价格变迁史进行了系统考察，而且对清代各地区的粮食价格及其变化趋势进行了深入而细致的研究（黄冕堂，2008）。学者们对其他时段的粮食商品化研究也取得不少成果。代表性的如包伟民对两宋的粮食商品化程度问题进行了深入的分析，认为宋代粮食贸易虽然获得很大发展，但并没有达到使自然经济近于匿迹的水平（包伟民，1991）。陈贤春通过对元代粮食商品化的研究，认为元代农业生产的恢复和发展、粮食单位面积产量的提高促使进入流通领域的粮食不断增加,粮食商品化程度大幅提高(陈贤春,1993)。叶依能对元代粮食商品化发展的动因、程度以及作用进行了深入的探讨(叶依能,1994)。操晓理认为粮食是魏晋南北朝时期的最主要的大宗商品之一(操晓理,2008)。王玲考察了六朝时期荆州粮食贸易与荆州和扬州之间的远距离粮食贸易(王玲,2009)。张剑光和邹国慰对唐五代时期江南的粮食商品化种植和商品化贸易进行了考察(张剑光和邹国慰,2010)。李维才对唐代的粮食流通进行了系统而深入的分析(李维才,2011)。

此外,学者们从农业历史和农业历史地理学的角度对我国古代经济作物的种植分布、区域特征、地域拓展等方面进行了广泛的研究,成果颇丰。陈伟明先生考察了《异物志》中所记载的有关经济作物的内容,认为岭南的奇果异木作为特产进贡中原王朝,对双方的经济社会生活产生了重要影响(陈伟明,1995)。朱和平认为魏晋南北朝时期商品性经济作物的种植,包括专门的商品生产和非商品的生产者生产的产品投放市场两种情形(朱和平,2001)。刘昌俊从天时、地利和人和三个方面分析了唐代西南地区经济作物发展的原因(刘昌俊,2009)。杜文玉认为五代十国时期,在农业经济方面与唐代相比发生的最主要的变化,是农业经济作物的种植规模更大,发展进一步加快了,并出现了专业化的趋势,从而为两宋时期的大发展奠定了基础(杜文玉,2009)。农业历史地理方面的著作中对经济作物的地域分布有着细致的分析和论述,代表性的如《四川历史农业地理》(郭声波,1993)、《宋代农业地理》(韩茂莉,1993)、《辽金农业地理》(韩茂莉,1999)、《中国历史农业地理》(韩茂莉,2012)、《清代两广农业地理》(周宏伟,1998)、《明清河南农业地理》(马雪芹,1997)、《元代农业地理》(吴宏岐,1997)、《明清山东农业地理》(李令福,2000)、《明代华南农业地理研究》(王双怀,2002)等论著中都有诸多关于经济作物地域分布变化以及商品化生产的论述。《中国历史地理论丛》在20世纪90年代,发表了一批历史地理学者对经济作物地域分布的研究论文。如《元代北方地区农作物的地域分布》(吴宏岐,1988)、《历史时期四川手工业原料作物的分布》(郭声波,1990)、《唐代蚕桑业的地理分布》(赵丰,1991)、《元代江浙地区农业经济的发展及地域差异》(吴宏岐,1991)、《元代南方地区农作物的地域分布》(吴宏岐,1992)、《清代东北地区经济作物与蚕丝生产的区域特征》(李令福,1992)、《清代贵州农作物的地域分布》(陈国生,1994)、《清代直隶山西棉花种植和蚕桑业的变化及分布》(李辅斌,1996)、《明末清初我国烟草的主要产地及运销》(陶卫宁,1996)、《烟草、罂粟在清代山东的扩种及影响》(李令福,1997)、《明清山东省棉花种植业的发展与主要产区的变化》(李令福,1998)、《明代华南的经济作物及其地理分布》(王双怀,1998)、《论烟草传入我国的时间及其路线》(陶卫宁,1998)、《清代海南岛农作物的地域分布》(易泽丰,1998)等。除此之外,近年来又有学者对经济作物进行了研究,形成了不少学术论文。如杨国安对清代经济作物种植区域性特征进行了归纳和总结,认为清代全国形成了三大经济作物产区,清代经济作物种植的区域性商品化和专业化趋势明显(杨国安,2001)。杨伟对清代黔东南地区农林经济开发及其生态—生产结构进行了深入分析(杨伟,2004)。张萍研究了清代陕西植棉业发展及棉花产销格局(张萍,2007)等。这些研究成果都为深入探究我国古代商品性农业的发展奠定了基础。

1.2.2　国外研究综述

国外学者对农业商品问题也有所关注,其中尤其以美国和日本的学者对中国古代农业商品化问题上的研究成果最为突出。

其一,国外经典经济学家从经济学的角度对农业商品化问题展开了深入的分析。马克思和亚当·斯密分别作为政治经济学和西方经济学的经典经济学家,他们在很多问题上都存在分歧,但是在农业商品化问题上却都认为农业商品化会导致小农经济质的变化。亚当·斯密的论证前提是自由市场和个人对财富的追求。他认为具有强烈致富欲望的个人在自由竞争的市场中,会导致劳动的分工、资本的积累以及社会的变革,乃至随之而来的资本主义的发展。在农业领域,劳动分工和专业化会导致资本的积聚和小农农场的兼并,形成规模经济,因而小农农场将随着商品化而逐渐被以雇佣劳动为基础的大规模资本主义农场所代替(亚当·斯密,2009)。马克思是从自然经济向商品经济的发展,封建社会向资本主义社会过渡的角度来看待小农农业的发展。马克思认为商品经济的发展会伴随着拥有生产资料的资本家与无产阶级的劳动者成为对立双方,从而形成了新的资本主义性质的生产关系。列宁继承并发展了马克思的这一观点,他在对俄国商业性农业的发展考察后认为,小农经济只能是停滞和前商品化的经济,而商品化只能带来资本主义的发展和资本主义性质的社会分化(列宁,1959)。马克思和斯密在农业商品化问题上的相似观点,很大程度上可能源于两者都是对英国18世纪圈地运动和农业革命的实际经历的深入观察。但以家庭生产为代表的小农农业生产并没有在之后的商品化和资本主义经济发展中全部被规模化的大农场所取代,而且在世界很多地方,特别是中国家庭联产承包责任制的成功实践后,一家一户的小农生产为农业商品化甚至是一国经济发展提供了强大的支撑。这些与经典论断并不一致的实践引发了学者对研究方法和农业商品化论断的反思。随着西方经济学研究方法的发展,西方经济学者对小农经济的研究方法也在改进,Samuel L Popkin 采用弗里德曼对风险条件下消费者的抉择原理的分析,将小农生产视为以生存为首要条件的理性经济行为来解释小农经济的存在和发展,认为小农是一个在权衡长、短期利益后,为追求最大利益而做出的合理生产决策的人。他们对小农的人性界定在很大程度上都影响了后来西方学者对农业商品化问题的研究(Samuel L Popkin,1979)。舒尔茨将传统农业作为一种特殊类型的经济均衡状态,进而通过考察危地马拉和印度的案例,认为传统农业中的农民在资源配置上是有效率的(西奥多·W.舒尔茨,1999)。舒尔茨的研究实际上将小农农民视作农场主,以农场主经营农场的视角来看待小农从事家庭生产,这种思路很大程度上受西方经济学经典分析方法和美国农业发展史的影响,正如 J. T. 施莱贝克尔所言"美国农业史是一部商业性农业经营史"(J. T. 施莱贝克尔,1981)。相当多的美国学者在研究时更关注农业生产力基本要素的商品化以及这些要素市场的形成与发育。当然,也有学者对资本主义经济学说在解释小农经济发展有效性上进行怀疑。Karl Polanyi 认为资本主义经济学的研究是基于存在一个自由竞争和供求规律发挥作用的市场来分析的,而这并不适合小农生产,因此他批评使用资本主义经济学来研究小农经济,提出研究前资本主义的经济,需要把经济作为社会的制度过程来探讨(Karl Polanyi,1957)。苏联的恰亚诺夫(Alexander Chayanov)认为小农经济不能以研究资本主义的学说来理解,小农的家庭式农场生产,主要是为了满足其家庭的消费需要,而不是为了追求最大的利润(恰亚诺夫,1986)。

然而,近年来国外经济学者有关农业商品化问题的研究成果主要集中在对近现代亚、欧、非洲的发展中国家农业转型中的农业商品化问题的经济学实证分析。Prabhu L Pingali 从粮食生产体系的商品化转变、非贸易农业投入的减少和粮食生产体系的体制和管理三个方面来论述亚洲农业的商品化,并认为虽然当今只有少数亚洲地区有专业化生产体系,但农业的商品化和专业化在亚洲是一个总的发展趋势。农业商品化是由经济发展而促发的普遍现象。虽不同大洲和同一大洲不同国家这一过程有快慢之分,但其发展的方向是一致的。许多发展中国家正在实施结构调整和自由化政策,这将进一步加快农业的商品化过程(Prabhu L Pingali,1997)。Jones Govereh, T S Jayne, and James Nyoro 根据东非和南非的经验研究,着重研究了经济作物种植在促进粮食作物生产率增长中所发挥的作用。他们的研究发现私营公司和小农采取多种形式的方式结合，对小农提供不同水平的投资来进行经济作物的生产。较成功的公司和农户结合的方式在提高了小农家庭收入和粮食作物生产率上都发挥着积极作用，进而得出对考察中国农业商品化问题也有启示意义的结论：以具有高价值的经济作物生产为特征的商业化的小农农业可以在一定条件下对促进小农经济的发展并间接刺激粮食作物生产率的提高产生作用(Jones Govereh，T S Jayne，and James Nyoro，1999)。Paul J Strasberg 和他的团队研究了农业商品化对肯尼亚小农粮食作物生产效率的影响，并利用线性模型检测农业商品化对小农使用化肥和粮食作物产量的影响程度，得出农业商品化对小农带来的影响并不一样，也不具有一般性；这是由于不同小农户与公司间合约的差异，管理决策以及相关利益者对农户的信贷和支持程度的不同而造成的(Paul J Strasberg，1999)。Erik Mathijs 和 Nivelin Noev 基于阿尔巴尼亚、保加利亚、匈牙利、罗马尼亚的经验，研究了东欧和中欧国家农业转型中商品化农业和生存型农业发展的主要影响因素：初始条件与要素禀赋，农户特点，劳动力和保险市场的风险和不完善，要素和产出市场的交易成本。通过建立模型对以上四国调查数据进行分析，确定在农业转型国家中影响农户从生存型农业向商品化农业过渡的主要因素有年龄和社会保障体系以及农业合作方式。土地所有者越老，越不倾向于土地流转，社会保障体系在解决农民生存问题上扮演很重要的角色，采用农业合作的方式能够有效应对市场的不完善，降低市场风险，因此建议政策应该引导土地市场和农业合作组织的发展(Erik Mathijs and Nivelin Noev，2002)。这些研究成果为研究和探析中国农业商品化进程中出现的问题提供独到的视角，具有一定的借鉴价值。

其二，在国外的华裔学者及研究中国经济史的美、日学者从经济史和农业史对我国古代农业商品化问题的研究。黄宗智在《论长江三角洲的商品化进程与以雇佣劳动为基础的经营式农业》一文中便对 1350—1950 年之间长江三角洲的农业商品化问题进行了深入的分析(黄宗智，1988)。此后，基于满铁资料和实地调查，他对明清华北地区和长江三角洲地区农业的发展进行了细致的考察，出版了《华北的小农经济与社会变迁》和《长江三角洲小农家庭与乡村发展》两本著作。在这两本书中他的研究揭示出农业商品化带来的并不是小农家庭生产单位的削弱，而是它的更充分的完善和强化。在不同的地域，农业商品化进程对雇佣劳动为基础的经营式农业的作用不一样：明清时期关于长江三角洲的记载表明，商品化进程所带来的不是以雇佣劳动为基础的经营式农业的兴盛，而恰是它的衰亡；在华北，商品化进程确实在一定程度上伴随着经营式农业的扩展(黄宗智,2000)。步德茂(Thomas Buoye)和张人则对乾隆时期广东省土地商品化问题进行了探讨(步德茂和张人则,1994)。美国学者穆素洁对珠江三角洲的商品性农业进行了细致考察,认为明清时期广东小农生产中自给性生产的存在限制商业化和专业化的农业生产的发展(穆素洁 1989)。穆素洁在其著作《中国:糖与社会(农民、技术和世界市场)》的第五章小农经济的商品化中,以甘蔗种植业为重点对清代以前农业商品化的发展进行了论述,并指出了商品化农业对资本的需求,地租赋税和商品化农业间的关系,认为清代在中国农业发展中有商品化而无专业化(穆素洁,2009)。此外日本学者有关中国经济史和农业史的研究成果也值得借鉴,如《中国农业史研究》(天野元之助,1962)、《中国经济史考证》(加藤繁,1973)、《中国经济史研究》(西嶋定生,1984)、《均田制研究》(崛敏一,1984)、《宋代商业史研究》(斯波义信,1997)、《宋代江南经济史研究》(斯波义信,2001)等。

1.2.3 存在问题与不足

通过前文对我国古代农业商品化问题的国内外研究现状的综述,我们可以看出,学术界从不同的角度、针对不同的主题对农业商品化问题进行了研究。从近二十年来发表论文数量的演变趋势来看,学界对农业商品化问题的关注度在不断提高。国内外在农业商品化问题上的研究呈现出研究范围广、研究主题多、研究时段丰富等特征,研究的成果斐然,为进一步研究我国古代农业上品牌化问题奠定了坚实的基础。然而,在该问题的研究上,依然存在着一些问题和不足,主要表现在研究主题关注度高低不均;研究时段分布不均,以明清为主;宏观性、通代性的研究明显不足。

首先,不同研究主题的关注度不均。我国古代农业商品化问题的研究涉及的内容较广,从现有研究主题来看,主要集中在土地的商品化、农业劳动力的商品化、农业生产资金的商品化以及商品性农业四个方面。然而,不同主题的关注度并不不均衡,通过近二十年发表的不同主题论文数量分布可以看出国内学者对我国古代农业商品化问题的研究主要集中在土地的商品化和商品性农业上,而对农业劳动力商品化问题的关注度则较低。国内学者对我国古代农业生产资金的商品化和农业劳动力的商品化问题的研究尚显薄弱。而国外学者的关注点主要在土地商品化以及农业经营方式的变迁上。总体而言,学界对我国古代土地的商品化和商品性农业研究颇多,而对劳动力商品化以及生产资金商品化的研究尚显欠缺。

其次，研究时段分布不均。从国内学者对我国古代农业商品化问题的已有研究来看，大部分的学者将研究时段界定在明清时期，而对其他历史时期的农业商品化问题的研究较少。而在明清时期的农业商品化问题研究中，又以明清时期商品性农业和农业资本主义萌芽的论述最为突出，取得的研究成果也最为丰硕。学者对商品经济较为发达的战国秦汉、唐宋时期农业商品化问题的关注显得相对较少。

再次，宏观性、通代性的研究明显不足。国内外的学者将主要的研究精力都投入断代性的、区域性的研究专题上，有利于将某一历史时期农业商品化问题的研究推向深入；但是从整体性的角度来看，这样的研究缺乏宏观的审视，难以对整个农业商品化进程形成全面的认识。因此，在已有的研究基础上，有必要从宏观的视角，对我国古代农业商品化问题进行通代性的研究，以便更为系统全面地理解我国古代农业商品化的历史进程。

1.3　研究思路和方法

1.3.1　研究的基本界定

学界关于农业商品化的界定大同小异，基本都是源自马克思和恩格斯对农业现代化的论述，如沈阳农学院主编的《社会主义农业经济学》中将农业商品化定义为农业生产由自然经济、半自然经济或自给半自给经济向商品生产、商品交换的商品经济转化(沈阳农学院主编，1980)。朱道华在《农业经济学》一书中认为农业商品化是农业由自然经济向商品经济的转化过程(朱道华，2000)。而樊志民从研究战国秦汉时期农业商品化趋势的需要入手，将农业商品化界定为农业生产由自然经济向商品生产、商品交换的商品经济形态转化的过程(樊志民，2007)。研究中国古代的农业商品化问题，应该基于中国农业经济发展的基本史实来界定“农业商品化”这一核心概念。我国古代社会长期以自然经济为主体，商品经济居于从属的地位。在农业经济领域，农业的内部分工促使商品经济得以发展，自给自足占主导地位的农业生产中逐渐产生和发展出面向市场的商品性的农业生产。随着商品经济在农业领域的增长，农业生产的基本要素逐渐进入市场，成为商品，同时农业为社会提供的商品在逐渐增多。自给式的农业独占农业生产的局面被逐渐打破，农业商品化趋势日益明显。在战国秦汉时期，我国就开始出现了农业商品化趋势，促进了当时的社会发展。因此，我们可以参照樊志民对农业商品化的界定，将农业商品化定义为农业生产由自给自足的自然经济向商品生产和交换的商品经济形态转化的过程。基于这一界定,我们认为农业商品化的内涵包括以下几个方面:其一,农业商品化进程中,农业中的自然经济逐渐解体,商品经济逐渐增强,农业生产的商品化程度和农产品的商品率不断提高,自给性的农业地位趋于下降、商品性的农业趋于增长。商品性农业的发展突出表现在经济作物种植业的商品化,其次是粮食的商品化。其二,农业商品化进程中,商品市场的价值规律在农业生产中发挥着重要作用。农业生产的基本要素土地、劳动力、资本逐渐被商品化,并且都可以从市场上通过交易来实现自由流通。其三,农民根据商品市场的变动以及不同农产品的市场价格的比较来调整农业生产结构,专业化的农业生产开始出现,农业的地域分工逐渐明显。

1.3.2 研究的基本思路

史料是历史研究的基础。本书在充分整理和运用我国古代农业商品化问题相关史料的基础上,从农业生产的三大基本要素入手开展研究。首先,从土地的基本属性出发,结合我国古代土地制度的变迁,对我国古代土地商品化的历史演进历程和基本规律进行探讨。其次,从研究我国古代农业雇佣关系入手来探究我国古代农村劳动力的商品化,同时探讨了农村劳动力市场的发育情况。再次,从国家和民间两大层级来探讨我国古代农业资本市场的多元化发展过程。最后,通过考察经济作物种植业和粮食的商品化来论述商品性农业的发展,进而得出对我国古代农业商品化发展的规律性认识。本书的研究路线图大致如图 1.3 所示。

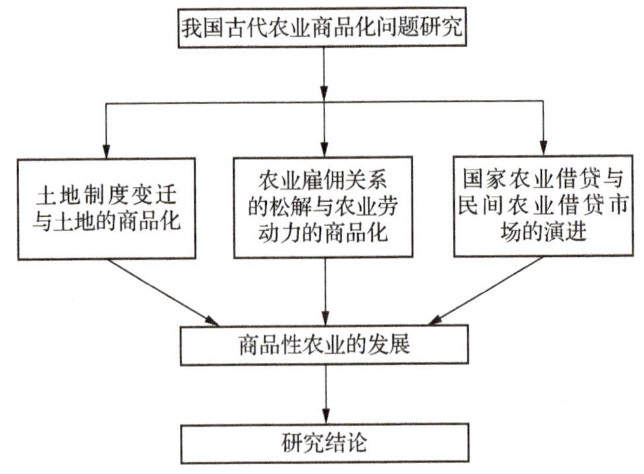

1.3.3 研究的基本方法

本书的研究基本属于历史研究的范畴，因此在研究方法上基本上以历史学的研究方法为主，同时辅以经济学和其他学科的研究方法。

首先，以马克思主义的辩证唯物主义和历史唯物主义为研究的指导性方法。在研究中注意以马克思主义辩证发展观的三大基本规律：对立统一规律、质量互变规律、否定之否定规律为指导，历史地客观地来分析和论证不同时期，农业商品化的发展程度、发展原因。特别是在对农业商品化总体进程的考察中，结合辩证法的否定之否定规律即事物的发展呈现螺旋式前进和上升的规律，避免简单的线性思维和粗糙的历史进程单线演进判断。在探求农业商品化的历史原因时，坚持内外因相结合的分析方法，既考虑农业商品化的内在驱动，又需要细致分析外在表现，以做出符合历史的判断，得出客观的规律性认识。

其次，在具体的研究过程中，坚持以历史文献与考古资料相结合的历史学的研究方法。根据史论源自史实的原则，在研究中，首先注意对历史文献和考古资料的判读和梳理，做到所引历史文献的真实性和准确性，并坚持论由史出，由真实的文献资料得出判断和结论。在处理所用理论与史实间关系时，坚持由史实到理论，再由理论回到史实，检验理论的认知程式。避免唯理论而有选择性地征引史料，形成理论预设结论的谬误。

再次，综合运用农业经济学、历史地理学、经济地理学的一些研究方法和分析手段。我国古代农业商品化进程中土地的商品化、劳动力的商品化和资本市场的发育都能够运用到农业经济学的基本原理和研究方法。而在研究我国古代商品性农业的区域化和专业化发展过程中则需要参考历史地理学和经济地理学的研究成果。因此，在主要运用历史研究文献与考古资料结合的基本方法的基础上，综合运用多学科的研究方法，来对本研究课题进行多视角多维度的研究。

1.4 论文的创新之处

其一，首次通览性、系统性地考察了农业生产的三大基本要素土地、劳动力、资本在我国古代的商品化发展趋势。我国古代农业商品化问题是中国经济史研究中的一个重要课题。尤其是在当前我国农业正处于传统农业向现代农业转型的特殊时期，学者结合形势，关注度和研究热情尤为高涨，也取得了一批具有突破意义的研究成果。但是，从总体上来看，现有的研究成果大多只是就农业商品化的某一方面的主题进行断代性的研究，并没有从整体的角度来进行通览性的研究。本文立足于史料与考古资料，试图将农业生产的三大基本要素的商品化纳入农业发展的整体历史进程中来进行分析，既能对我国古代农业某一生产要素的商品化历程有较为系统的梳理，又能综合展现我国古代农业商品化发展的历史趋势。

其二，首次以经济作物种植业的独立以及其结构变迁为考察核心来展现商品性农业的发展。在现有研究我国古代商品性农业发展的成果中，对经济作物的种植分布、商品化程度、专业化生产等方面的探讨较多，而缺乏对经济作物种植业的历史演变进行系统的论述。本书将经济作物种植业视作农业内部分化出来的一个独立生产部门，基于史料和已有研究成果对经济作物种植业的历史演化及其内部结构变迁进行了通览性的梳理。在此基础上，又进一步探究了商品化的土地、劳动力和资本对经济作物种植业的渗透。

其三，从宏观的历史视角，归纳和总结了我国古代农业商品化取得的突破及其历史局限。我国古代土地市场的有限发育、农业雇佣关系趋于自由以及民间农业借贷市场的发展，是我国古代农业商品化获得的有限突破。在我国古代以自然经济为基础的制度禁锢下，传统农业只能呈现出向商品农业发展的趋势而无法实现生产要素的市场化流动，完成向商品农业的转变。

第二章　古代生产关系主导下的土地市场发育

土地是农业的最基本生产资料，土地在我国古代农业生产由自然经济向商品经济形态转化的历史趋势中扮演着重要的角色。土地由一种自然物逐步成为私有财产，并朝着商品的方向发展，是我国古代农业商品化发展趋势的重要表现之一。探究我国古代土地的商品化演进的历史规律是研究我国古代农业的商品化趋势的核心内容之一。然而，土地具有明显区别于其他农业生产资料或产品的特殊属性和社会经济中的特殊地位。我国古代土地的商品化具有其特殊的历史演进逻辑与特征。因此，在研究我国古代土地的商品化问题时，我们认为应从土地的基本属性出发，结合我国古代土地制度变迁，来研究我国古代土地商品化演进的历史规律及其对农业商品化发展的影响。

2.1　我国古代土地的基本属性与价值实现

2.1.1　历史视野下土地的概念与属性

我国古代“土地”一词大致有五种含义。一是指田地、土壤。如《周礼・地官・小司徒》中所言：“乃经土地，而井牧其田野。”《汉书・晁错传》所载：“审其土地之宜。”二是指领土、疆域。《国语・吴语》所论“凡吴土地人民，越既有之矣，孤何以视於天下”。《孟子・梁惠王上》中孟子认为齐宣王“欲辟土地，朝秦楚，莅中国而抚四夷也”。三是泛指地区、地方。北魏时郦道元所著《水经注・若水》记载：“汉武帝时，通博南山道，渡兰仓津，土地绝远，行者苦之。”四是指土地神明，即掌管、守护某个地方的神。四是将名词用作动词，有查勘地形之意。《周礼・夏官》中记载土方氏的职掌“以土地相宅而建邦国都鄙”，郑玄将其中“土地”一词注为查勘地形之意，“犹度地知东西南北之深，而相其可居者”。综上所述，“土地”一词在我国古代文献中有着多种含义。但在我国古代，农业用地尤其是耕地是我国古代土地的主体含义。因而，本文认为土地是指历史时期以农业用地为主体的被人类所开发利用的土地资源，包括耕地、林地、宅地、墓地等多种类型。

土地的属性是指土地所固有的性质。马克思曾经指出，“土地应该理解为各种自然物本身”①，土地作为自然界的一种物质存在，具有天然的承载和滋养万物的自然属性。随着人类的出现和人类改造自然能力的增加，土地逐渐成为人类社会最基本的生存基础和生产资料。围绕着土地，人类社会衍生出各种政治和经济关系，土地也就具有了社会属性。在我国古代社会，农业是主导产业，而土地作为农业生产基本的生产资料，在整个社会资源分配关系中居于核心地位。因此，对传统农业时代土地基本属性的认识是研究土地在我国古代社会经济关系中的地位和变化的前提和基础。

2.1.1.1 土地的自然属性

土地作为一种自然物，是以土壤为基础，与气候、地形、地貌、水文、自然生物群落等因素相互作用所形成的自然经济综合体。土地先于人类社会而存在，具有与生俱来的自然属性。土地的自然属性是指土地作为自然物所固有的一系列的性质。土地的自然属性包括综合性、生产力的自然性、位置的固定性、质量的差异性和面积的有限性。在我国古代，人们对土地的自然属性已有了深刻的认识，并根据土地的自然属性来改善土地，以提高土地的生产力，发展农业生产。

其一，土地的综合性。土地不是单指土壤，而是包括土壤及其周围的气候、水文、自然生物群落等一系列自然因素的综合体。土地实际上是多种自然要素所构成的综合系统。在农业生产中，首先需要对土地的质地进行辨别。我国古代人民早在春秋战国时期就已经开始对土壤进行分类。《尚书·禹贡》中根据色泽和质地将九州土地分为十种。《周礼·地官》中认为“土”是自然土地，而“壤”是经过人类耕作过的土地，将“土”和“壤”区分开来，并将“土”和“壤”分别划分为十二种。《管子·地员篇》则将平原土地划分为息土、赤垆、黄唐、赤埴、黑埴等。因此，在农业生产中，针对不同的土地，其耕作方法亦有所不同。成书于战国时代的《吕氏春秋》在《任地》篇中提出了根据土地的性状来平整土地的基本原则：“力者欲柔，柔者欲力。息者欲劳，劳者欲息。棘者欲肥，肥者欲棘。急者欲缓，缓者欲急。湿者欲燥，燥者欲湿。”②《辨土》篇中提出耕地之道：“必始於垆，为其寡泽而后枯。必厚其靹，为其

① 马克思，恩格斯．马克思恩格斯全集(第26卷)．北京：人民出版社，1972：388.

② 《吕氏春秋·任地》。

唯厚而及。饱者荏之，坚者耕之，泽其靹而后之。上田则被其处，下田则尽其汙。无与三盗任地。”[①]土地作为一个综合体，其气候和水文等条件也深刻地影响了农业生产。我国早在西周至春秋间就开始根据物候的变化来指导农业生产。《夏小正》《吕氏春秋·十二纪》中都记载了通过自然界动植物的变化来推知气候的变化，从而指导农业生产。我国传统农业生产中重农时观念的形成，也是建立在对气候的认识上。我国古代对水文的认识则更早，夏商周时期，黄河中下游地区逐步形成了排水防涝农田沟洫系统，此后封建王朝重视对水利工程的建设也可以看出古代对土地与水文系统性的认知。

其二，土地生产力的自然性。土地作为自然物，在人类出现以前就存在。土地生产力的自然性是指土地具有自然生产力，即土地在自然界中具有承载和为生命体提供生存空间和资源的自然能力。没有人类的开发，土地同样能够滋养自然界的动植物。人类出现后，通过原始的采集渔猎来获得生存所需的物质。原始时代，人类得以生存所依赖的就是土地的自然生产力。《周易·离·象辞》记载“百谷草木丽乎土”，即是对土地自然生产力的肯定。管子曾言：“地者，万物之本源，诸生之根菀也。”[②]“地载万物而养之”[③]正是认识到土地自然滋养万物的能力。而东汉许慎所著《说文解字》则以“土生万物”来解释“土”。郑玄在注《周礼·地官·大司徒》时也认为“以万物自生焉，则言土；土，吐也”。可见古人对土地的自然生产力认识得很清楚。农业发明后，人们在长期的生产实践中，积累了农业生产的技术，通过不断改善土地，来提高土地的生产力。我国古代农业生产中就十分注重用地与养地的结合，西汉时《氾胜之书》中就提出，耕地在于“趋时，和土，务粪泽”以使“地力常新壮”，提高土地的产出。

其三，土地位置的固定性。土地不同于其他自然物，位置固定而不能够移动。因此对土地的开发利用，要从当地的实际情况出发。从农业生产的角度来看，土地位置的固定性及其气候水文条件的相对稳定性要求农业生产要因地制宜。早在《周礼·地官·大司徒》中就提出“土宜之法”以“辨十有二土之名物，以相民宅，而知其利害，以阜人民，以蕃鸟兽，以毓草木，以任土事”“辨十有二壤之物，知其种，以教稼穑、树艺”，通过考察和辨别土壤的差异来进行合理的开发和利用。管子也指出应“观地宜”，即根据地势高下、肥瘠程度来种植作物，“使五谷桑麻，皆安其处，由

① 《吕氏春秋·辨土》。

② 《管子·水地》。

③ 《管子·形势》。

田之事也"[①]。梁家勉认为春秋战国时期，根据地形和土壤状况合理安排农业生产，不但是农夫常识，而且是当时农官之职责（梁家勉，1989）。我国古代这种因地制宜的思想，不仅存在于农业生产，而且扩大到对全国各类土地的合理利用上。《周礼·夏官》中记载职方氏"掌天下之图，以掌天下之地"，对九州的山川薮泽、各州所适种作物和适合饲养的动物、出土的特产都有全面的了解和掌握。

其四，土地质量的差异性。土地是由诸多自然因素构成的综合系统，不同自然因素的组合形成不同的土地质量。由于土地的位置、质地、水文以及气候条件等方面的组合差异，使得土地肥沃程度不同。从农业的角度来看，土地的肥沃程度在很大程度上制约了农产品的产量。《史记·货殖列传》中即记载"带郭千亩亩锺之田"，城郊肥田，亩产可达 10 石。而据《淮南子·主术训》所载"一人跖耒而耕，不过十亩。中田之获，卒岁之收，不过四十石"，可知中田亩产才不过 4 石。东汉王充在《论衡》中对土地肥沃程度与农业产量有更直接的论述："地力盛者，草木畅盛，一亩之收，当中田五亩之分。苗田，人知出谷多者地力盛。"[②]王充认为土壤肥瘠，虽是"土地之本性"，但并非不可改，贫瘠的土地"深耕细锄，厚加粪壤，勉致人功，以助地力，其树稼与彼肥沃者相类似也"[③]。而早在战国时代，人们已认识到施肥对改良土壤和增加产量的作用，黄河流域农田施肥已经普遍。秦汉时期，农田施肥更为普遍受到重视，肥料种类增多；种肥、追肥、积肥等施肥方式的发展，表明此时施肥技术的进步（梁家勉，1989）。此后，基于土地质量差异对农业产量影响认识而形成的农田施肥技术不断丰富完善，成为我国古代农业科技的重要组成部分。

其五，土地面积的有限性。土地属于稀缺资源，在短期内不可再生，其面积一定，总量有限。随着人口数量的增长，土地被开发的范围和程度不断拓展。在我国历史上，土地的开发从黄河流域开始，向四方推进拓展，直至其时王朝所控制的疆域边界。一国所控制的疆域范围也就决定其所拥有的土地的面积。土地面积的有限性在很大程度上制约了一国人口的数量，当人口数量超过土地承载范围而农业的生产水平又无法满足人口基本需求时，国家政局往往会发生动荡。

2.1.1.2 土地的社会属性

在人类社会产生之前，土地作为一种自然物而存在着。随着人类原始氏族部

---

① 《管子·立政》。
② 《论衡·效力篇》。
③ 《论衡·率性篇》。

落的形成，特别是农业的发明，氏族部落开始将一定范围的土地作为公有财产。围绕土地而产生了各种关系，土地由此进入人类社会，具备了社会属性。土地的社会属性是由于人类的社会经济活动所赋予土地的属性。在我国古代社会，农业是具有主导地位的国民经济产业，而土地是基本的农业生产资料。关于土地的所有关系问题成为我国古代社会经济中最为重要的问题。土地在我国古代社会中具有政治和经济双重社会属性。

土地的政治性，是指人类社会通过对土地权属的明确而建立起来的集体之间、个人之间以及个人与集体之间的社会关系，并将其凝结于国家制度体系之中。首先，国家政权的建立是以控制一定范围的土地为前提，同时国与国之间依据对土地范围所有权属的确定来划定疆域。繁体“國”字即含有以土为疆，以戈守之的寓意，凸显土地的政治性。古代用以指代国家的“社稷”一词中，“社”为帝王祭祀的土地神，实为国家土地的象征。“稷”为谷神，为农业的象征①。农业以土地为基本生产资料。土地为人民生存和国家之根本，管子即认为“地者，政之本也”②。因此，国家拥有对土地的控制权是国家政权存在的基本标志。周代“溥天之下，莫非王土③”，认为天下所有的土地都为周天子所有，周天子实则国家政权的象征，在对土地的所有权上合二为一。周室倾覆，列国崛起，周天子便失去对全国土地的控制权。荀子在评论国家治乱中指出，“得地则生，失地则死”④。春秋战国时期各国的兼并争战，其最终目的在于获得对土地的控制权，秦灭六国，全国土地重新归于一个政权的掌控之下。其次，在国家对土地主权明确的前提下，一国内对土地的占有和支配关系构成了该国政治体制中最为核心的部分，即土地所有制度。土地所有制度是否能够平衡各阶层的利益关系，处理好国家与农民间的关系，保障农民与土地的有效结合，从而促进农业生产的发展，成为决定一个王朝兴衰存亡的关键。

土地的经济性，是指土地具有为人类经济活动带来收益的特性。《礼记》所载“取财于地”便是古人对土地经济性的朴素认识。在我国传统农业时代，土地的经济性主要体现在两大方面。其一，人们通过开发利用土地而获取物质财富。在我国古代社会，人们对土地的开发利用，主要是通过农业生产。春秋时人们认为“及

---

① 《白虎通·社稷》：“人非土不立，非谷不食，故封土立社，示有土也。稷，五谷之长，故立稷以祭之。”

② 《管子·乘马》。

③ 《诗经·小雅·北山》。

④ 《荀子·天论》。

地之五行,所以生殖也”,“及九州名山川泽,所以出财用也”[①]。战国时代诸子则提出富国以农,并将农业提高到国家战略高度。秦统一后,重视农业用地的生财性,形成举国重农体制,并为后世所遵循。在我国古代,国家财富的积累主要来源于对农民耕种土地的赋税。从个体角度来说,拥有大量土地可以获得不菲的收益。《史记》中所载“素封”者,“有田园收养之给,其利比于封君”[②]正是土地经济性的体现。此外,土地中所蕴藏的矿产资源也为人们带来利益。春秋战国时期“猗顿用盬盐起。而邯郸郭纵以铁冶成业,与王者埒富”[③]。其二,通过买卖土地获取投资收益。在我国古代社会,随着商品经济的发展和国家制度对土地买卖的放开,土地逐渐成为具有投资价值的商品。宋清间土地市场的发育,吸引大量商人通过购买土地来进行资本的增殖。商人地主在地价下跌时,广收土地,在地价上涨时,或是高价出售或是高额出租。因而,投资土地,既可短期持有赚取差价,亦可长期经营,收取地租获利。

作为土地社会属性的有机构成部分,土地的政治性与经济性相互影响。在我国古代社会,土地的政治性和经济性通过国家的土地制度得以体现。在不同的历史时期,土地的政治性和经济性在国家制度体系中的表达程度有所差异。总体而言,在以国有土地所有制为主体、土地买卖被禁止的时期,土地的政治性和经济性在国家层面上趋于结合,但政治性更为突出。在以大土地私有制为主体的时期,土地的政治性和经济性在地方层面上趋向结合。以小土地私有制为主体,土地买卖被许可的时期,土地的政治性与经济性在地方层面上趋向分离,土地的经济性更为凸显。

2.1.2 我国古代社会土地的价值实现

在传统农业时代,土地作为一种稀缺的经济资源,在农业生产中具有不可替代的使用价值。马克思曾说“物的有用性使物成为使用价值”,而这种有用性决定于该物体的属性(马克思,2004)。土地通过其具有的自然属性来满足人类的需要,主要是作为农业生产资料间接地来满足人类需要。在我国传统农业时代,土地的生产力、质量、位置等自然属性,在很大程度上决定了农业的生产方式和收益。由此,土地的使用价值在农业生产中得以实现。此外,人类对土地的开发利用使土地的

① 《国语》卷4《鲁语上》。

② 《史记》卷129《货殖列传》。

③ 《史记》卷129《货殖列传》。

自然属性发生变化，从而使其价值也会发生变化。从农业生产的角度而言，“一块已耕土地，和一块具有同样自然性质的未耕土地相比，有较大的价值”（马克思，2004）。因此，农业生产不仅使得土地的使用价值得以体现，而且使得土地中凝结了人类劳动，土地具有了价值。

土地不同于其他自然物所具有的社会属性，便决定了土地价值不仅只包含凝结在土地中的人类劳动，还应包括土地所有权所派生出来的利益关系。马克思曾言，“土地所有权的前提是，一些人垄断一定量的土地，把它当作排斥其他一切人的、只服从自己私人意志的领域”（马克思，2004）。正是由于土地作为农业生产资料的稀缺性和土地所有权的排他性，使得土地所有权可以派生出源自土地的政治权力和经济利益关系。而围绕着土地所有权的分配问题所建立起来的土地制度，成为我国古代国家制度体系中的核心内容。因此，在我国传统农业时代，土地的价值内涵应为土地所有权所派生出的利益关系以及人类开发土地所凝结的劳动。

无疑土地“具有可以实现的、可以转化为货币的交换价值的使用价值”，然而土地作为生产资料的实物形态，与其从社会属性中抽象出来的土地所有权的价值实现方式是有所区别的。作为生产资料的土地，可以通过农业生产，为人类提供衣食满足人类的需求，从而实现其使用价值；而抽象形态的土地所有权，是土地能为特定的人群所开发利用的前提。由于土地的稀缺性和土地所有权的排他性，土地具有交换的需要，通过交换实现其价值。土地的不可移动性，使得作为物的土地必须通过抽象的土地所有权的转移来实现土地的交换。土地的商品化，是土地的价值通过流通得以实现的过程，而这种流通实际上是土地所有权的流通。我国古代社会的土地所有制便规定了土地所有权的分配关系。因此，我国古代社会中土地价值实现程度的主导性的制约因素在于土地制度。

2.2　国家强势干预下土地商品化的曲折演进

唐以前的土地买卖停留在土地价值实现不充分上，土地作为生产资料的那部分溢出价值没有得到实现。平民出卖土地多出于生活所迫，而商人买卖土地，多在于向地主的转化，并未因此而直接投资获利。权贵买土地，在于综合土地的经济性和政治性，将地权和政权相结合。可以说，在国家政权的强势干预下，完全自由土地市场并不存在。

2.2.1 “田里不鬻”土地买卖禁令的突破

西周的土地制度不仅是单一的井田制度，而是由土地国有、分封制、井田制构成的多层次土地分配的制度体系（陈文华，2007）。“溥天之下，莫非王土”的土地国有制，确立的是周天子代表国家对全国土地的所有权。周天子通过土地分封制，将土地及人民的分封给贵族。贵族拥有的是封地的占有权，没有处置的权利，周天子是土地的最终所有者，他可以将分封的土地收回或改封。“夷王十二年大簋盖”铭文就记载了周王将赏赐的土地收回来，改赐予他人（刘传宾，2007）。贵族所拥有的封地的收益权也不是完整的，封地的部分收益需上交给周天子，由此来体现周天子对土地的最终所有权。据《周礼·地官·大司徒》记载，贵族根据所封疆域的大小，将年收入的一半、三分之一或四分之一以贡赋的形式上交给周天子。土地分封制处理的是统治阶级内部对全国土地的占有关系。井田制所明晰的是国家与农民间关于土地使用和收益的关系。井田制的基本特征是把数量相等、条件相若的土地划交给农户耕种，定期实行重新分配或调整，禁止买卖（樊志民，2006）。孟子所言“方里而井，井九百亩，其中为公田，八家皆私百亩。同养公田，公事毕然后敢治私事”[①]。“公田”归周天子或封地的大贵族，由农民集体为天子劳作。“私田”则是为了保障农民生存所需，由周王朝的地方官吏根据各地情况分配给农民。农民则以“彻”“助”的形式向国家缴纳田税、服力役。因此，西周农民只拥有“私田”的使用权和部分收益权。总体而言，西周的土地制度可以视作是土地王有制下多层次的土地权利分配体系。

西周的土地制度，将土地的大部分收益集中于周天子及贵族阶层。贵族阶层更多地享受到农民利用土地开展农业生产所获得的物质和财富。因此，贵族阶层对土地的经济价值认识更为深刻，对土地占有和扩充具有更强烈的欲望。即使是在西周“田里不鬻”禁止土地买卖的制度约束下，贵族阶层还通过各种形式来增加其占有的土地面积。西周中期，周室开始衰弱，贵族间不但开始以租赁、典当、赠予的形式进行土地转让（张传玺，1995），而且开始有贵族进行土地的买卖。据学者的考证，陕西岐山出土的青铜器（卫盉、卫鼎）铭文中分别记载了周恭王时裘卫向邦君厉买田、裘卫与矩伯进行土地交易。铭文中“卫其万年永宝用”反映出当时贵族已经具有了较强的土地私有观念。铭文记载土地交易时均有执政官在场，并界定涉

① 《孟子·滕文公上》。

及交易的土地四至，表明其时土地不许买卖的禁令已经开始被贵族打破。由此也可推断，我国古代土地交易首先是在贵族间进行，拥有土地的大贵族阶层成为推动土地商品化的最初力量。在周王势微的春秋时期，诸侯贵族土地私有的观念强化。“封略之内，何非君土；食土之毛，谁非君臣”[①]，诸侯已将封地内土地视为个人所有。不仅如此，他们还将封地内的土地赐予有功者。晋国夷吾赐下属“汾阳之田百万”，“负蔡之田七十万”[②]。赵简子曾赐田给扁鹊四万亩[③]，还规定赏赐克敌取胜“士田十万”[④]。诸侯的这些赐田，实际上成为受赐者的私有财产，土地私有观念逐步在平民中得到认可。春秋战国之际，原来以贵族为交易主体的土地买卖，开始扩展到了平民阶层。在赵国中牟近半邑的人“弃其田耘，卖宅圃而从文学”[⑤]。鲁国“初税亩”对私有土地的征税，是土地私有国家承认的经济体现。至秦国商鞅变法“除井田，民得卖买”，土地私有制度在法律上得到确立。

西周至战国，土地买卖禁令的突破历程大致为：西周中期诸侯贵族间通过典当、赠予等方式进行土地的交换。此时，土地买卖在贵族间偶有发生，但并不常见。土地私有的观念在贵族间深化。随着周王室衰落，对土地控制权的减弱。分封的诸侯将封地的土地视为已有，并将土地作为财产对有功的官吏和平民进行赏赐，土地私有观念深入民间，同时平民间开始进行土地的买卖。由于私有土地的增多，诸侯封地收入减少，诸侯开始对私有土地征税，体现对土地私有的承认。秦商鞅变法，从法律上确立土地私有制度，土地可以自由买卖。在土地买卖禁令被突破，土地逐步进入市场，成为商品的过程中，最先推动土地商品化的是贵族和大地主，然后才是投资土地以获利的大商人，最后才是拥有小块土地的农民。因为农民拥有的土地较少，其更着眼于如何在少量的土地上精耕细作以提高农业产量或通过开垦荒地来增加土地。贵族和大地主往往拥有大量的土地，不论他们是将土地出租以收取地租来获利还是将土地转手出卖赚取差价，他们经营土地的收益都更为丰厚。因此他们所考虑的是如何增加自己拥有的土地面积。因此，土地成为商品之初，其在贵族地主阶层内部以及地主与自耕农间的流动要比自耕农阶层内部的流动更为频繁。

---

① 《左传·昭公七年》。
② 《国语》卷8《晋语二》。
③ 《史记》卷105《扁鹊列传》。
④ 《左传·哀公二年》。
⑤ 《韩非子·外储说上》。

作为农业生产最为重要的生产资料，西周至战国农业生产水平的提高，直接提高了土地的产出，进而推升了土地的经济价值。土地买卖禁令的突破，正是社会对土地经济价值货币实现的迫切要求。西周春秋时期，农业生产的科学知识在长期的实践中得到积累，人们对物候、气象、土壤的认识都促进了农业开发活动。西周春秋时期的农业区域开发从黄河中游流域扩展到黄河下游流域以及长江中下游流域，农业生产结构由旱作农业为主向旱作农业与稻作农业相结合的方向发展（陈文华，2007）。中国古代农业在春秋战国之际有了突破性的发展。战国时期铁器牛耕的推广使用、传统农业科技的著作化、理论化、精耕细作的技术体系开始形成，传统农业的基本特征逐步完备。战国时期，我国农业进入传统农业的奠基时期（张波和樊志民，2007）。各国实施变法，对农业生产关系进行了重大的变革，调动了自耕农阶层的生产积极性，推动了战国农业生产的发展。

春秋战国时代铁犁牛耕的推广，极大地提高了以家庭为单位的小农生产效率，促进了社会分工的发展。春秋战国时期，不但畜牧业从农业中分离出来，而且开始出现独立的私营手工业。春秋时期鲁国猗顿经营畜牧业"大畜牛羊于猗氏之南"以致"赀拟王公，驰名天下"①。之后，猗顿"以盬盐起"。邯郸的郭纵经营铁冶业，富比王者。巴寡妇清通过开采丹砂矿，"擅其利数世"。程郑、蜀卓氏和宛孔氏先人皆因铁冶业而致富。② 这些大手工业者的出现，表明春秋战国时期，手工业开始从农业中分离出来，社会分工进一步扩大。不同行业之间商品交流需要更为迫切，加之诸侯国之间的社会生产差异，战国时代形成了我国古代社会商品经济发展的第一个高潮（冷鹏飞，2002）。战国时代商品经济的繁荣同时也渗透到以自给自足为主体的农业生产中，由于农业生产水平的提高，使得农民开始有能力面向市场需求来生产剩余产品。而农业生产的地域性，又产生了不同农业经济区之间商品流通的需求。"百工固不可耕且为之"，农业生产所需的农具等生产资料也需要通过市场交易来获得。而土地作为农业生产最基本的生产要素，以其独特的增值和保值功能，更是为经营商业的富商大贾所倚重，"视便利田宅可买者卖之"，将资金投资于土地，促进了土地的商品化发展。西周到春秋，推动商品化的主体是贵族大地主，而到战国时期，随着社会分工的扩大、商品经济的繁荣，商人也加入到推动土地商品化的潮流中。

① 《史记集解》引《孔丛子》。

② 《史记》卷129《货殖列传》。

2.2.2　土地商品化的初步发展

秦统一天下后，“令黔首自实田以定赋”[①]在全国范围内确立了土地私有的合法性。国有土地制度逐渐为土地私有制度所取代。土地私有制度的确立，为土地商品化提供了制度前提。秦汉至魏晋南北朝时期，土地私有制在国家干预下曲折发展，土地在全国范围内的商品化发端于秦，至汉代出现了一个土地买卖的小高潮，魏晋南北朝土地商品化趋势有所放缓，但在程度上有所突破。

汉承秦制，汉代的大土地私有制度得到迅速的发展，促进了拥有土地的非身份性地主和自耕农数量的增加。汉代法律对土地所有权的保护，促进了土地的商品化。上至王公贵族、下至平民百姓都卷入到土地交易中，汉代的土地买卖出现了一个小高潮。从土地买卖的史料来看，汉代土地已经商品化，但这时期土地的商品化只是土地所有权的商品化，蕴含于土地中的其他权利并未分离出来进行交易，土地的商品化还处于初级阶段。汉代土地商品化的初步发展表现在以下几个方面。

其一，土地的经济价值以货币形式得以实现，土地开始成为明码标价的商品。在我国古代，土地有着多种利用方式，而其中农田、宅地以及墓地，因其使用价值的特殊性而较早的转化为商品。田地是我国农业生产的最基本的生产资料，田地的肥沃程度在很大程度上决定了农业产出。因此作为农业用地，其土地的生产力情况成为决定其价格的关键因素。两汉时期，作为传统农业生产区的关中平原土地肥沃，被誉为“土膏”，其价格自然也高。西汉建元，丰镐之间的农田“贾亩一金”[②]，即一亩价值 10 000 钱，到东汉建武年间，关中土地还能维持西汉时的价格，“厥土惟上，亩价一金”[③]，可见肥沃田地的保值功能。西汉最高的土地价格，出现在河南南阳，达到 21 000 钱(张传玺，1995)。东汉末，中州内郡，“田亩一金”[④]；山东堂邑“祖业良田，亩值一金”。[⑤] 东汉建宁四年，洛阳县有田一亩售价 15 000 钱[⑥]。东汉建武中元元年，广阳郡(今北京蓟县)的田一亩甚至卖到 25 000 钱[⑦]，这也是文献中所见汉代土地价格最高者。汉代“膏腴沃土”价格皆在万钱以上，而中等的田地售

---

① 《通志》卷 4《秦纪》。
② 《汉书》卷 65《东方朔传》。
③ 《后汉书》卷 80《杜笃传》。
④ 《潜夫论·实边》汪继培笺引。
⑤ 《隶释》卷 9《堂邑令费凤碑》。
⑥ 《洛阳县孙成买田铅券》载于张传玺.《中国历代契约会编考释(上)》:48.
⑦ 《广阳郡徐胜买地铅券》载于张传玺.《中国历代契约会编考释(上)》:61.

价则在每亩 1 000 钱到 5 000 钱之间。汉武帝时,丞相李蔡盗卖阳陵周边的田三顷,“颇卖得四十余万”①。土地价格约合一顷十余万,汉代一顷为一百亩,那么每亩价格应该在 1 000 钱以上。据东汉光和七年平阴县樊利家买田铅券记载,樊利家从洛阳杜氏处买的石梁亭部田五亩,每亩价格 3 000 钱,一共 15 000 钱。从券文可知,所买卖的田地应是在洛阳。与东汉建宁四年洛阳孙成买田时田价相比,才为孙成所买田价的五分之一,可见田地肥瘠,对田价影响之大。同时期,临近洛阳的河内郡怀县王未卿所买河南县皋门亭部什三陌西袁田三亩,“亩贾钱三千一百,并直九千三百”②。这与樊利家所买田的亩价相近。可见当时作为都城的洛阳周边中等田地均价在 3 000 钱左右。据四川郫县出土的东汉残碑的碑文记载(谢雁翔,1974),东汉永建三年,“田顷五十亩,直卅万。……故王汶田,顷九十亩,贾卅万……”,每亩田价在 1 000 钱至 2 000 钱之间。郫县地处成都平原,曾为古蜀国都城,农业开发较早。秦汉政权在西南地区通过推广铁器、兴修农田水利等农业开发活动,使得自然条件较好的地区农业生产水平已接近中原发达水平(朱宏斌,2010)。因此,东汉时郫县上等农田的价值可比洛阳,此处碑文所载田价则应为中等农田的价格。碑文中也载有当地下等农田的价格“田八亩,质(直)四千”,每亩价格为 500 钱。《居延汉简》中记载了汉代边郡居延公乘徐宗和公乘礼忠家中田地所值钱数。徐宗家“田五十亩,直五千”;礼忠家“田五顷,五万”(谢桂华和李均民,1987)。汉代公乘属二十等爵第八级,“民赐爵至公乘而止”,“大约公乘以下,与齐民无异”③(吕友仁,1989)。居延公乘所有的田地亩价才 100 钱,可知边郡田价低廉。而《九章算术·盈不足》中记载善田一亩售价为 300 钱,恶田一亩才售 71 钱。纵观有关两汉田地价格的史料,我们可以看出,汉代农田已经成为商品,其价格高低主要取决于土地的肥瘠程度。上等田的每亩售价在 10 000 钱以上,中等田则在 1 000 钱至 5 000 钱,下等田则在 100 钱以下。田地的区位对价格也有影响,处于都城附近的农田价格比边郡的农田价格高,甚至能达到百倍的差距。这是因为都城附近往往也是农业开发比较充分的地区,土地凝结了长期的人力劳动,其生产力更高。都城附近安全性更高,边郡田地被外敌入侵而失去的危险性更大。总体而言,核心农区的田地价格要高于非农区的田地。这也是由农田的特性所决定的(王震亚,1997)。汉代的宅地与房屋已作为整体计价出售,尚未发现宅地地基与其上

① 《汉书》卷 54《李广传》。

② 《东汉建宁怀县王未卿买田铅券》载于张传玺.《中国历代契约会编考释(上)》:47.

③ 《潜研堂文集》卷 34《再答袁简斋书》。

的房屋亭楼分别交易者。在文献记载中宅舍以"一区"为单位计价，其价格从三千钱至百万钱。四川郫县残碑中记载"中亭后楼，贾四万"，"苏伯翔谒舍，贾十七万"，"舍六区，直[廿廿]四万三千"、"康眇楼舍，质五千"（谢雁翔，1974）。东汉后期《郑子真宅舍残碑》铭文中记载宅舍价高者"一区直百万"，中等者一区值钱七万、五万、三万、二万五千，价最低者也在一区一万。[①] 而边郡的宅价相对较为低廉，据居延汉简记载，拥有"公乘"爵位的徐宗和礼忠家宅一区分别值钱三千和一万钱（谢桂华和李均民，1987）。

汉代黄老思想盛行，堪舆之说已成形。《汉书·艺文志》中即载有堪舆专著《堪舆金匮》。子孙福禄由祖先葬地风水决定的"葬地兴旺"之说也在汉代深入民间（何晓昕和罗依，2008）。受此影响，墓地的风水为时人所重，为葬好墓地不惜以重金购买。从汉代出土的买地券中可管窥其时墓地价格。东汉建初六年，武孟靡婴花十万二千钱购买一处冢田，约合 4 000 多钱一亩（张传玺，1995）。东汉中平五年，洛阳县房桃枝以 3 000 钱的价格从同县大女赵敬买得"东冢下余地一亩"（张传玺，1995）。一般的墓地也在 1 000 钱到 1 500 钱一亩。东汉光和二年，河南县王当"买谷郏亭部三佰西袁田十亩，以为宅，贾直钱万"。合 1 000 钱一亩（张传玺，1995）。东汉光和二年，平阴县曹仲成买冢田六亩，"亩千五百，并直九千"（张传玺，1995）。而在出土的疑伪买地券中所载的墓地价格更高。西汉时已出现售价一亩二万一千的好墓地（张传玺，1995）。东汉延光年间，东郡太守李德迁葬至渑池县风水佳的新墓地，"买地一亩余，价值万二千钱"（张传玺，1995）。东汉中平五年，召陵县性待郎迁葬至洛阳东冢下，风水应是极佳，其后人不惜花钱十五万买地一顷来选址造墓（张传玺，1995）。

其二，汉代土地买卖市场的主体由贵族官僚和富商大贾拓展到平民百姓。秦汉之前，土地买卖主要是在贵族之间进行，平民之间的土地买卖并不普遍。而到汉代，社会各阶层都卷入土地买卖中来，贵族官僚所交易的地块较大，而平民百姓多为小块土地的买卖。汉初，丞相萧何曾依门客之计"多买田地"，"贱强卖民田数千万"，自坏名声，以消除刘邦对他的顾虑。[②] 汉武帝时，丞相李蔡盗取三顷土地，卖得四十余万，并侵占汉景帝陵神道土地一亩，还因此下狱自杀。大将霍去病亦为其父霍中孺大买田宅以颐养天年。[③] 地方富商大贾也购置田宅为业。南阳郭丹"累

① 《金石萃编》卷 3。
② 《史记》卷 53《萧相国世家》。
③ 《汉书》卷 68《霍光金日磾传》。

世千石，父稚为丹买田宅居业”[①]。卓文君与司马相如出奔成都，在卓王孙的资助下“买田宅，为富人”[②]。善于耕田养畜之事的河南人卜式，牧羊致富后便购买田宅。[③] 普通百姓一般不会将土地出卖，只有在灾荒年份或因生活贫困才会“卖田宅鬻子孙以偿债”。在经济困顿的条件下，不论平民还是公卿往往将田宅出卖，作为生活的最后来源。王莽执政时，“农商失业，食货俱废”，“坐卖买田宅奴婢铸钱抵罪者，自公卿大夫至庶人，不可称数”[④]。此外，汉代出土的买地券，反映普通百姓间土地买卖的广泛存在。虽然有学者认为部分汉代买地券为随葬明器，而非实在的土地买卖文书（鲁西奇，2006），但作为随葬明器的买券也正是亲属对死者在冥间拥有土地所有权的良好祝愿，恰好反映出现实世界土地买卖情况。在出土的汉代买地券，有诸多记载反映现实土地买卖。如东汉建初六年，武孟靡婴买地玉券，界定所交易土地（墓田）的四至，并有见证人赵满何飞，饮酒做证（张传玺，1995）。东汉建宁怀县王未卿向袁叔威买“门亭部什三，陌西袁田三亩。亩贾钱三千一百，并直九千三百”（张传玺，1995）。汉代敦煌民间也存在着土地买卖。敦煌所出土汉简记载，“买传马以其卖马买田”“买宅三万在里究”“捐之道丈人前所卖宅耿孝所贾钱千百六”（甘肃文物考古研究所，1991）。

其三，汉代土地市场开始发育，土地交易趋向规范化发展。汉代律法对土地的买卖有明文规定，以保障正常的土地交易有序进行。张家山汉墓出土的《二年律令·户律》中规定：“田宅当入县官而讹（诈）代其户者，令赎城旦，没入田宅”；“欲益买宅，不比其宅，勿许。为吏及宦皇帝，得买室舍”；“受田宅，予人若买宅，不得更受”；“代户、贸卖田宅，乡部、田啬夫、吏留弗为定籍，盈一日，罚金各二两”（张家山二四七号汉墓竹简整理小组，2006）。史籍中也可见因违法进行买卖和侵夺土地而获罪的案例。汉武帝时，丞相李蔡就因盗卖公田而获罪下狱，自杀而亡。乐简侯卫毋择“坐买田宅不法，有请吏，死”。淮南王刘安有谋反之心，其王后荼、太子迁以及女儿刘陵违法侵夺平民田宅。衡山王刘赐，也多次侵占民田，并将他人墓地损坏以为田，触犯律法，以致“有司请逮治衡山王”[⑤]。汉代土地买卖的规范化还表现为民间土地交易立契约文书为据，并有证人在场，饮酒作证。汉长乐里乐奴卖田券记

① 《东观汉记》卷14《郭丹》。

② 《史记》卷117《司马相如列传》。

③ 《史记》卷30《平准书》。

④ 《汉书》卷99《王莽传》。

⑤ 《史记》卷118《淮南衡山列传》。

载:“置长乐里乐奴田卅五𤰝,贾钱九百,钱毕已。丈田即不足,计𤰝数环钱。旁人淳于次儒、王充、郑少卿,古酒旁二斗,皆饮之。”(张传玺,1995)

土地作为农业时代最为重要的生产资料,社会各阶层通过土地市场的交易,实现了对土地所有权的重新分配,进而实现各阶层社会地位的调整。汉代土地买卖的高峰背后,是私有土地逐渐集中到富商和权贵阶层。西汉初,自耕农受到国家政策的鼓励和支持,小农土地私有制占有统治地位(李文治,江太新,2005)。农业生产获得较大发展,为“文景之治”盛世局面的出现奠定了物质基础。西汉中期开始,富商和权贵阶层通过土地买卖和强占民田的方式,迫使自耕农破产,小农土地私有制的比重逐渐下降,土地兼并严重。“富者田连阡陌,贫者无立锥之地①”。王莽试图通过禁止土地买卖和恢复井田制来解决土地的兼并问题,不但没有取得成效,反而引发了民怨。这一时期,自耕农已无法维持基本的生产,出卖土地是其最后的生存需求。王莽不得不解除土地买卖的禁令,“诸名食王田,皆得卖之,勿拘以法”。王莽的新政,没有从根本上解决农民的失地问题,将农民和土地有效地结合起来。东汉光武帝出自南阳地主之家,东汉政权实际上代表的是权贵豪强地主集团。权贵地主借助政权的庇护,侵占土地,获得膨胀。以自耕农为主体的小土地私有制进一步萎缩,同时由商人投资土地而形成的庶族地主阶层发展也受到权贵地主的挤压。东汉末至三国时期,随着中央集权的衰落和地方割据的崛起,权贵地主逐渐将对大量土地的所有权转化为对地方政治的影响权,地权和政权相结合,促使魏晋时期地主阶层的进一步分化。

魏晋南北朝时期,地主阶层分化为世族地主和庶族地主。世族地主阶层是通过政府赐田和直接侵占土地而发展起来,他们往往具有官府的背景,有着政治权力的庇护。通过购买土地而形成的庶族地主阶层,由于缺乏权力背景,在与世族地主竞争土地时处于弱势地位。土地的所有权相对凝固在世族地主阶层。这一时期的土地私有制形成了世族地主私有制、庶族土地私有制和小农土地私有制多元并存的局面。魏晋南北朝时期,世族地主私有制长时间处于优势地位,世族地主通过强占自耕农土地和侵占国有土地,成为这一时期土地的主要所有者。而与土地市场联系更为密切的庶族地主私有制和小农土地私有制在战乱和世族地主的强势挤压下趋于衰落。世族地主私有制的发展,使得土地所有权趋于稳定,土地市场趋于萎缩和冷清。虽然有学者根据正史中有关土地买卖的记载,认为魏晋南北朝时期土

① 《汉书》卷24《食货志》。

地买卖在恢复中,然而,史料中关于权贵阶层强占土地的记载更为丰富,少量土地买卖的进行并不能改变这一时期土地市场萎缩的总体趋势。《晋书》记载自秦汉以来,身为公侯者通过殖园圃之田,而收市井之利已成风气。虽然两晋南北朝时期,政府曾多次试图抑制世族权贵强占土地,但并未改变世族大地主私有制迅速膨胀并占据主导地位的趋势。西晋泰始初,李熹进言晋武帝对"占官三更稻田"的已故立进令刘友和尚书仆射武陔"贬谥",免去占官田的前尚书山涛、中山王睦官位。然晋武帝下诏认定占田之事都是刘友所作,"涛等不贰其过者,皆勿有所问"[①],朝臣占田并未得到抑制。至泰始中,李熹又上言"骑都尉刘尚为尚书令裴秀占官稻田,求禁止秀"。晋室南渡建立东晋后,世族权贵阶层更是将占田延伸至占山泽。东晋成帝于咸康二年颁"壬辰科",禁占山泽,却未能止住世族豪强占山之潮。至东晋末"山湖川泽,皆为豪强所专"[②]。东晋为刘宋所代后,壬辰禁令颓弛日甚,"富强者兼领而占,贫弱者薪苏无托,至渔采之地,亦又如兹"[③]。南朝宋孝武帝大明初年,尚书左丞羊希改壬辰之制,对已将所占山湖开发者,"听不追夺"。同时颁布官员和百姓占山的数量限制:"官品第一、第二,听占山三顷;第三、第四品,二顷五十亩;第五、第六品,二顷;第七、第八品,一顷五十亩;第九品及百姓,一顷"并"皆依定格条上赀簿"[④]。实际上承认所占山地属于私有财产。羊希颁布占山限令,主观上是为限制占山,但客观上承认世族权贵占山的合法性,反而鼓励了世族权贵强占山泽。至刘宋明帝时,不仅豪强占山,连幸臣近习都封山略湖,王公妃主也占地修邸建舍。[⑤]

汉代土地买卖高峰之后,魏晋南北朝时期长期的战乱和割据局面,造成了土地市场中不同市场主体社会地位的变化,进而改变了他们获取土地的途径。首先,西汉初,自耕农在土地私有上的主体地位,被世族地主阶层所取代。世族地主凭借对政权的影响力,可以通过强占的方式拥有土地,不需要通过土地市场来进行交易。其次,自耕农在战乱和分裂的局面下,应对风险的能力最弱;国家政权在维护小农土地私有制中的缺位,加剧了自耕农土地的流失,自耕农也逐渐沦为了世族地主的依附农。第三,庶民地主是由希望通过投资土地赚取利润的商人发展起来的,他们

---

① 《晋书》卷41《李熹传》。

② 《宋书》卷2《武帝纪》。

③ 《宋书》卷54《羊希传》。

④ 《宋书》卷54《羊希传》。

⑤ 《宋书》卷57《蔡兴宗传》。

更希望通过土地市场的繁荣来实现投资土地升值变现的意图。而在权贵的强占田地挤压下，难以通过土地市场来获得土地，投资的意愿也下降。魏晋南北朝时期，缺乏强有力的中央政权来调节土地的国有与私有的平衡。世族地主阶层通过地权与地方政权的结合，进一步削弱了政府对土地的控制权。土地国有制为世族大土地私有制所排挤而趋于衰落。世族地主非市场化的土地获取途径占据了主导地位，土地市场趋向萎缩，土地商品化也就陷入低谷。总体而言，虽然魏晋南北朝时期土地市场趋于低迷，但依然有土地买卖的存在。魏晋南北朝时期，并不是土地商品化的倒退时代，只是在汉代土地买卖高峰之后所进入的一个调整时期。

2.2.3　均田制束缚下土地商品化的突破

北魏至唐中叶均田制所实行的时期，是我国古代封建社会国家政权以土地国有制的形式干预土地商品化的最后的一个历史时段。均田制是一种国家将土地分给农民耕种的土地国有制，农民拥有土地使用权和部分的所有权（王利华，2009）。因而，均田制具有双重性，其中蕴含着土地私有的因素。高敏认为北魏太和九年均田令到北齐河清三年均田令的历史过程，是均田制内部土地私有性逐渐加速的过程，也是均田制内在的二重性导致它逐步被破坏的过程（高敏，1996）。北魏至唐中叶，均田制的内部演变基本体现了土地国有制逐渐衰落、大土地私有制趋于兴盛的历史轨迹。在大土地私有制逐步摆脱国家政权干预下，土地的商品化逐渐突破均田制的束缚。以官僚权贵为主体的大地主阶层在土地商品化的恢复和发展中发挥了主导作用，在国家授田和赐田的私有土地基础上，大地主阶层通过土地买卖来实现土地的市场流通。土地市场在魏晋南北朝萎缩后，在这一时期得到一定程度的恢复。土地商品化在这一时期的主要特征是在突破均田制的束缚下恢复发展。

均田制自北魏孝文帝太和九年，诏令行“均田”开始，历经北魏、东魏、西魏、北齐、北周以至隋唐，止于唐中叶德宗建中元年实行两税法。均田制是国有土地所有制的特殊表现形式，但其中又不乏土地私有制的因素。北朝至隋唐均田制中有关土地私有和买卖法令条文的变迁，体现了土地国有和私有因素在制度层面上的交锋过程。梳理这一过程，有助于我们深入分析均田制下土地商品化发展的相关问题。

北魏前期的“计口授田制”是均田制的重要渊源之一（王利华，2009）。史载北魏初期的计口授田有两次，天兴元年二月，“诏给内徙新民耕牛，计口授田”，永兴五年八月，“置新民于大宁川，给农器，计口授田”。拓跋政权授田的同时还给农民农业生产工具，旨在解决政府控制的荒田无人耕种的问题，以恢复和发展农业生产。“计口授田”的实施在一定程度上促进了鲜卑族的农业生产方式从游牧转向农耕。北魏孝文帝太和九年，“下诏均天下民田”，国家将土地按一定数量授予农民耕作，农民根据所分得的田地数量向国家交租服役。均田制的实行既是统治者为解决战乱后北魏政权所控制的大量土地荒废问题，促使流民与土地相结合，发展农业生产，为北魏政权提供经济基础的一项经济措施。同时也是孝文帝试图通过满足拓跋贵族对土地的要求以推动北魏封建化的一种政治手段。因此，均田制虽然属于国有土地制度，但从一开始就含有土地私有的因素。北魏均田令中将所授民田划分为国有的“露田”“麻田”和私有的“桑田”。拓跋贵族以及汉族世族地主则可以根据不同官级来获得公田，此外还可以通过增加奴婢来获得私有土地。北魏均田制严格限制土地买卖，农民所受“露田”“麻田”，属于“老免以及身没则还”，不得买卖。官员所受公田，“更代相付，卖者坐如律”。只有在所授桑田上可以通过买卖进行有限的调节，“盈者得卖其盈，不足者得买所不足。不得买其分，亦不得买过所足”。这种土地买卖，完全是制度内的调剂，与土地市场上出于盈利所进行的买卖截然不同。因此，虽然北魏均田制含有土地私有的因素，但还是国有土地制占主导地位，土地的自由买卖和土地市场在法律上不允许存在。

北魏分裂为东西魏后，东魏承袭均田制。在东魏初，均田制发生了变化。从《通典·食货志》转引宋孝王《关东风俗传》中所载《魏令》中来看，在东魏均田制下土地买卖有所放松。东魏时土地私有化也得到发展。首先私有化的是国家分配给官吏的“职分公田”。不同于北魏，东魏官吏授田不再按等级，而是实行“不问贵贱，一人一顷”。这些土地“自宣武出猎以来，始以永赐，得听卖买”。因此在东魏初，因迁都邺城，权贵官吏便将“所得公田，悉从货易”。国有土地“露田”也突破禁令，开始买卖，“露田虽复不听卖买，卖买亦无重责”。国家授予农民的“口田”，在因农户贫困或懒惰，难以交租课的情况下，“三正”可以将其口田出卖以换取租课。东魏均田制下官员的“职分公田”私有，并准予买卖，标志土地私有开始在均田制内部增长。国有土地“露田”和“口田”开始进入市场，则表明东魏政权对国有土地的控制力在减弱，土地私有制在侵蚀土地国有制的主导地位。

北齐代东魏，北齐河清三年所颁布的均田令基本上可以反映北齐对均田制的继承与改革。在北齐均田制下，土地私有化的范围扩大了。官吏因职而授的田地和百姓新开垦的土地，都成为私有的永业田，“职事及百姓请垦田者，名为永业田”。在“土不宜桑”的地方，原属于国有土地的“麻田”不用还受，成为和桑田一样的永业田。北齐时，均田令中的国有土地私有化在加深，由此可进入市场的土地也在增多。有学者认为到北朝后期，国有土地私有化加强反映到均田制内部，是其土地私有性的方面在发展。但从总体上而言，国有土地的比重始终高于东晋南朝。因此，虽然从北魏到北朝后期，均田制的内部演变呈现土地私有化的趋势，但国有土地制依然占据着主导地位。这也为隋唐继续推行均田做了铺垫。

隋朝的均田制承自北周并参考北齐均田制，“其丁男、中男永业露田，皆遵后齐之制”。隋朝平定江南士族豪强叛乱后，实现全国统一。全国土地重新归于一个政权的控制之下，国家掌控的田地和人口数量大增，实现了封建社会国家与最高地主的合一。隋初均田制中土地国有的主导地位得以巩固，“帝乃发使四出，均天下田”。隋朝前期均田制的实施，有效地将全国的土地与劳动力结合起来，加之隋文帝实行与民休息的政策，激发了农民的积极性，使农业生产得到迅速恢复和发展。但在隋炀帝的连年征战和繁重的租赋下，农业生产遭到破坏，权贵地主土地兼并盛行，农民失去土地，国有土地逐渐被权贵地主侵吞。隋炀帝大业五年，虽诏天下均田，但已难以实行。唐代于武德七年始行均田制。唐朝均田制中，对土地买卖有了新的规定。永业田在农民迁徙和家贫无钱供葬的情况下可以出卖，口分田在农民由狭乡迁往宽乡时可以出卖，亦可“卖充宅及碾硙、邸店之类”[①]。而且一旦卖出土地，国家便不再授田。受田者死后，国家将田收回，授予无田者。[②] 可见，在唐均田制中，口分田和永业田的买卖受到很大的限制，其私有化程度尚低。但赐田和权贵的永业田则放开买卖，“其赐田欲卖者，亦不在禁限。其五品以上若勋官，永业地，亦并听买”[③]。这实际上为权贵地主买卖土地提供了制度缺口，大地主私有制借此得以逐步发展。有学者研究认为在唐代均田制下，土地买卖依然存在和发展，并且开始向正常化的阶段过渡（赵云旗，2002）。唐代官僚地主的私人庄园、别业以及寺庙道观的田庄遍布全国，正是土地私有化扩大的表现。唐代地主阶层利用制度缺口对土地进行买卖和兼并，以土地国有制为基础的均田制逐步被侵蚀。安史之乱后，均田制破败，与之相应的租庸调制也已不适用。唐德宗建中元年，宰相杨炎创行“两税法”，政府对土地征税，土地私有权受到国家承认，私有土地买卖不再被限制。我国古代土地市场由此得到较完全的恢复和发展。

北朝至隋唐均田制的发展，是这一时期以土地国有制为主导的土地所有关系

① 《唐律疏议》卷12《户婚律》。

② 《新唐书》卷51《食货志》。

③ 《唐律疏议》卷12《户婚律》。

的集中体现。均田制中所含有的土地私有因素以及均田制为土地买卖提供的制度缺口，却在一定程度上为土地市场从魏晋南北朝的低迷中恢复过来提供了契机。均田制下，国家成为最大的土地所有者。一般百姓和官员获取土地的主要途径是通过均田法令的分配，官僚权贵还可以因皇室亲姻关系或功劳获得皇帝的赐田。北魏孝文帝时，“诸常自兴公及至是，皆以亲疏受爵赐田宅，时为隆盛”①。北周武帝建德三年，尉迟运率军平定卫剌王直作乱，武帝授大将军，赐田宅等不可胜数。②唐骠骑将军刘感力战薛仁杲，忠烈而亡，唐高祖李渊“赠瀛州刺史，封平原郡公，令其子袭官爵，并赐田宅”③。唐太宗时，“李祐以功迁神武将军，赐田宅米粟”④。此外，国家对于归服的外族赐以田地，便于其安居生活。宣武帝时，曾任朔州刺史的杨椿因盗种牧田获罪，临行前不忘告诫子孙：“我家入魏之始，即为上客，给田宅，赐奴婢马牛羊，遂成富室⑤。”杨椿的曾祖杨珍于道武帝拓跋珪时归附北魏，从杨椿所言，可知其祖归魏时受赐田宅。北魏永熙中，裴果“率其宗党归阙，太祖嘉之，赐田宅奴婢牛马衣服什物等”⑥。可朱浑元归于东魏政权，“赐帛千匹并奴婢田宅”⑦。唐太宗平突厥，生擒颉利，“授右卫大将军，赐以田宅”⑧。唐太宗贞观二十年，李道宗破薛延陀。之后，延陀西逃余部咄摩支请降，“嗣业与之俱至京师，诏授右武卫将军，赐以田宅”⑨。

北魏至唐，官僚权贵通过国家均田授受以及赐田等方式，获得了大量国有土地，逐步形成了以官僚权贵地主为主体的大土地所有者阶层。这些大土地所有者阶层借助均田制下的土地买卖的制度缺口，逐渐成为土地买卖的主体。权贵非法的土地买卖活动虽然受到国家的禁止和惩罚，但非法土地买卖和土地侵占的日趋普遍化，表明均田制的衰落。北魏均田制对土地买卖的限制很严格。只有在原有桑田数额超过或未达到应授予数额时，才可以通过买卖来调节拥有的桑田数量，“盈者得卖其盈，不足者得买所不足。不得买其分，亦不得买过所足”。桑田的买卖

① 《魏书》卷 83《列传外戚上》。

② 《周书》卷 40《尉迟运传》。

③ 《旧唐书》卷 187《忠义上》。

④ 《新唐书》卷 214《李祐传》。

⑤ 《魏书》卷 58《杨椿传》。

⑥ 《周书》卷 36《裴果传》。

⑦ 《北齐书》卷 27《可朱浑元》。

⑧ 《旧唐书》卷 194《突厥上》。

⑨ 《旧唐书》卷 199《北狄》。

是因桑田占有不均而进行的调节，这种调节不同于以赢利为目的的土地交易，但需要通过土地市场得以实现。这就为土地市场的存在和发展留下了制度空间。北魏时，除了制度规定下的土地买卖存在外，还存在着制度未明确的买卖，如墓田的买卖。传世的买卖契约文书中，记载北魏正始四年（507 年），北坊平民张猥洛从县民路阿兜处购买墓田三亩（张传玺，1995）。北魏永安元年（528 年），出生于谯县的某位官员为其妻刘兰训在颍阴县北买墓地，二十五丈四尺（张传玺，1995）。这些土地的交易均是发生在均田制实施期间，墓田的买卖主体既有平民百姓也有官吏，并立有买卖契约文书。墓田的买卖在制度上未明令禁止，在实际中具有合法性，这就为土地变相的进入市场提供了可能。均田制度禁止的土地买卖也为权贵地主所突破。宣武帝即位之初，朝中旧贵族有回迁之议，便有权贵“至乃榜卖田宅，不安其居”。北魏孝明帝时，夏侯道迁之子夏侯夬，嗜酒花费甚多，“父时田园，货卖略尽”。孝明帝末，李世哲在相州为建宅第，不惜“斥逐细人，迁徙佛寺，逼买其地”[①]。《太平广记》载隋开皇初，广都孝廉侯遹所拾四广石，皆化为金。侯遹将其卖后得钱百万，于近甸“置良田别墅”。石化为金，固然不可信。然侯遹得钱后购买良田，则可以反映隋初均田制下土地买卖的存在。唐代均田令之外的土地买卖也存在。唐高宗时，左仆射刘仁轨“三子相继而死，尽货田宅”[②]。员半千为入朝求官职将家中“田三十亩，粟五十石”，“鬻钱走京师”[③]。武则天时，狄仁杰上奏，“调发烦重，伤破家产，剃屋卖田，人不为售”[④]。百姓在繁重的徭役下，不得不卖田充劳役。唐高祖至武则天时期，是均田制执行得较好的时期，违法的土地买卖却并未完全被禁止。唐中宗到唐代宗时期，均田制逐渐被破坏，趋向崩溃。从敦煌文书的记载来看，在开元之前户籍上没有自买田的记载，而从天宝六载以后，户籍中买田的记载明显多起来（赵云旗，2002）。至天宝十一年，土地的违法买卖盛行，难以禁止。“王公百官及富豪之家，比置庄田，恣行吞并，莫惧章程，借荒者皆有熟田，因之侵夺；置牧者唯指山谷，不限多少。爰及口分、永业，违法卖买，或改籍书，或云典贴，致令百姓，无处安置。……远近皆然，因循亦久”[⑤]。代宗时“百姓田地，比者多被殷富之家官吏吞并，所以逃散，莫不繇兹”[⑥]。至德宗时均田制已衰败，杨炎指出“丁口转死，非旧

① 《魏书》卷 66《李世哲传》。
② 《旧唐书》卷 191《刘仁轨传》。
③ 《新唐书》卷 112《员半千传》。
④ 《新唐书》卷 115《狄仁杰传》。
⑤ 《册府元龟》卷 495 所载 752 年唐玄宗诏书。
⑥ 《全唐文》卷 48《禁富户吞并敕》。

名矣。田亩转移，非旧额矣。贫富升降，非旧第矣”①。可见当时大量农民破产逃亡，户籍散乱，大地主买卖兼并田亩，土地私有化严重。均田制衰败下，大土地私有制占据了主导地位，国家无田可授。唐代实行近四百年的以税人为本的“租赋庸调之法”失去实施的基础，于是德宗采纳杨炎之议，以户税和土地税为本，行两税法。中国土地制度史也由此进入“不立田制，不抑兼并”的时期，土地的商品化在较为宽松的制度环境下进一步发展。

2.3　相对开放的制度体系下土地市场的多维发展

唐中叶至清前期，在均田制被废除后，封建国家不再设立限制土地私有制和私有土地买卖的制度与法令。土地市场在相对自由和开放的制度体系下发展，土地的商品化呈现出新的特点与趋势。有学者将宋清之间的地权市场演进历史特征总结为：地权市场范围的扩大；地权转移的高频率与零细化；地权交易形式的多样化；地权的分析与买卖；地权与资本的相互转化。（龙登高，1997）也有学者认为土地市场在经历汉唐间的初级发展阶段后，从唐代中叶至清代前期为土地市场发展的外延和内涵的扩大阶段（方行，2001）。这两者皆是通过提取土地买卖的基本史料来论述土地市场本身的发展，诚然是符合土地发展的史实，得出的观点也很有说服力。唐中叶前后，正是我国古代土地制度体系发生重大变化的变革的时期，特别是对私有土地买卖的制度规定，由禁止、限制到放开，土地市场也获得了相对自由的发展。宋清间，土地市场所处的制度环境与唐中叶以前有很大的区别，因此，从土地市场制度环境变迁的角度来研究这一时期土地市场的发展，或许能得到一些新的发现。

唐中叶至清前期，“不立田制”并不意味着没有土地制度，只是国家限制土地私有制发展的制度约束解除了。土地国有和私有并存，国家制度法令中要调整的重点不再是国有制与私有制之间的关系，而是不同阶层土地私有的关系。唐中叶以前，国家土地制度主要处理国家与豪强地主在土地占有上的关系。国家控制力强时，能在很大程度上抑制豪强地主的土地侵占和土地的集中，以自耕农为主体的小土地所有权能得到保障；在国家控制力衰弱的时候，大土地私有制得以扩展，国有土地和自耕农所有的土地都受到豪强地主的兼并，并且地方政权与地权趋向于结

① 《旧唐书》卷118《杨炎传》。

合。可以说，唐中叶以前，正是由于国家对土地的政治属性的倚重，限制了土地的商品化，也阻碍了土地市场的正常发育。“不立田制”的时代，国家土地制度体系调整的重点转移到私有土地阶层间的经济关系上，土地法令与规定不再是简单的阐明土地是否可以买卖，而是致力于将土地买卖行为规范化和合法化。在宋元明清国家制度调整下，私有土地占据了绝对的优势地位，土地私有制居于主导地位。至清代初期土地买卖的法规趋于完善，土地市场的秩序得以逐步建立。

2.3.1　宋清间土地市场发育的特征

2.3.1.1　土地市场的主体构成发生重大变化

封建国家、地主、农民是我国古代土地市场的三大主体。根据地主是否具有有政治权力的庇护又可以将其分为权贵地主和庶民地主。依据农民与地主的人身依附程度则可将农民分为自耕农、租佃农。自耕农拥有国有土地的使用权，并通过税收与国家发生关系，与地主没有依附关系。租佃农没有土地，依靠租赁地主的土地生存，通过地租与地主发生经济关系，具有较强的依附关系。土地买卖在国家强势干预而处于非法交易的历史时期，权贵地主依据其政权的庇护而通过强买等手段在土地市场上占据主导地位。庶族地主、农民出卖土地往往出于被迫，自愿性的土地出卖则很少。这一时期的土地买卖也呈现出很强的超经济强制，市场规律难以正常发挥作用。宋清间土地买卖禁令被解除，土地私有制占据主导地位，土地市场得到相对自由的发展。土地市场的主体及其相互间的关系也发生了重大的变化。权贵地主在土地市场的强势主导地位逐渐减弱，庶民地主逐步崛起，农民在土地交易中的自由度提升，至明清时期土地交易的自由化趋势已成为主流。首先是庶民地主在土地市场上的逐步崛起。宋清间，虽然权贵地主在南宋至元朝时得到发展，占据了市场统治地位；但从宋清间地主阶层内部关系演变大势来看，权贵地主逐渐受到国家的抑制而趋于衰落，庶民地主的地位上升，商人地主有所发展，在土地市场上占有越来越重要的地位。权贵、庶民、商人地主在土地买方市场上形成鼎立之势，打破了宋以前土地买方市场由权贵地主独占的局面，农民在出售土地时有更多的选择和议价的空间。其次是自愿进入土地市场的自耕农数量增加。宋以前，土地买卖受到国家的禁止，自耕农通常是在受生活所迫或强权所压，非自愿性地进入土地市场出售土地，土地的价值自然难以得到完全实现。宋清间的发展，使自耕农越来越多的是自愿性地进入市场，估价待售，价高者得。再者，由宋至清，封建国家、地主与农民间的关系发生了变化，农民与地主间的依附关系趋向松解。明“一条鞭法”和清“摊丁入亩”的赋役制度改革,使得自耕农获得更多人身自由,自耕农对封建国家的依附关系得以解脱。明清时期调整佃农和地主的租佃制度出现变化。定额租制向预租制过渡,实物地租向货币地租转化,佃农在农业生产过程中的自主性提升(李文治和江太新,2005)。明清时期,“一田二主”的现象大量出现,从地主土地所有权中分离出来的使用权“田皮”大部分为佃农所有,佃农和地主开始分享土地的所有权利。可见,明清时期佃农对地主的封建依附关系大为减弱。地主对佃农的经济强制逐渐代替了超经济强制,佃农获得更多的自主权力。因而,明清时期,无论是封建国家与自耕农,还是佃农与地主之间的封建依附关系都在趋向减弱。这有利于国家、农民和地主在土地市场相对自由和平等的开展土地交易,土地市场的自由交易得到一定程度的发展。

2.3.1.2 土地市场资金来源构成发生变化

明清间商业资本大量进入土地市场,改变了传统土地市场以官僚资本为主的局面。中国古代商人“以末致富,以本守之”的经营策略由来已久。土地既是保值性高的稳定财产,又可以通过转租或者商业性生产获得收益。因此,商人将一部分商业利润用来购买土地。唐中叶以前,土地买卖受到制度约束,商人投资土地并不顺畅;在重农抑商政策下,虽然也有商人买田宅以守其财富,但在土地市场上来自权贵地主的资本占据着主导地位。至宋代土地买卖只需缴纳田契税,便成为政府承认的合法交易行为。商人投资土地的制度障碍消除,商业资本涌入土地市场。北宋后期,陆海商贾“累千金之得,以求田舍”①,李氏伯兄之子用商业利润购置田产“以至亿万”②,南宋海商张勰,在婺州城外购买大量田地,成为地主③。平江府经营麸面致富的周氏,买陂泽围成田④。至明清时期,宋元土地买卖中的“亲邻优先”不再成为法律要求,商业资本进入土地市场更为畅通。商人购买土地已成为全国性的普遍现象,尤以南方商品经济发达的地区为多(黄启臣,1985)。现存明清族谱、墓志铭文和县志中有大量关于商人致富后购置田宅的记载,如《聂氏家谱》记载正统七年,南海县商人聂烟波因出海贩运“雷阳之粟”而获利颇丰,“大振家产,田园倍增”。《龙氏族谱》记载嘉靖十四年,顺德县大商人龙翠云“以贩棉为业”,资本充

① 《跨鳌集》卷 20。

② 《跨鳌集》卷 18。

③ 《吕东莱文集》卷 7《大梁张君墓志铭》。

④ 《夷坚三志已卷》7《周麸面》。

足后，便“以其余蓄分置产业”，其中“置田产捌拾余顷”[①]。嘉靖年间，南京商人许怀泉“谓治生当以末起家，以本守之，买田数顷”[②]。此类记载颇多，不再逐一枚举，以免赘述。清初，商人购买田地普遍的现象甚至引起了朝廷官员的关注。乾隆五年，陕西道监察御史胡定奏疏：“近日富商巨贾，挟其重资，多买田地，或数十顷，或数百顷。农夫为之赁耕，每岁所入盈千万石。”[③]

虽然明清商人斥资购买田宅，但他们多用部分商业利润来购买土地，而很少有将经商资本全部投入土地(吴慧，2008)。商业资本并不是单向地流入土地市场，也从土地市场流出。商人在需要资本周转或投资其他经营项目利润更为可观时，会将土地出卖来筹集资本。厦门商人见出海经营可以“获利数倍，数十倍”，便有“倾产造船者”[④]。清初，唐甄也曾变卖田产筹资来设立经营棉布之牙行(吴慧，2008)。因而，商业资本进入土地市场，并不一定就会将资本凝固在土地上，降低资本的流动性而阻碍商品经济的发展。宋清间，商业资本大量进入土地市场，使得传统的土地市场资金来源构成发生重大变化，官僚资本不再占据主导地位，商业资本具有了竞争实力。土地市场不同来源的资本间的竞争，进一步活跃了土地市场。

2.3.2 宋清间土地市场交易秩序趋于完善

唐中叶以前，土地买卖受到政府的严格管制。政府对土地买卖出台禁止性的条文。《唐律疏议》规定：“诸卖口分田者，一亩笞十，二十亩加一等，罪止杖一百；地还本主，财没不追。”[⑤]开元末年，政府颁布《禁买卖口分永业田诏》：“天下百姓口分、永业田，频有处分，不许买卖典贴。”[⑥]天宝十一年，政府又规定：“自今已后，更不得违法买卖口分、永业田。”[⑦]唐中叶均田制崩溃后，土地买卖也被放开，不再被禁止。宋清间土地私有制占据主导地位，土地买卖受到国家的制度许可。国家对土地市场的管理则着重于建立和维护合法的土地交易秩序，以保障交易双方权利的实现。从宋清间政府对土地买卖的法律规定可以看出，这一时期土地市场正趋向合法和有序的方向发展。

---

① 《龙氏族谱》卷7《华山堂祠堂记》。

② 《澹园续集》卷14《怀泉许隐君墓志铭》。

③ 《清代户部钞档》转引自李文治《论清代前期的土地占有关系》. 历史研究. 1963(5).

④ 道光《厦门志》卷15《风俗志》。

⑤ 《唐律疏议》卷12。

⑥ 《全唐文》卷30。

⑦ 《全唐文》卷33。

第一，在土地购买方的选择上，宋清间的相关法律规定经历了从优先特定购买群体到逐步放开为整个买方市场的过程。宋代沿袭了唐后期典卖物业中“先问房亲，房亲不要，次问四邻，四邻不要，他人并得交易”①的“先问亲邻”法则。宋太祖开宝年间，为防止民间争端，开封府进一步将四邻购买的优先次序进行细化：“凡典卖物业，先问房亲；不买，次问四邻。其邻以东南为上，西北次之；上邻不买，递问次邻，四邻俱不售，乃外召钱主。或一邻至著两家以上，东、西二邻，则以南为上；南、北二邻，则以东为上”②。至宋太宗雍熙三年，规定出卖田宅等物业者“据全业所至之邻皆须一一遍问，候四邻不要，方得与外人交易”③。亲邻优先权在宋代土地买卖中达到最为兴盛的时期。元代虽然也规定“诸典卖田宅，及已典就卖，先须立限取问有服房亲，次及邻人，次见典主”④，但所问亲人只是“有服房亲”，并在时间上“立限”，与宋代相比趋向宽松了。到明清时期，在政府的土地买卖法律中不见“先问亲邻”的规定，但“先问亲邻”在民间土地买卖中依然存在，成为一种民间习俗。这种习俗的约束力显然不及国家法律，土地出卖者出于利益驱使，倾向于卖给价高者。因此在清代某些地方，家族为了保持田产，不得不规定“族人相互典买，其价比外姓稍厚”⑤。宋清间亲邻优先权在衰落，政府对土地购买方由限制到逐步放开。传统史学研究中对土地买卖中亲邻优先权持批判态度，认为“亲邻优先权”是宗法宗族制对土地市场的约束和干预，阻碍了土地的自由流通，不利于土地市场规律的发挥。但是在宗族聚居为特征的中国传统农村，政府在土地市场规定“亲邻优先”，实则明确宗族内待售土地的所有权，避免引发宗族间的土地纠纷，维护乡村社会的稳定。从这个角度来看，国家法律规定“先问亲邻”在保障购买人合法权益和维护土地市场的良好秩序上有着积极的历史意义。随着明清时期商品货币经济的发展，土地市场参与主体的范围的扩大，资金来源的多元化，土地卖主们更倾向于“价高者得”。当“亲邻优先权”成为压低土地价格的借口，侵犯土地卖主的收益，从而破坏土地市场正常交易秩序，政府便以法律形式对其加以禁止。清代雍正三年，河南率先出台禁止土地买卖中先尽业主亲邻的条文。雍正八年，清政府明文规定：“及持产动归原先尽亲邻之说，借端希图短价者，俱照不应重律治罪。”⑥

① 《宋刑统》卷 13。
② 《宋会要辑稿·食货三五》。
③ 《宋会要辑稿·食货六一·民产杂录》。
④ 《元典章》卷 19《户部五·典卖·典卖田地给据税契》。
⑤ 《桐城赵氏宗谱》卷首，家约，光绪九年修本：6.
⑥ 光绪《会典事例》卷 755。

第二，在土地买卖的法定程序上，宋清间不断完善法定程序来减少土地纠纷，保障国家税收不因土地交易而流失。土地交易的完成意味着附着于土地上的相关权利义务也一并从卖方转移到买方。宋清间国家税役制度基本是以土地为本，加之政府对土地交易要征收契税，因此土地买卖的进行，关系国家财政收入的来源。政府从买卖程序上以法律的形式加以规范，既是为了维护土地市场的交易秩序也是为了保障国家的税收来源。宋代土地买卖在程序上，先询问宗族亲属和与所售土地相邻的住户是否有购买意愿。在确定买主后，采用官方统一的契纸订立契约。买卖双方签好契约后，到官府由买方交纳契税，官府核对无误后加盖红印确认，成为具有法律效力的"红契"。最后还须将所交易的土地过割，同时将土地上的租税役钱也转至买方。南宋时"富家大室典卖田宅，多不以时税契"，导致"得产者不输常赋，无产者虚籍反存"①，国家赋税流失严重。政府便规定"先令过割而后税契"，将过割土地的程序提前到交纳税契之前，以保障所交易田宅租税役钱能及时转至买方户下，保证国家赋税不因土地买卖而流失。元代土地买卖的程序在宋代基础上有所改进。元代元贞元年规定卖主在选择买主典卖土地之前，先须"经诣所属司县给据，方许成交"。大德四年，政府将"经官给据"的新程序进一步明细，出卖土地者先"开具典卖情由"向所属官府进行申请，待官府"勘当得委是梯己民田，别无规避"，并且"委正官监视，附写原告并勘当到情由"，然后官府才"出给半印勘合公据，许令交易典卖"②。双方立契交易后，需"赴务税契"。即买卖双方"赍契赴官，销附某人典卖合该税粮，就取卖典之人承管，行下乡都，依数推收"③，完成所涉及土地上的权利交割并交纳土地交易税。

明清土地法律条文中虽不见"先问亲邻"的程序规定，但延续了宋元时期立契交税，推收过户的基本法定程序。乾隆时江浙等省"民间交易田房产业，立契交价之后即行推收清楚，投契税印，永远无争"④。明清政府根据土地交易的变化对土地交易的程序适时进行了调整。首先，明清政府在土地买卖过割交契的环节，加入了对契尾的法律规定。由于民间自用契尾，导致"民则贪藏税银，甘印白契，官则巧图侵隐，不粘契尾"，土地交易中的争讼纠纷增多。明清规定在过割契税时，必须使用官府统一的契尾。过割纳税完成后，契尾一分为二，买主和官府各持半幅，州县存档备案，以确认土地所有权转移。其次，随着明清土地交易的频繁，在土地产权

---

① 《宋会要辑稿·食货七〇》。

② 《元典章》卷19《户部·典卖田地给据税契》。

③ 《元典章》卷19《户部·典卖田地给据税契》。

④ 《湖南省例成案》卷4。

转移的推收过户程序上，也有所改进。宋元政府规定完成土地所有权的过割基本是在交纳契税前后较短的时间内，而明代规定在每十年大造黄册之年，登记财产时“其事产、田塘、山地贸易者，一开除，一新收，过割其税粮”①。清代“虽递年陆续过割，总和十年积算，应以上届黄册之数为今番旧管理，其以后递年置买产地，不论已收未收，总为新收”②。可见明清时期，由于土地买卖频繁，短时间内进行大量的过割可能造成紊乱，所以政府放宽了过割的时限。而为保障税粮的征收，便规定将过割税契和编造黄册的时间统一起来。

第三，宋清间政府对具体交易行为进行规范，抑制违法交易行为，保证土地买卖双方的合法权益。首先，政府倡导土地买卖的自由与自愿。虽然宋清间在土地买主选择上，有“先问亲邻”的规定，但在具体交易中尊重买卖双方的意愿，卖主不得强行卖地与亲邻，亲邻也不得借机压价收买土地。《宋刑统》就规定：“房亲着价不尽，亦任就得价高处交易。如业主、牙人等欺罔邻、亲，契帖内虚抬价钱，及邻、亲妄有遮悋者，并据所欺钱数，与情状轻重，酌量科断。”③《元典章》规定，在先问亲邻是否买地过程中“若不愿者，限三日批退。若愿者，限五日批价，若酬价不平，并违限者，任便交易”④。此外，宋清间政府反对官员借权势侵夺私田，并制定惩罚措施。宋代“诸在官侵夺私田者，一亩以下杖六十，三亩加一等，过杖一百，五亩加一等，罪止徒二年半。园圃加一等”。元至元十三年，政府规定：“强占民田回付本主。”⑤至元十五年，中书省御史台将之完善，“官民房舍田土，诸官豪势要之家毋得擅立宅司庄官，冒立文契，私己影占，取要房钱租米，违者并行纠察”⑥。明清不仅对侵占他人田宅者有明确的惩罚措施，而且禁止官员在任地购买田宅，“违者笞五十、解任、田宅入官”⑦。其次，为保障土地买主的权益，政府规定土地所有者不得重复出售同一块土地。《宋刑统》中规定在重复典当土地等物业的违法行为中，土地所有者、中介人、邻人以及契约上署名者“各计所欺入己钱数，并准盗论”，即按照

① 《明书》卷68《赋役志》。

② 直隶徽州府祈门县刊刻《清册供单》，中国社会科学院历史研究所藏，转引自杨国桢《明清土地契约文书研究》。

③ 《宋刑统》卷13《户婚律·典卖田宅》。

④ 《元典章》卷19《户部·典卖田宅须问亲邻》。

⑤ 《元典章》卷19《户部·田宅》。

⑥ 《大元通制格条》卷16《田令》。

⑦ 《大明律·户律·典卖田宅·任所置买田宅》。

盗窃罪论。[①] 至明清时，政府立法惩处重复买卖土地的行为，“若将已典卖与人田宅朦胧重复典卖者，以所得价钱计赃，准窃盗论，免刺，追价还主，田宅从原典卖主为业。若重复典卖之人及牙保知情者，与犯人同罪，追价入官。不知者不坐”[②]。宋清间政府对重复买卖土地行为的惩处，有助于保障土地买主的合法权益，减少土地交易纠纷，维护正常的土地交易秩序。再者，禁止盗卖田宅。宋清间政府对盗卖公私田的行为予以惩罚和打击。宋代对盗卖公私田者，“一亩以下笞五十，五亩加一等，过杖一百，十亩加等，罪止徒二年”[③]。《大明律》规定：“凡盗卖换易及冒认，若虚钱实契典买及侵占他人田宅者，田一亩、屋一间以下，笞五十。每田五亩、屋三间加一等。罪止杖八十、徒二年。系官者，各加二等。”[④]清代在此基础上，将盗卖他人或官府田宅的行为界定和处罚进一步明晰，并补充了对子孙盗卖宗族土地（祖坟山地、义田、宗祠）的处罚。《大清律例·户律·田宅》中规定，盗卖祖遗祀产至五十亩者“发边远充军”，不足五十亩以及盗卖义田者，依照“盗卖官田律治罪”。若有盗卖历久宗祠者“一间以下，杖七十，每三间加一等，罪止杖一百、徒三年以上”。如果买主明知是宗族产业而购买，则与盗卖者同罪，所买房产由族长收回，而所卖钱财纳官。政府对盗卖公私田产行为的打击有助于维护土地所有者的合法权利，减少侵权行为的发生，维护了土地市场的稳定。

2.3.3 宋清间土地商品化程度加深

宋清间商品经济的发展，土地买卖制度环境的宽松，以及土地市场秩序的逐渐建立，使土地的商品化进入一个新的历史阶段。宋清间土地商品化程度与前一阶段相比明显深化，土地的经济属性超越政治属性，成为土地的主导性社会属性；土地产权被分解进入市场交易，土地的投资价值增强，土地价格的形成趋向合理。

2.3.3.1 土地的经济属性上升

宋以前，土地私有制虽然早在秦汉时期就得以确立，但之后在国家政权的强势干预下，并没有在国家土地制度体系中占据主导地位。土地在国家制度体系中被视为国家政权的基础。大土地所有制的发展也往往导致土地所有权的集中以及地权与政权的结合，进而削弱了中央集权的统治。土地的政治属性在这一时期占据了主导地位。宋清之间，随着国家赋税制度和土地制度的变革，土地成为国家财政

---

① 《宋刑统》卷13《户婚律·典卖田宅》。

② 《大明律》卷4《户律二·田宅》。

③ 《宋刑统》卷13《户婚律·典卖田宅》。

④ 《大明律·户律·典卖田宅·盗卖田宅》。

的主要来源。在国家制度体系中，土地作为政权基础的政治属性减弱，而作为国家和个人收入源泉的经济属性明显上升。宋清间"田制"不立，土地私有制逐渐占据主导地位，土地市场在相对宽松的制度环境下得以发育，土地交易趋向自由。国家制度调整的重点也从之前的抑制土地兼并和防范地方割据转向建立合法的土地市场秩序和保障国家税收来源。土地的经济属性占据了主导的地位。

2.3.3.2 土地产权被分解进入市场进行交易

土地具有位置固定性和不可移动性，与一般的商品交易不同，土地交易时发生转移的并不是土地本身，而是土地作为财产的排他性权利总和，即土地产权。土地产权是由土地的多种权利（土地所有权、使用权、租赁权、抵押权等）所构成的权利束，具有多层次性。宋以前，虽然土地的租佃和典当已经有所发展，但在土地买卖中土地产权并未分解，而是整体性地发生转移。宋清间随着租佃制度的发展，佃农逐渐取得了对土地经营权的支配。随着明清押租制、永佃制的形成和发展，"佃权"从土地产权中分离出来，并且可以单独地进行买卖（龙登高，1997）。在明清土地买卖中出现了土地产权的部分转移的"卖田不卖佃"的现象，表明土地产权中土地所有权与使用权已经分离，土地买卖中土地所有权发生转移而土地使用权可以不变。至清前期，地权与佃权分离的情况很普遍（方行等，2007）。明清土地买卖契约形式的变化也反映出明清土地产权分解成土地所有权和使用权分别进入市场交易。明代嘉靖以后，土地买卖契约的契式里出现了买卖土地使用权的"赔田契式"。清代这种契约更为普遍，并以卖田皮契、卖税田契等多种名目出现，原来用以表达完整土地产权转让的契约则被用作土地所有权的买卖契约（杨国桢，2009）。

2.3.3.3 土地的投资价值大为增强

宋清之间，随着人口数量的增加，人地比例的变化，土地在作为农业基本生产资料的稀缺性更为突出；而制度上对土地买卖的放开，使得土地与资本的相互转化更为顺畅。作为一种投资选择，土地投资相对于其他投资具有明显的优点。其一，土地作为不动产，既无折旧耗损之虑，也无水火盗贼之忧。"独田之为物，虽千百年而常新。即或农力不勤，土敝产薄，一经粪溉则新矣"，因此土地"无朽蠹颓坏之虑，逃亡耗缺之忧"。土地也不须担心为盗贼所窃和被水火所损，"天下货财所积，往往有水火盗贼之忧……独有田产，不忧水火，不忧盗贼"[①]。其二，投资土地收益持久

① 《恒产琐言》丛书集成初编。

而利足。“田产之息，月计不足，岁计有余，岁计不足，世计有余。”[①]其三，投资土地具有资本保值和财富调节的独特功能。“以末致富，以本守之”的投资策略，将商业利润转化为土地来保值增值，在商业经营困难时，即可出卖土地，将资金用于商业重新运转，“有钱则买，无钱则卖”[②]。从投资的预期收益角度来看，土地投资具有多种实现收益的形式。一是直接经营，通过自身的合理经营，获取收益。二是出租土地，获取佃农的地租。三是出卖，待价而沽。在国家政权稳定的政治环境下，随着社会经济的发展，地价在总体上呈现一种上涨的趋势。宋清间国家制度上也能保障土地合法投资收益的实现，为土地投资创造了良好的制度环境。宋清间土地市场趋于活跃，“千年田易八百主”，土地转移的高频率与零细化，实则加速了资本与土地的相互转化，土地不再成为凝固资本的一种投资。因此，宋清间土地的投资价值比前代大为增强，土地投资逐渐成为富商大贾置业的首选。“凡置产业自当以田地为上、市廛次之，典与铺又次之”[③]。

2.3.3.4 土地价格的形成趋向市场化

宋以前，土地买卖受到以政权为代表的强权干预，非经济因素在土地价格的形成中起主导作用。宋清之际，随着土地买卖的合法化以及国家对土地市场秩序的规范，土地交易中非经济因素的影响减弱，经济因素逐渐增强，土地价格的形成趋向市场化。首先，宋清间土地市场“计租定价”的基本原则，反映了地租在土地价格形成中的决定性作用。地租是依靠土地所有权而获得的收益，因此土地所有权和使用权的分离是地租产生的前提。宋清间土地产权已经被分离进入市场，土地所有权和使用权的分离已普遍。在我国古代社会，地租是根据土地肥沃程度、位置等基本情况来确定，地租在很大程度上反映了土地在当时的农业生产水平下的收益状况。在土地成为商品后，其预期的地租收益就成为土地价格中最重要的构成部分。宋清时期，土地买卖为国家制度所许可，国家政权从禁止土地买卖转向构建良好的土地市场秩序。宋清间“亲邻优先权”对土地市场的影响趋弱，土地价格的形成受强权干预减少，地租成为决定土地价格的主导性因素（吴存浩，1996）。宋代土地买卖中，“计租定价”原则的出现，表明地租开始成为土地价格的决定因素。《宋会要辑稿》记载绍兴三十二年，户部奏陈中有言，“殊不知民间买田之初，必计租定

① 《恒产琐言》丛书集成初编。

② 《天下郡国利病书》原编第七册《常镇》。

③ 《履园丛话》卷7《产业》。

价"[①]。这不仅在中国文献上是最早的,在世界上也可能是最早的关于地租决定地价的论述(漆侠,2009)。南宋黄震也明确指出其时土地买卖价格取决于地租,"买田不以亩为价,而随租以为价"[②]。南宋理宗景定年间,丞相贾似道在推行购买官吏大户过限之田为官田时"立价以租一石者,偿十八界四十楮,不及石者,价随以减"[③],也是按照"计租定价"的原则来确定土地价格。至清代,政府将未纳足帑的旗人土地"抵帑入官"时,田地定价"按照租数作价"。而官方购买"公产旗地"定价的惯例也是"按租作等,按等定价"[④]。宋清间土地价格形成中"计租定价"的基本原则,也反映了土地价格受到土地租赁市场供求关系的决定性影响。其次,宋清间土地价格随着粮食价格的涨落而起伏,体现出土地价格受到农产品市场的影响。北宋时期,邵伯温题《贾炎家传》时记载,宋英宗治平末"长安钱多物贱,米麦斗不过百钱,粟豆半之,猪羊肉三四十钱一斤。鱼稻如江乡,四方百物皆有,上田亩不过二千"[⑤]。清代叶梦珠在《阅世编》中则是更为详尽地论述了明清时期江苏松江土地价格随米价变动的情形。[⑥] 明代崇祯时,"华、青美田,每亩价值十余两。上海田美者,每亩价值三、四、五两"。顺治初,因为米价大涨,人争置产,土地价格也随之上涨。"华、青石五六斗田,每亩价值十五六两;上海六七斗田,每亩价值三四两不等。"此后,米价下降趋平稳,加上赋役日重,土地价格"立渐驯减"。康熙元、二、三年间,米价跌至一石五六钱,以致"中产不值一文,最美之业,每亩所值,不过三钱、五钱而已"。直到康熙十九年,因为米价上涨昂贵,土地价格骤长,"如吾邑七斗起租之田,价至二两一亩,甚至有田地方,各就近争买者,价至二两五钱以及三两。华、娄石四五斗起租之田,价至七八两一亩"。有人甚至加价赎回原来地价卖出的田地。然而康熙二十年,"米价顿减,其风渐息"。因而,与前一时期相比,宋清间土地价格的形成及变动更多的是受到了土地市场和农产品市场的供求关系的影响,而非强权的干预。超经济强制逐渐从土地市场退出,市场规律日益发挥作用。在地租决定地价的基本规律下,土地买卖趋向市场化的价格变动。

---

① 《宋会要辑稿·食货》。

② 《黄氏日钞》卷84《与叶相公(西涧)》。

③ 《齐东野语》卷17《景定行公田》。

④ 《文献通考·田赋考·八旗田制五》。

⑤ 《续资治通鉴长编》卷516《元符二年》。

⑥ 《阅世编》卷1《田产一》。

第三章　古代农业生产中的雇佣关系及历史演变

农村劳动力的商品化问题是研究农业商品化不可回避的问题之一。农业雇佣关系是研究我国古代农业劳动力商品化问题的一个切入点。早在战国秦汉时期，我国就已经出现了农业雇佣关系，但是，在封建国家的等级制度下，农村劳动力难以摆脱束缚其人身自由的政治和经济强制，直到明清时期，农业雇佣关系的发展虽然有所突破，但并未发生质的变化。我国古代农村劳动力的商品化始终处于前资本主义商品经济时代，相对自由、平等和市场化的农业雇佣关系并未在劳动经济关系领域占据主导地位。不过明清时期农业雇佣双方依附关系的减弱和双方地位的趋向平等，在一定程度上推动了我国古代农业商品化的进程。

我国古代农业雇佣关系的发展演变大致可以划分为三个阶段：战国秦汉至唐宋是农业雇佣关系的衍生与民间自由发展的时期；元朝以"和雇"为代表的国家雇佣行为的常态化是农业雇佣关系的国家干预与法制化肇始；明清时期是农业雇佣关系普遍化和趋向市场化的时期。我国古代农业雇佣关系的发展总体上呈现出主雇双方地位不平等，农村劳动力出雇受经济胁迫和政治强制双重约束的基本特征。

3.1　农业雇佣关系的衍生与民间发展

我国古代的农业雇佣关系早在战国时期已经出现，战国秦汉至唐宋是农业雇佣关系的民间发展阶段。雇佣关系源自雇佣双方的现实需求，国家政权的干预较少，农业雇佣关系得到相对自由的发展环境。这一时期，农业雇佣关系的演变突出表现为受雇者由无田受雇向有田寻雇的方向变化；受雇者的动机则由因贫困受佣向逐利雇佣发展；雇主的构成则由民间向官方扩充，趋于多元化。民间因生产生活所需而发展起来的雇佣关系，逐步受到国家政令的关注。国家律令尚未对雇工的地位做明确规定，雇佣双方的地位和权利经由民间契约来确定。在实际的农业雇佣关系中，雇佣双方的地位因雇主身份地位和雇期长短不同而有所差别。受雇者出卖劳动力具有较强的经济胁迫性；雇主以平民为主体；农业领域的雇佣关系在整个社会雇佣关系中占主导地位构成了战国秦汉至唐宋间农业雇佣关系的基本特征。

3.1.1 农业雇佣关系的衍生与初步发展

早在战国时期，我国农业雇佣关系已经出现。《韩非子》中便有对农业雇佣关系的论述，“夫卖庸而播耕者，主人费家而美食，调布而求易钱者，非爱庸客也，曰：如是耕者且深，耨者熟耘也。庸客致力而疾耘耕者，尽巧而正畦陌畴者，非爱主人也。曰：如是羹且美，钱布且易云也”①。即主雇双方是因金钱利益而发生关系，并非源自人情。据《战国策》记载，战国时期，齐国闵王被杀，其子法章改易姓名，受雇于莒太史家灌溉田园。至秦朝，“陈涉少时，尝与人佣耕。《索隐》引《广雅》云：‘佣，役也。’按：谓役力而受雇直也”。从《史记・陈涉世家》中的这段记载可见，陈胜年轻时，曾受人雇佣而从事农业生产。秦末战乱，农民流离失所，为生计所迫，不乏受雇为农者。秦末王高“父母兄弟死者，十有五人，家贫徒壁立”，夫妇二人“昼则佣耕，夜则伐草烧瓦”②。至汉代，因家贫而为人佣耕者亦见诸史籍。《后汉书・循吏列传》中记载京兆长陵人第五访，“少孤贫，常佣耕以养兄嫂”。会稽上虞人孟尝，则“隐处穷泽，身自耕佣”。汉灵帝中，黄巾军起义，渤海骚动。青州千乘人董永便奉父迁徙至汉阳府，“家贫佣耕以养”③。即便是在边郡张掖的居延县，也有雇工关系的存在。现存《居延汉简》中记载库卒成更“庸同县阳里大夫赵勋年廿九，贾二万九千”。国家行为的农业雇佣在汉代也开始出现。东汉章帝元和元年，二月甲戌诏曰：“自牛疫已来，谷食连少，良由吏教未至，刺史、二千石不以为负。其令郡国募人无田欲徙它界就肥饶者，恣听之。到在所，赐给公田，为雇耕佣，赁种饷，贳与田器，勿收租五岁，除算三年。其后欲还本乡者，勿禁。”④战国秦汉时期，农业雇佣关系的出现，多因农民家贫无业或战乱失业，而雇佣关系也不受地域之限制，其中不乏异地受雇的情形。

魏晋南北朝时期，政局动乱，战事频繁，农民流散迁徙。失去生产资料的自耕农沦为地主豪强的依附民，亦有农民寻求雇主以出卖劳动力来维持生存。西晋惠帝元康八年，齐万年造反。临近六郡的流民移入汉川者数万家，这些人便为人佣耕以求生

① 《韩非子》卷 11《外储说左上》。

② 《古今图书集成・人事典》第 72 卷《贫贱部纪事・贫士传》。

③ 《湖广通志》卷 62《孝子志》转引自《天中记・孝子传》。

④ 《后汉书》卷 3《肃宗孝章帝纪》。

存。① 李特兄李辅自略阳到四川，向其述说当时的中原地区“方乱不足还，时流民散在列郡，为人佣力，年谷不等”。针对流民大量涌入，李特等请求“至秋收流人布在梁益，为人佣力”②。永康中，石勒流荡在山东，“寄旅平原师劝家，佣耕耳”③。《晋书》中也记载石勒“少时常佣耕”。据《宋书·列传·孝义》中记载南朝宋时，会稽永兴人郭世道“贫无产业，佣力以养”。元嘉初，盱眙直渎人王彭兄弟，父亲丧亡，无钱安葬，便“昼则佣力，夜则号感”。梁朝文人何逊，也曾感叹自己“佣耕乏膂力，倚市惮劬劳”④。北齐由吾道荣，年轻时好道法，听闻山西晋阳有人会大明法术，久寻始得，此人正“为人家佣力”⑤。《齐民要术》中亦记载皇甫隆教敦煌的农民制作犁、耧用以耕地，“所省庸力过半”⑥。可见此时，敦煌地区已有雇佣劳力从事农业生产。从现存吐鲁番出土文书中的雇佣契约《高昌午岁武城诸人雇赵沙弥放养券》《高昌延昌二十二年(582 年)康长受岁出券》《高昌延和十二年(513 年)某人从张相熹三人边雇人岁作券》《高昌延寿元年(624 年)张寺主明真雇放羊儿券》等，亦可以看出民间农业雇佣契约已开始形成了一定的格式，表明这一时期新疆吐鲁番地区民间的农业雇佣关系已较为普遍。

隋唐五代时期，佣工已经被广泛用于各生产领域，而又以农业生产中为最多(郑学檬，2002)。唐太宗时，尚未为官的王方翼在凤泉别墅“躬率佣保，肆勤给养，垦山出田，燎松鬻墨，一年而良畴千亩”⑦。唐武则天时，从李峤《谏建白马坂大像疏》中所言“天下编户，贫弱者众，有佣力客作，以济糇粮”可知，其时百姓为食粮而沦成为雇工者不在少数。唐武则天久视年间，襄州人杨元亮，于虔州汶山观佣力。⑧《旧唐书·文苑列传》记载同州下邽人徐元庆，为报杀父之仇，“变姓名于驿家佣力”。敦煌出土的长安三年(703 年)文牒记载沙州逃往甘、凉、瓜、肃等州的农民，“例被招携安置，常遣守庄农作。抚恤类若家僮，好即薄酬其佣，恶乃横生构架”。⑨ 唐玄宗天宝中，耕民郑邯，因母亲生病，无钱医治而“佣耕侍疾”⑩。贫民力

① 《古今图书集成·职方典》第 583 卷《四川总部纪事》。

② 《晋书》卷 120《载记·李特》。

③ 《太平御览》卷 338《兵部》转引《石勒别传》。

④ 《何水部集·聊作百一体》。

⑤ 《北史》卷 89《列传·艺术上》。

⑥ 《齐民要术·序》。

⑦ 《全唐文》卷 228《唐故夏州都督太原王公神道碑》。

⑧ 《朝野佥载》卷 1。

⑨ 大故文书 2835 号《唐武周长安三年(703)三月括逃使牒并敦煌县牒》，《敦煌社会经济文献真迹释录》第 2 辑：326。

⑩ 《太平御览》卷 415《人事部·宣室志》。

气足而勤劳者,凭借佣工亦可维持生存。唐德宗贞元初,广陵人冯俊“以佣工资生,多力而愚直”[①]。唐穆宗长庆初,敦煌沙州僧龙藏曾“自出牧子,放经十年后,群牧成,始雇吐浑牧放”[②]。长庆中,开州里人勾龙义于领县“佣力自给”[③]。长庆年间迁入京畿盩厔县的三蜀移民,有从事市肆杂业者,亦有“趋农桑业者十五。又有太子家田及竹圃,皆募其佣艺之”[④]。五代梁太祖,贫微之时,也曾佣力于萧县刘崇家。[⑤]《十六国春秋·后燕录》记载后燕魏郡人王高,“家贫徒有四壁,夫妇二人昼则佣耕,夜则伐草烧砖以卧”。笔记小说中对当时的农业雇佣亦有所反映。《续仙传》记载坊州宜君王老在成仙之前还与所“佣打麦二人”一同打麦。《会昌解颐录》中亦记述徐州陈黑老受雇于人种瓜。《仙传拾遗》中所载九陇人张守珪在仙君山的茶园,每年要雇佣采摘人力百余人,“男女佣功者杂处园中”。《稽神录》记载陕西池阳人胡澄“佣耕以自给”。

敦煌出土的隋唐五代雇工契约文书中也有不少为农业雇佣契约。如《吐蕃巳年敦煌令狐善奴便刈价契》记载吐蕃巳年,敦煌令狐善奴雇人于“秋七月内刈麦一十亩”。《戊戌年敦煌令狐安定雇工契》载戊戌年敦煌洪润乡百姓令狐安定雇龙勒乡百姓龙聪儿造作一年,将“所有农具付等,并分付与聪儿”。《甲申年敦煌韩壮儿受雇契》记载甲申年,敦煌乡百姓苏流奴雇效谷乡百姓韩壮儿,“造作营种,从正月至九月末”等。这些契约中雇佣双方多皆为平民百姓,地位相对平等,受雇者与雇主间的关系相对于魏晋时佃客与豪强地主间的依附性大为减弱。

在政局动乱时,农民流离贫困,“佣力”“佣耕”成为谋生的常态;而在政局稳定的情况下,国家则希望通过归还农民土地,使其能固定在土地上进行农业生产。唐代农业雇工的普遍存在,也引起了国家的重视。唐代政令便透露出国家对民间农业雇佣行为的关注。唐玄宗开元二十三年五月,诏曰:“旧债亦宜停征,贫下百姓有佣力买卖,与富儿及王公以下者,任依例程。”[⑥]《唐大诏令集·置劝农使安抚户口诏》描述北塞西陲,大军之后,“水旱相仍,逋亡滋甚。或因人而止,或佣力自资”。唐玄宗开元二十四年,《听逃户归首诏》曰:“黎氓失业,户口凋零,忍弃榆枌,转徙他土,佣假取给,浮窳求生。”唐懿宗咸通十五年闰四月二十一日,“度支所奏处分,如

① 《古今图书集成·山川典》第144卷《庐山部外编》。
② 敦煌P3774号文书《丑年(821)十二月沙州僧龙藏牒》。
③ 《古今图书集成·神异典》第105卷《佛经部纪事·报应记》
④ 《全唐文》卷736《盩厔县丞厅壁记》。
⑤ 《旧五代史》卷180《列传》。
⑥ 《陕西通志》卷84《德音二》引《册府元龟》。

尚踵前必举朝典制，置新岁酒钱，其户贫破者，州县不令破户或卖柴佣力以纳税”。《置劝农使安抚户口诏》载：“客且常惧，归又无依。积此艰危，遂成流转。或依人而止，或佣力自资。怀土之思空盈，返本之途莫遂。”政令对民间农业雇佣的关注，既表明了当时农业雇佣之普遍，也预示着农业雇佣将进入国家层面。唐后期，官田（如内苑稻田）便开始采用和雇的方式，雇佣平民来耕作。[①] 唐宪宗末，“天下营田皆雇民，或借庸以耕”[②]。封建国家也逐步成为农业雇佣关系中的雇主。

至宋代，农业雇佣关系不仅在地域上有所拓展而且有了新的动向。传统农区的关中和中原地区，农业雇佣关系依然存在。河南寿安人张绎“家甚微，年长未知学，佣力于市”[③]。安阳人制飞“尝为人佣耕”[④]。南宋时，尚属边疆之地的四川茂州，当地之丁“半市人无月给，半有为夷人佣耕者”[⑤]。山东青州北海人郑玄，在外游学十余年，归乡后“家贫佣耕”[⑥]。宋南渡之后，随着大量人口的南迁以及江南农业的开发，带动了江南农业雇佣关系的发展。乾道十年春，湖州城外大钱村，农民朱七“为人佣耕”[⑦]。《夷坚志》中记载江西饶州有农民“朴纯无他技，唯与人佣力受直”，以每日三十钱的价格为人所雇以舂谷。宋代文人诗词作品中对佣耕的关注也从侧面体现出此时佣耕之普遍。唐庚《南行祭江渎文》中有“不能与田夫野老佣耕南亩”。张嵲所作《避贼》记载，为躲避贼寇而入深谷，“已与农父言，佣耕事田畴”[⑧]。朱松“仅成旋劾以不堪，虽复佣耕而何憾”[⑨]。赵蕃《晚晴四首》：“三十六中第一策，脱却世故甘佣耕。”[⑩]范成大《后催租行》载：“佣耕犹自抱长饥。”[⑪]陆游《闲游》载：“迷途每就佣耕问，薄饭时从逆旅炊。”[⑫]与前代相比，宋代的农业雇佣有了新的动向。前代受佣者多为无田而佣，宋代有田而佣者明显增多，其动因既有因土地出产不足以供食，亦有利用农闲时节增加收入。宋代颍昌人杜生，虽有田三十

① 《新唐书》卷145《严郢传》。
② 《新唐书》卷53《食货志》。
③ 《宋史》卷428《列传》。
④ 《宋史全文》卷16《宋高宗》。
⑤ 《文献通考》卷156《兵考八・郡国兵・乡兵》。
⑥ 《册府元龟》卷600《学校部・师道》。
⑦ 《夷坚志》卷3《大钱村》。
⑧ 《紫微集》卷3《五言古诗》。
⑨ 《韦斋集》卷11《表状疏启》。
⑩ 《淳熙稿》卷14《七言律》。
⑪ 《石湖诗集》卷5。
⑫ 《剑南诗稿》卷76。

亩,“尚有余力,又为人佣耕,自此食足”①。蔡襄《奏蠲漳泉兴化丁钱疏》言:“南方地狭,人贫终生佣作,仅能了得身丁,其间不能输纳者,父子流移他所。”②农业生产的季节性,使得农民具有一定的农闲时节,宋代已有农民利用农闲时节外出雇工,以增加收入。宋代商业性农业的发展,吸引商人投资农业,雇工经营经济作物。如临川人王明,在市肆贸易经商,“资蓄微丰,置城西空地为菜圃”,自己无暇管治,便“雇健仆吴六种植培灌,又以其余者俾鬻之”③,将自给有余的蔬菜向市场出售。此外,宋代还出现用出卖劳力所得钱财进行再次投资以求获利的新情况。元和初,洛阳村王清“佣力得钱五镪,因买田畔一枯栗树,树将为薪,以求利”④。

3.1.2 战国秦汉至唐宋间农业雇佣双方地位探析

战国秦汉至唐宋,雇佣关系在农业生产领域趋于普遍。无论是因雇主开展农业生产缺乏劳力还是因受雇者为生计所迫,农业雇佣关系源于民间雇佣双方的现实需求而非国家的政策强迫。这一时期,农业雇佣关系中,受雇者由无田受雇向有田寻雇的方向变化,受雇者的动机则由因贫困受佣向逐利雇佣发展。雇主的构成则由民间(百姓、地主)向官方(政府)扩充,趋于多元化。民间因生产生活所需而发展起来的雇佣关系,逐步受到国家政令的关注。农业雇佣关系中雇佣双方的地位和权利经由民间契约来确定和约束。国家法律虽未对雇工的地位做明确的规定,但从《唐律》中所定律文无定者“各准良人”的原则来看,雇工在法律地位上与良人相当。雇工有独立的户籍,在雇佣关系中具有议价和选择雇主的权利。单从雇佣关系而言,雇佣双方地位相等,亦无人身隶属和依附关系。然而在实际的农业雇佣关系中,雇佣双方的地位,因雇主身份地位和雇期长短不同而有所差别。

首先,雇主的身份地位对农业雇佣关系中双方的实际地位有很大影响。秦至宋,平民、官僚地主和国家都曾充当过农业雇佣关系中的雇主。在雇主为官僚地主和国家的农业雇佣关系中,雇佣双方处于不平等的地位上,受雇者处于弱势,受雇者对官僚地主有较强的依附性。唐以前,国家修建大型工程皆以徭役的方式为主,唐代出现了国家出钱雇佣劳工的和雇。唐后期,国家采用和雇的形式来雇佣农民耕种官田。唐代和雇的雇价只对雇佣工匠规定为日绢三尺,但对其他领域的雇佣

① 《宋史》卷 457《隐逸中》。

② 《古今图书集成·职方典》第 1032 卷《福建总部·艺文》。

③ 《夷坚志》甲集卷 5《灌园吴六》。

④ 《古今图书集成·氏族典》第 263 卷《王姓部列传》转引《酉阳杂俎》。

工价未作统一规定。在实际支付中则偏低，甚至不支付。唐宪宗元和末，令狐楚担任山陵史“部吏盗官物，又不给工人佣值”①。官僚地主也常以“和雇”之名来行派役之实。唐德宗时，陆贽就曾上疏弹劾户部侍郎裴延龄，“名曰‘和雇’，弗与之庸”②。在平民作为雇主的农业雇佣关系中，受雇者在地位上相对有所提升，但实际中仍受颇多约束。“官有政法，民从私契”，从民间发展起来的农业雇佣关系，最先在平民间是以契约的形式来防范风险的。从汉代开始，民间农业雇佣关系便以契约形式来确定，经魏晋至唐宋，契约格式趋于规范。因而，在平民为雇主的农业雇佣关系中，双方的实际地位可以从现存雇佣契约中得以窥见。

汉代雇工契约《汉陆浑县成更雇工契约》记载：“张掖居延库卒弘农郡陆浑河阳里大夫成更廿四，庸同县阳里大夫赵勋年廿九，贾二万九千。”该契约内容简要，确定雇价却无其他约定。不过雇佣双方均为大夫，在爵级上同属二十级之第五级，双方地位相当。至魏晋南北朝时期，农业雇佣契约的内容更为丰富，双方的权利义务规定得更为清晰，从中可体现出雇佣双方地位的变化。《高昌午岁武城诸人雇赵沙弥放羊券》中注明赵沙弥受雇为武城诸人放羊，雇价“中羊三口与粟一斗”，雇期“从未岁正月到未岁十月卅日”，佣钱结算“正月内偿放羊价钱使毕”。若养有所损失，受雇者需赔偿“羊朋大偿大，朋小偿小。若羊……折骨，仰放羊儿”。不过，受雇者能使羊繁殖成功，增加羊羔，则另加钱物；“若……卅日，羔子入郡(群)，与大麦一斗”。最后双方相约成契，规定违背契约的行为需受罚。“卷(券)成之后，各不得反悔。悔者一罚二，入不悔者。”在这一契约中，雇佣双方的权利义务规定得十分清楚，但更多的是对受雇者的要求，并未规定雇主过期不偿雇值的惩罚，受雇者处于相对弱势的地位。此外，在雇值的给偿形式上为实物粟、麦，也表明此时该地的劳动力交易尚处于实物交换的阶段，受雇者更多的是出于生活所需而出卖劳动力。不过，在此后的《高昌延昌二十二年(582 年)康长受岁出券》中，受雇者的地位有较大提升，其中相对平等的规定了雇佣双方在雇值偿还中违约所应受的处罚。雇主“若过期不偿，听曳家财，平为麦直”。受雇者“若长受身东西毛，仰妇儿上(偿)”。在契约末注明，雇佣双方“先和后卷”，即出于自愿协商，并无强迫。最后还有见证人作证，“时见　倩书道人法慈　侯三安”以证明契约的有效性。魏晋南北朝时期，民间农业雇佣契约的基本格式初步成型，对雇佣双方的权利义务规定得较为清晰，

① 《资治通鉴》卷 241。
② 《新唐书》卷 167《裴延龄传》。

雇佣双方的地位相对平等。综合所存契约，可将这一时期所形成的民间农业雇佣契约的基本契式归纳如下。

某年某月某人雇某人为某事（岁作、放羊、上烽等）契

某年某月某日，某人雇某人，从某年某月某日至某年某月某日。与雇价数钱（物），某年某月与毕。若雇主过期不偿，听曳家财，平为麦直。受雇者应尽事宜。若受雇者行为造成雇主损失，则罚数钱（物），受雇者不偿，仰妇儿上偿。双方先和后卷。券成之后，各不得返悔。悔者一倍（赔）二，入不悔者。民有私要，各自署名为信。

雇　主：某人
受雇者：某人
见　人：某人
见　人：某人

在魏晋南北朝时期所形成的基本契约格式的基础上，唐宋时期民间农业雇佣契约更为完善。契约中对雇佣双方违约的各种可能情况规定得更为具体，对受雇者的要求也更为严格。在契约中体现出主雇双方，受雇者处于相对弱势。契约的格式不仅进一步完善，在内容上还增加了保人作保，以降低受雇者违约而对雇主造成损失。《吐蕃巳年敦煌令狐善奴便刈价契》中不仅要求受雇者在限期内“刈麦十亩”，更要求受雇者在雇主“麦熟吉报，依时请收刈，如法了，不得为时限”。如果受雇者为按时吉报，或者“欠收刈不了”，则“其所将斛斗，请陪（赔）罚三硕二斗”，而且受雇者当日就需缴纳所罚财物。受雇者若违约“一任掣夺家资杂物牛畜等，用充麦直。其麦亦一任别雇人收刈”。受雇者违约而逃，保人就要代为偿还。《戊戌年敦煌令狐安定雇工契》中雇主令狐安定家中因欠缺人力而雇佣龙聪儿造作一年。雇价每月五斗粮食，此外雇主供“春衣一对，汗衫、幔裆并鞋一两”。雇主供衣看似利于受雇者，实则不然，敦煌冬季严寒，雇期在一月至九月，雇主却不提供冬衣。可见这一条实则是从雇主的利益角度出发。而且契约中规定，立契约后，受雇者便开始劳作，“不得抛工，一日勒物一斗”。只有在受雇者家中突然有死生大事时，才能宽容三日。这意味着受雇者若有家人去世，头七未过，受雇者就需回雇主家劳作。此外，若受雇者有病患，宽者规定“五日将里，余日算价下”，严则“算日勒价”①。可见雇主要求之苛刻，受雇者居于弱势地位。宋代的农业雇佣契约在格式上基本沿袭了唐代的格式，在契约内容上对受雇者抛工的处罚更为细化。《甲戌年敦煌窦跛蹄

① 《敦煌社会经济文献真迹释录》第2辑：69－70.

雇邓延受契》中规定，受雇者如果在雇主农忙抛工一日，克罚物二斗。农闲时抛工一日，克物一斗。与唐代“抛工一日，勒物一斗”的处罚相比，有所加重。受雇者若将农具打损，亦需赔偿。这点在唐代的契约中是未曾注明的。《戊子年敦煌史汜三雇杜愿长契》《某年敦煌某人雇工契》等契约中都有相似的规定。因而在实际的民间雇佣关系中，受雇者的地位依然处于弱势，并没有较强的议价权利。唐宋时期，民间的农业雇佣契约格式已趋于完善，其基本格式可归纳如下。

某年某地某人雇某人契

某年某月某日，某人雇某人，从某年某月某日至某年某月某日。雇价数钱(物)，雇主供衣(食)，分付与农具。受雇者应尽事宜。若受雇者行为造成雇主损失，则罚数钱(物)。受雇者不偿，或身东西不在，一仰保人代还。两共对面摅审平章，书指为凭。不许反悔。如若先悔者，罚钱物，充入不悔人。恐人无信，故立此契，用为后验(凭)。 (押)

雇　主：某人 (押)
受雇者：某人 (押)
保　人：某人 (押)
保　人：某人 (押)
见　人：某人 (押)
见　人：某人 (押)

秦汉至唐宋间，从以平民为雇主的农业雇佣契约内容上来看，主雇双方是以自愿协商的方式达成契约，但在具体条款要求和雇价的确定上，双方的地位并不平等，受雇者实际上还处于相对弱势的地位。从农业雇佣契约格式的完善过程上来看，唐宋时期的契约进一步细化和加重了对受雇者违约或有损雇主行为的惩罚，并增加了保人以减少雇主的风险。契约中却没有增加有利于受雇者的契约要件。因此，从这一时期民间契约的演变上来看，在实际中，以平民为雇主的雇佣关系中主雇双方的地位并不平等。雇主占有相当优势，受雇者明显处于弱势地位，但相对于官僚地主和国家为雇主的雇佣关系中，受雇者拥有更高的地位，依附性也更弱，相对具有较大的自由度。平民雇主在雇佣关系中所占有的优势并不是来自封建等级关系和制度因素，而更多的是源自经济因素。这也是与以官僚地主和国家为雇主的雇佣关系中，雇佣主体所拥有的超经济强制而不同的根源之所在。

其次，在实际农业雇佣关系中，雇期的长短对雇佣双方的地位也有较大的影响。短期雇佣中的受雇者有着较大的自由度，对雇主的依附性较弱。短期雇佣的雇期一般不足一年,可分为日雇和月佣。短期的受雇者通常是在雇主农忙时充当短期补充人力的角色。日雇的受雇者按日取值,月佣则按月计佣。短期雇佣关系中,受雇者虽然有较大的自由度,但雇价通常较低。现存唐代吐鲁番地区的雇佣契约中,有诸多雇期在15天的雇人上烽契,其雇价大约在银钱4～5文。按吐鲁番地区"银钱一文,粜得青科一斗三升"的粮食价格计算,银钱4～5文可购买青稞5～6斗。而据《唐会要》载,内园丁"计一丁一岁当钱九百六,米七斛二斗",可推算唐代雇佣劳力每日供食标准约为2升,每月则6斗。因此,15日短雇所值刚够一人一月的基本生活所需,受雇者欲借此养家实属难事。月佣的雇价也偏低。唐大中初,张茂实在洛中游玩,于南市雇得一人,"佣作之直月五百"①。唐末粮价上涨,若按相近年份最低粟价30文来计算②,500文钱可购粟16斗左右。雇工一月所值,满足五口之家的基本需求亦不容易。长期雇佣的雇期在一年及一年以上。契约中所言"岁作","岁佣"常不足一年,多为一月至九月。从敦煌和吐鲁番出土的雇佣契约中可知,岁佣的实际雇期常只有9个月,岁佣的计价方式依然是按月而计,雇价多为每月一石,有的才8斗。一年,受雇者的雇价约为9石。此外,在岁佣的契约中,受雇者要达到雇主的诸多要求,一旦有所违背,还被罚财物。受雇者与雇主之间的实际地位并不相等。长期雇佣还包括保留户籍的典身于人与卖身为佣仆,这两种雇佣期限都较长,实际上是出卖劳动力来偿还债务。在债务还清之前,受雇者的人身自由受雇主管制,虽然他们在法律上还属于良人,但实际地位与其时的奴婢相当。

3.1.3 战国秦汉至唐宋间农业雇佣关系的基本特征

战国秦汉至唐宋是农业雇佣关系在民间自由衍生和发展的时期,农业雇佣关系尚未受到国家法律的规范,具有较强的原生性。结合前文的分析,我们可以将这一时期农业雇佣关系的基本特点概括如下。

首先,受雇者大多是出于家庭贫困或因流亡失业而求雇于人,其出卖劳动力具有较强的经济胁迫性。受雇者大多具有独立的户籍和家庭经济来源,并未完全丧失人身自由。虽然他们的法律地位与一般百姓相当,但他们在实际的雇佣关系中却处于相对弱势地位。通常情况下,受雇者多就近求雇,跨区域的雇佣关系多为战乱和灾害所致。

其次,雇主的构成包括百姓、官僚地主和国家。从所存民间雇佣契约资料来

① 《太平广记》卷53《麒麟客》。

② 《入唐求法巡礼记》中记载开成五年(840年)日本僧人圆仁记录沿途粮价,其中粟米最低一斗30文,最高一斗80文。

看,平民百姓为雇主的构成主体。平民雇主的家庭成员大多没有脱离农业生产。平民雇主雇佣劳力的动机在于补充农忙时节的劳动力,而非出于压榨雇工的劳动力。所存的契约中大多阐明雇佣劳力是"为家内阙少人力""为缘家中欠少人力"。官僚地主一般蓄有奴仆或有依附农,雇工也并非其劳动力的主要来源。在以国家为雇主的雇佣关系中,因带着政权的强制力,受雇者的基本权益缺乏保障。

再者,农业雇佣关系在雇佣劳动关系中占据着主导地位。虽然唐宋间手工业、商业的雇佣工人有所增加。但在总体上,农业劳动力求雇的主要行业还是在农业领域。雇佣劳动力所进行的农业生产,其主要目的是以自给为主。虽然在宋代经济作物生产领域开始出现了商人投资农业雇工经营的新动向,但以市场为导向的农业雇佣经营方式并未普遍。

3.2 国家干预与农业雇佣的法制化

元代是我国古代农业雇佣关系演变的一个转折点。在此之前,农业雇佣关系处于民间自由发展的阶段,非国家行为的农业雇佣关系更为普遍。元代以"和雇"为代表形式的国家雇佣行为成为常态,大部分户籍之民在国家正常的劳役之外均需要承担国家为雇主的"和雇"。元代的法律中首次明确论及雇工的法律地位,并且将国家行为的雇佣关系纳入法律体系中,是农业雇佣关系法制化的开端。元代民间农业雇佣行为并未消止,依然有所发展,民间的雇佣契约格式业已规范化。

3.2.1 元代国家农业雇佣行为的常态化

徐元瑞在《习吏幼学指南》中解释"和雇"为"两顺曰和,庸赁曰雇","和雇"即国家以统一的价钱出资雇佣劳力、车、船等以进行开垦荒田、修河建坝、转运物资等大型国家工程。国家虽然给予受雇者一定的佣钱,但带有一定的行政强制性。元代法律中就常将和雇与杂泛差役同提,凸显农民对和雇具有一定的封建义务性。唐代和雇已经在农业领域出现,但只是一种国家临时性的措施。到元代,和雇的涉及范围扩大,使用次数增多,逐步成为一种制度化的常态。元统一前,和雇已经较多。元统一后,和雇"不绝于流",相比一统前"转增数倍"[①]。元政府将和雇的相关规定纳入国家法律体系,逐步建立起了和雇的相关制度,和雇俨然成为"常法"。

① 《秋涧先生大全集》卷90《便民三十五事》。

元代和雇的承担对象，一般为拥有土地和户籍的民户，但亦有例外。元世祖时，民户、军户、站户都要承担和雇。至元十八年六月，“安西等处军、站，凡和雇和买，与民均役”。[①] 十九年九月“命军、站户出钱助民和雇和买”[②]。成宗元贞元年十二月，“诏大都路，凡和雇和买及一切差役，以诸色户与民均当”。[③] 不过，成宗在大德七年三月诏令里规定“今后除边远出征军人，并大都、上都其间站户，依着在先已了的言语，休当者”，明确了在边远地区服役的军人及大都至上都间驿站供食往来使臣的站户，可以免除和雇，这一原则在元代中后期也得以执行。此外，虽在元代前期，儒、医、僧、道户可以不用承担和雇，但延祐五年，元仁宗批准了中书省的奏议[④]，此后儒、医、僧、道、灶户、运粮户等亦需承担和雇（陈高华和史卫民，2007）。在征雇各种人户时，其先后亦有明确的规定。至大三年十月，诏要求“民间杂役，先尽游食之人，次及工贾末技，其力田之家，务夺农时”。[⑤] 至大四年三月，诏曰：“各验丁产，先尽富实，次及下户。诸投下，不以是何户计，与民一体均当，应有执把除差圣旨、懿旨、令旨，所在官司就便拘收。”[⑥]可见，政府在征雇劳力时，在坚持不夺农时保证正常的农业生产的大原则下，根据民户的丁产物力及贫富情况来安排先后。此外，政府在雇佣车船时，应从具有车船的民户中征雇。《至元新格》便规定：“诸和雇脚力，皆尽于行车之家，少则听于其余近上有车户内和雇。”[⑦]

元代国家雇佣劳力主要用于耕种荒田、转运物资和修筑工程。其一，国家雇佣农民大规模地耕种荒田。元在统一过程中的征伐，对农业生产造成了较大的破坏。元统一后，世祖忽必烈便实施有利于农业生产恢复的政策。面对大量荒芜的公田，元政府采取招募农民耕种的方式来恢复农业生产。至元二十一年，募人开耕江淮间自襄阳至东海荒田，“免其六年租税并一切杂役”[⑧]。至元二十三年，湖广行省设立营田都总管府，负责招募农民，开垦耕种江南的荒芜土地，开垦者可免去一切杂泛差役。[⑨] 至元二十八年七月，又下诏曰“募民耕江南旷土，户部过五顷，官授之

① 《元史》卷10《世祖纪八》。
② 《元史》卷12《世祖纪九》。
③ 《元史》卷18《成宗纪》。
④ 《元典章》卷3《圣政二・均赋役》。
⑤ 《通制条格》卷17《赋役》。
⑥ 《通制条格》卷17《赋役》。
⑦ 《元典章》卷26《户部十二・脚价・至元新格》。
⑧ 《元史》卷4《世祖纪一》。
⑨ 《元典章》卷19《户部五・荒田开耕限满纳米》。

券，俾为永业，三年后征租。”[①]然而开垦荒地的农民并不能占有土地，土地属于国家所有和经营，开垦后继续耕种的那部分农民，最终成为国家的佃农。因而元政府初期采用免除租税赋役的方式来招募农民开垦荒地，实际上可看作是以所免租税为佣钱，雇佣农民为政府来开垦荒地。其二，元代国家常雇佣拥有车船的农户转运政府采购的物资。《元典章》中即规定：“国家应办支持浩大，所用之物，必须百姓每根底和雇和买应办。”[②]元代国家雇佣车船转运物资有着严格的制度规范，如大德七年，中书省宣徽院所呈雇工往上都运米面的事宜中就明确规定：“凡雇车运物，不分粗细，例验觔重里路，官给脚价。”从宣徽院选派“有职役廉干人员”负责押运，押运官员需要将所运物资过称打包，“如法封记，斟酌合用车辆”。然后令大都路巡院正官负责招募劳工和车户，还需“明立脚契，编立牌甲，递相保管，然后许令揽运”。雇佣契约上需写明受雇者所载物资及其重量，受雇者有保管物资的义务。如果因受雇者装卸或失误而造成损毁，或是物资被盗，受雇者都负有责任。轻则“将行车人监勒，追征不敷之物”，重则“以物多寡量情断罪”。[③] 若国家通过水路转运物资而雇佣渔民和商户船只，也需严格按照规定订立雇船文约。至元二十一年二月，中书省发文规定：“今后凡江河往来雇船之人，须要经由管船饭头人等三面说合，明白写立文约。”雇船文约上需要写明受雇船户的籍贯、姓名，“不得书写无籍贯并长河船户等不明文字”，受雇船户在转运中如果有所疏失，不仅受雇者受罚，而且“元保、饭头人等亦行断罪”。雇佣文约订立后“于所属官司呈押，以凭稽考”[④]。由此可窥见元代政府对国家雇佣行为的规范要求之严格。元代政府通过一系列律令颁布国家雇佣行为的规范，从而也促进了国家雇佣关系的法制化。其三，元统一后，兴修水利工程，以恢复农业生产和疏通水路运输。在这些工程修建中既有强制性的征役，也不乏国家雇佣的方式。元世祖至元十七年，世祖核准耿参政、阿里尚书奏请“以钞万锭为佣直，仍给粮食”开通济州河漕运。至元十八年，又批准免除益都、淄莱、宁海三州一岁的税赋，“入折佣直，以为开河之用”。[⑤] 元成宗大德十年春正月，为疏浚真、扬等州的漕河水利，成宗令“盐商每引输钞二贯，以为佣工之费”。[⑥] 元英宗至治元年十月，陕西屯田府修筑洪口渠，“官给其粮食用具，丁夫就役使水之

① 《元史》卷16《世祖纪十三》。
② 《元典章》卷3《圣政二・均赋役》。
③ 《通制条格》卷18《关市》。
④ 《通制条格》卷18《关市》。
⑤ 《元史》卷65《河渠志二》。
⑥ 《元史》卷21《成宗纪四》。

家，顾匠佣直使水户均出”。[①] 元代平定江南后，迁入江南的豪族权贵在镇江练湖中“筑堤围田耕种侵占既广，不足受水，遂致泛溢”。至治三年，为疏浚练湖雇佣三千丁夫“九十日毕，人日支钞一两、米三升”。[②] 同年，江浙为疏浚通海故道，开浚河道五十五处。但工程浩大，所需米粮数多，于是将官给之粮用以佣民疏治，而劝导需要用河水的佃户自备口粮。泰定元年十月，疏浚江浙吴淞江河道，并立闸以节水势，所雇丁夫“依练湖例，给佣直粮食”。[③]

元代律法中规定国家雇佣劳力及百姓车船，皆需“两支平价”，付给受雇者一定的钱物作佣酬。《通制条格》中便记载至元四年三月，元世祖下诏要求“一切征约，毋蹈前非。其和雇和买，验有物之家，随即给价”。如果有“克减欺落者”，由监察御史和肃政廉访司负责查办。[④] 至元十六年十月，张融上诉西京军户在和雇中“有司匿所给价钞计万八千八锭”，涉案官吏因此受罪罚。[⑤] 至元十九年十月，又补充国家和雇计价的总体原则，“并依市价，不以是何户计，照依例应当，官司随即支价，毋得逗留刁蹬”，并且再次重申官吏、权豪势要之家“不许因缘结揽，以营私利，违者治罪”。[⑥] 国家雇佣百姓车船运输物资则“不分粗细，例验觔重里路，官给脚价”。[⑦]《元典章》中规定了国家雇佣车船支付脚价的具体标准。《水路和雇脚价》提到旱路脚价已有标准但未见著录，不过记录了 12 组下水路脚价。根据其中数据编制成表，可计算得出元初，下水路的脚价大约为每千斤百里钞 0.95 钱（参见表 3.1）。而元初旱路每千斤百里脚价钞 1.3 两，至元十五年添至 1.95 两。[⑧] 至元二十四年规定，每千斤百里平路钞 10 两，山路 12 两，水路上水 8 钱，水路下水 6 钱。随着物价上涨，成宗大德五年时，脚价有所上调。旱路脚价每千斤百里山路 15 两，平川 12 两，江南、腹地河道水路脚价每千斤百里上水 8 钱，下水 7 钱，淮江黄河上水 1 两，下水 7 钱。[⑨]

---

① 《元史》卷 65《河渠志二》。
② 《元史》卷 65《河渠志二》。
③ 《元史》卷 65《河渠志二》。
④ 《通制条格》卷 18《关市》。
⑤ 《元史》卷 10《世祖纪七》。
⑥ 《通制条格》卷 18《关市》。
⑦ 《通制条格》卷 18《关市》。
⑧ 《元典章》户部卷之十二《赋役·脚价·添荅脚力价钱》。
⑨ 《元典章》户部卷之十二《赋役·脚价·添支水旱脚价》。

表 3.1　元初水路和雇脚价表

物重(斤)	运输距离(里)	脚价(钱)	每百里脚价(钱)
100	1 445	1.16	0.080
100	1 615	1.51	0.091
100	1 745	1.77	0.101
100	1 770	1.83	0.103
100	1 345	1.0	0.074
100	1 515	1.4	0.092
100	1 675	1.66	0.099
100	1 675	1.72	0.102
100	1 300	1.4	0.107
100	1 500	1.38	0.092
100	1 630	1.64	0.101
100	1 660	1.70	0.102
下水路脚价均值:每千斤百里钞 0.95 钱			

资料来源:《元典章》户部卷之十二《赋役·脚价·水路和雇脚价》

可见,元代国家雇佣车船运输的工价,根据旱路和水路之别而不同。旱路又分为平路与山路,水路分为上水与下水。总体而言,旱路脚价均高于水路,山路高于平路,上水高于下水。此外,若是运军人及其物资出征,脚价则不一。至元二十三年湖南道运军人出征"每千斤百里支脚价三钱七分",雇船脚价"每千斤百里上水一两,下水减半"。① 运军人出征具有很强的义务性,因而其脚价相对较低。

元代以"和雇"为主要形式的国家农业雇佣行为的常态化,使得国家律法中开始规范由民间发展起来的农业雇佣关系。原本相对自由发展的农业雇佣关系受到国家政权的干预后趋向于法制化。然而,以国家为雇主的农业雇佣关系的发展,并未使受雇者的身份趋向自由,反而因为受到国家政权的干预,受雇者在农业雇佣关系中的地位更趋弱势。具有国家强制力的和雇,虽然在元朝政府律法中要求"两支平价",但在实行过程中却有官僚以和雇为名,强行摊派谋利。至元十九、二十年间,江南行御史台便发文指出"诸处官司指以雇船装载官粮官物为名,故纵公吏、祗候、弓手人等强行拘刷捉拿往来船只,雇一扰百,无所不为"。② 而在支付雇价过程

① 《元典章》卷22《户部·赋役·脚价·雇船脚力钞数》。

② 《元典章》卷59《工部二·造作·禁治拘刷船只》。

中也常有官员扣支或支付以烂钱，甚至不支价钱。元初王恽在其《中堂事记上》直陈和雇弊病，“官支价钱，十不及二三，其不敷数，百姓尽行出备，名为和雇，其实分着”。[①] 元中期，刘敏中也指出官吏在发放雇钱时，“易新钞为烂钞”发与百姓，从中谋利。因此，元代国家政权对农业雇佣行为的强势干预，并未引导农业雇佣关系趋向自由化和市场化，不过却在客观上推动了雇佣关系的法制化，也促使元代民间农业雇佣行为更趋于规范化。

3.2.2 元代民间农业雇佣行为的规范化

虽然元代国家为雇主的农业雇佣行为成为常态，但民间农业雇佣行为依然在史料中有所体现。伴随着国家对农业雇佣行为的干预和律法诏令中对雇佣关系的规定，元代民间雇佣行为趋于规范化。

元世祖至元年间，戴表元在《送赵学古归永嘉序》中写道：“余家世剡人，幸既得一区于剡源之上，筋骸方强，法当佣耕以供三老人养具。语不云乎：‘人穷则反本。’势使然也。”[②]可见，当时百姓贫困者为佣耕而求谋生。《元史・列女》记载大德年间，绍兴俞新之妻闻氏，丈夫死后不改其志，照顾其姑姑，姑死时，家贫无资，闻氏佣工筹资葬姑。《元史・孝友》记述延祐间邵武人郭回，其母九十八卒，家中贫穷无以葬，郭回便“佣身得钱葬之”。至顺间，奉元孝子刘德，侍奉父亲所娶后妻何氏如同亲生母亲，“家贫佣工，取直寸钱尺帛皆上之”。泰定年间，山阴史甲“佣作富民高丙家”[③]。元代诗词碑刻中亦有农业雇佣的记载。元初诗人王恽有“谁羡佣耕陇上豪”[④]的诗句，其在《大元故真定路兵马都总管史公神道碑铭并序》中记载：“向也流逋佣耕之民，今为恒产完美之室。”[⑤]元诗四大家之一的揭傒斯在杂文《题邹福诗后》介绍邹福“吾乡田夫之子，也粗读孝经论语，家贫与人佣耕”[⑥]。姚燧《萑苇叹》描绘江淮农田收获时“秋风霜露落，百谷时已实；处处佣千夫，豚酒健力铚”[⑦]。陈旅所作《勤耕亭铭》也曾言“富州民邹福少时与人佣耕”[⑧]，揭傒斯所作《重修全州学

---

① 《秋涧先生大全集》卷90。
② 《剡源文集》卷40。
③ 《元史》卷187《列传第七十四》。
④ 《秋涧集》卷14。
⑤ 《秋涧集》卷54。
⑥ 《文安集》卷14。
⑦ 《元诗选二集》卷17《姚燧牧庵集》。
⑧ 《安雅堂集》卷13。

记》中记载泰定二年，郭侯曾于全州率官僚斩木伐石，食工佣力，重修夫子庙。[①] 陶宗仪“今人之指佣工者曰客作，三国时已有此语，焦先饥则出为人客作，饱食而已”[②]。元明之际诗人王逢《将归三首》中亦有“天未厌乱离，且复寄佣耕”之句。

国家对民间农业雇佣行为的干预集中体现在元代民间契约格式的统一和规范上。与前代相比，元代雇佣契约的格式要求更为严格，根据雇佣内容不同而区别为不同的契式。元人所刻《新编事文类要启札青钱》中即收录了其时雇佣小厮、脚夫与船只的契约格式，为便于分析，现摘录于下。

元雇小厮契式

厶乡某里姓　某

右某有亲生男子名某，年几岁。今因时年荒欠，不能供赡，情愿投得某人保委将本男雇与厶里厶人宅充为小厮三年。当三面言议断，每年得雇工钞若干贯文。其钞当已预先借讫几贯，所有余钞候在年月满日结算请领。自男某计工之后，须用小心伏事，听候使令，不敢违慢抗对无礼，及与外人通同搬盗本宅财货什物，将身闪走等事。如有此色，且保人并自知当，甘伏赔还不词。或男某在宅，向后恐有一切不虞，并使天之命也，且某即无他说。今恐仁理难凭，故立此为用。谨契。

年　月　日　父　姓　厶　号契

保人姓　某　号

元雇脚夫契式

某州某县某里脚夫姓　厶

右厶等今投得厶乡厶里行老姓厶保委，当何得厶处某官行李几担，送至某处交卸。当三面议断，工雇火食钞若干贯文，当先借讫上期钞几贯，余钞遂时在路批借，候到日结算请领。且某等自交过担仗之后，在路须用小心照管。上下，不敢失落，至于中途亦不敢妄生邀阻需索酒食等事。如有闪走，且行老甘自填还上件物色，仍别雇脚夫承。替，送至彼处交管。今恐无凭，立此为用。谨契。

年　月　日　脚夫姓　厶　号契

行老姓　某号

元雇船只契式

厶州厶县厶处船户姓　某

① 《广西通志》卷130《艺文》。

② 《南村辍耕录》卷7《赵魏公书画》。

右某今托得某乡某里船牙姓某保委，揽载得某处某官行李几担，前到某处交卸。当三面言议，断得工雇水脚钞若干贯文，当已借讫几贯为定，余钞候载到彼岸交卸了当，尽数请领。自装载后，须用小心看管，不敢上漏下湿。如有损坏，甘伏一一偿还不词。谨契。

年 月 日 船户姓 某 号 契

船牙姓 某 号[①]

元代民间雇佣契约在延续唐宋契约的基本体例基础上，有所发展和变化。从元代契约格式中所体现出的变化可窥得其时民间农业雇佣关系中主雇双方地位的变化。首先，在唐书的农业雇佣契约中，雇佣双方约定雇价但并未有提前支付部分雇工价钱之约。而在元代的这三种契约中，均有提前支取部分雇钱，待完成雇期后结清余款的条约。《雇小厮契式》："其钞当已预先借讫几贯，所有余钞候在年月满日结算请领。"《雇船只契式》："当已借讫几贯为定，余钞候载到彼岸交卸了当，尽数请领。"《雇脚夫契式》："当先借讫上期钞几贯，余钞遂时在路批借，候到日结算请领。"受雇者可提前支取雇钱的条约，有利于保障受雇者的权益；相对前代，受雇者的权益在契约中的体现有所增多，表明受雇者的地位有所提升。其次，契约中保人的作用有所变化。唐宋契约中保人多是作为受雇者违约时，代偿雇主损失的角色出现，其维护雇主权益的倾向性较强。而元代契约中保人既有担保之意，又承担见证人的角色，见证雇佣价钱的确定及支付方式"当三面言议，断得工雇水脚钞若干贯文"。唐宋契约中保人和见人区分开来，而元代则将两者合一，保人在契约中的中立性和独立性更强。再者，元代契约中增加了受雇者人身伤亡，雇主不负责任的条款。《雇小厮契式》中即有"或男某在宅，向后恐有一切不虞，并使天之命也，且某即无他说"。此外内蒙古黑城出土的元至正十一年雇佣契约中亦有"如有雇身赌神乃连死伤，当罪并不干雇主之事，本人一面承当"[②]的条文。可见，在履行雇佣条约过程中受雇者的人身安全难以受到保护，其在契约中还处于相对弱势的地位。综上可得，虽然相比前代，元代的农业雇佣契约在保障受雇者权益上有所提升，但受雇者的弱势地位并未彻底改观，主雇双方在雇佣契约中所体现出的地位并非相对平等。

3.2.3 元代农业雇佣关系的法制化

元代国家政权对农业雇佣行为的干预，在客观上促进了农业雇佣关系的法制

① 此三种契式皆引自《新编事文类要启札青钱》外集卷11《公私必用·人口》。

② 李逸友.黑城出土文书——内蒙古额济纳旗黑城考古报告之一.北京：科学出版社，1991：189.

化进程。在元以前，农业雇佣关系的确立和约束通过民间契约的形式，处于“官无政法，民从私契”的阶段，受雇者的法律身份和地位没有明确的界定。元代，随着以和雇为主要形式的国家农业雇佣行为的常态化。国家政令和律法中对雇佣行为进行规范和约束的条文开始出现和增多，推动了农业雇佣关系的法制化。

元世祖忽必烈于至元八年停用《泰和律》，至元二十八年颁布元朝第一部法典《至元新格》。《至元新格》虽已亡佚，但现存的《元典章》中保留了部分内容。《元典章》中引用《至元新格》中对国家雇佣行为的规定，即国家雇佣百姓行车转运物资时，“和雇脚力皆尽行成之家，少则听其余近上有车户内”，避免官吏强行向无车的百姓摊派以增加负担。还特别指出“和雇仍须置簿轮转立法”，以防止司吏、里正、公使等作弊挪用雇钱。此外，元英宗时所编《元典章》中也收录了不少至元年间调整雇佣关系的诏令，如至元十五年，官方根据雇佣市场价格变化而调整和雇价钱的《添荅脚力价钱》；至元二十二年，雇车船载运官物应写明斤重以计算雇钱的《递运官物开写斤重》；至元二十三年，关于雇劳力运军人出征的雇价问题的《雇船脚力钞数》。元世祖时，以《至元新格》为代表，国家已经出台了一系列的律令条文来规范国家农业雇佣行为。这也是农业雇佣关系进入国家法律体系的开端。

元英宗至治三年，制定了一部国家政令法规汇编性质的《大元通制》，标志元代法典的基本定型（张晋藩和韩玉林，1999）。现存的部分《大元通制》大部分已经亡佚，第二部“条格”流传至今，内容即为《通制条格》。《通制条格》中对国家雇佣承担者的范围和次序、雇钱的支付、雇佣文书等方面都作了严格的规定。如要求国家雇佣“务夺农时”，雇钱的支付不分户等而要根据市场价格“随即支付”，订立雇佣文书时要“三面说合，明白写立文约”，并规定由监察御史、肃政廉访司负责纠察贪扣百姓雇钱的官员。可以说，英宗时的《大元通制》对国家雇佣行为的规范进一步加强，有关国家雇佣的律法体系趋于完备。

元代农业雇佣关系法制化的开端，除了体现在法律体系中对国家雇佣行为的规范外，还表现在国家律令中首次明确受雇者的法律地位。元仁宗延祐七年诏令中就首次从税法的角度来确定受雇者的法律地位与佃户、单丁贫下小户等相当。元仁宗延祐七年开征包银，税额为每户二两，但“与人作佃、佣作、赁房居住，日趁生理，单丁贫下小户不科”①。成书于元顺帝至正元年的《刑统赋疏》则从刑法的角度界定了受雇者的法律地位，“受雇佣之人，既与主家通居，又且衣食俱各仰给，酌古

① 《典章新集·户部·赋役·差发·江南无田地人户包银》。

准今，即与昔日部曲无异，理合相容隐。刑部议得：诸佣工受雇之人，虽与奴婢不同，衣食皆仰于主，除犯恶逆及损侵己身，理应听从赴诉，其余事不干己，不许讦告。亦厚风俗之一端也”。① 可见，元代受雇者与奴婢不同，其身份与前代“部曲”相似，衣食皆仰于雇主。但若有“损侵己身”者，受雇者可以独立赴诉。与前代相比，元代受雇者的地位不仅已经为法律所清晰界定，而且还有了较大的提升，受雇者具有相对自由的诉讼权。不过，在实际雇佣关系中，因经济胁迫或政治强制，受雇者的相对弱势地位并未得到很大的改观。

3.3 农业雇佣的普遍化与农业雇工身份的变化

明清时期，农业雇佣关系在全国范围内已属于普遍现象。清代农业雇工专门市场的出现和形成，反映出农业雇佣关系开始朝着市场化的方向演进。明清农业雇工的法律地位逐步得以提升。在实际雇佣行为中主雇双方的地位趋于平等，农业雇工的身份趋于自由。

3.3.1 明清农业雇佣行为的普遍化

明清时期农业雇佣现象在地域上遍布全国。农业雇佣契约文书格式规范化和普及。农业雇工被进一步细分为长工、短工、忙工等充分表明明清时期农业雇佣行为的普遍化。

明清时期是农业雇佣关系在各地普遍发展的时期。在明代实际控制疆域的“两京十三布政司”中，除云南、贵州两地外，各省史志资料中均有农业雇佣的记载。明英宗正统二年，户部主事刘喜就上言：“比闻山东、山西、河南、陕西并直隶诸郡县民贫者，无牛具种籽耕种，佣丐衣食以度日。”②可见其时，山东、山西、河南、陕西以及直隶已有贫民迫于生计而受雇于人。万历年间所修的山东地方志《滨州志》、记载直隶顺天府宛平县风俗的《宛署杂记》、崇祯年间所刊山东济南历城地方志《历乘》皆有对当地农业雇佣情况的记载。明代后期山西辽州的农民“作息之余，并无生计，近多佣力他乡”③。明代江南地区的农业雇佣记载颇多。弘治《吴江县志》、正德《松江府志》《华亭县志》、嘉靖《吴江县志》中皆有对农业雇佣中长工、短工、忙

① 《刑统赋疏通例编年》，黄时鑑辑点.《元代法律资料辑存》.杭州：浙江古籍出版社，1988.

② 《明英宗实录》。

③ 《古今图书集成·职方典》卷367《辽州风俗考》。

工的划分。嘉靖、万历之际，扬州府“无力受田者名为雇工”①，嘉兴府“富者倩雇耕作”②。万历年间，秀水县“四月至七月望月，谓之忙月，富农倩佣耕”③。乾隆《江南通志·人物志》记载天启初，颍州人张远度买田于颍南，“有田畏徭役，尽委之族，为人佣耕”。长洲人杜遵“家贫佣力，养亲父母”。④ 郴州人黄佐“事母尽孝，佣耕以养”。万历至明末，福建古田农民多流至外地佣工，万历《福州府志》记载：“壮者多佣之四方。”江西南丰县农民则到宁都县佣工。⑤ 明代四川地区，不仅汉人颇多受雇，而且不乏少数民族农民“冬则避寒入蜀，佣赁自食”⑥。明初永乐年间，广东刘细奴妻伍氏“偕夫往翁源佣工”⑦。明代广西贵县人岑孝子家赤贫，“佣力邻家，以其直养亲”⑧。此外，农业雇佣普遍存在的情况在明代政治、法律以及文学等方面都有所反映（方行，等，2000）。可见，明代的农业雇佣在地域上已普遍存在。

明代流传于民间的通俗日用类书《世事通考》《新刻邺架新裁万宝全书》《文林妙锦万宝全书》《鼎锓崇文阁汇纂士民万用正宗不求人全编》《新刊翰苑广记补订四民捷用学海群玉》等中均有雇工、雇船只、雇脚夫等文约格式，并且这些契约格式趋于统一，在一定程度上反映出当时民间农业雇佣关系的普遍。为便于分析，现摘录几种类书中的雇工契约格式如下。

雇工人文约

立雇约某都某人，今因生意无活，自情托中帮到某都某名下替身农工一年，议定工银若干。言约朝夕勤谨，照管田园，不懒惰。主家杂色器皿，不敢疏失。其银归按季支取额，不致欠少。如有荒失，照数扣算。风水不虞，此系天命。存照。⑨

雇工样帖

厶里某境某人为无生活，情愿将身出雇典厶里某境厶人家耕田一年，凭中议定工资银若干，言约朝夕勤谨，照管田地，不得闲戏。主家杂色动用器皿，不至损失。其银约四季支取，不缺。风水不虞，此系天命。不干主家之事。今恐无凭，立此为照。⑩

---

① 《古今图书集成·职方典》卷750《扬州府部》。

② 《古今图书集成·职方典》卷962《嘉兴府部》。

③ 万历《秀水县志》卷1《风俗》。

④ 乾隆《江南通志》卷157《人物志》。

⑤ 《魏叔子文集》卷7《与曾温庭》。

⑥ 《天下郡国利病书》第28册《四川》。

⑦ 《古今图书集成·闺媛典》卷41《闺义部》。

⑧ 雍正《广西通志》卷82《孝友》转引《贵县县志》。

⑨ 《世事通考》外卷《文约类》。

⑩ 《新刻邺架新裁万宝全书》卷9《民用门·阃阈情书》。

雇长工契

某里某境某人为无生活,情愿将身出雇典与某里某境某人家,耕田一年。凭中议定主资银若干。言约朝夕勤谨,照管田园,不敢逃懒。主家杂色动用器皿,不至损失。其银约四季支取,不缺。如有风水不虞,此系己命。不干银主之事。今欲有凭,立契存照。[①]

从不同通俗日用类书中所摘引的雇工契约可以看出,明代农业雇佣契约的内容和格式已较为统一。各书中所言雇工文约实则皆为农业雇工所作,“照管田园”为受雇者的主要工作内容,受雇者一般自愿为人所雇,雇期通常为一年,工钱按季支取额,订立契约,以作凭证。《世事通考》《新刻邺架新裁万宝全书》《文林妙锦万宝全书》等通俗日用类书多为书坊面向市场所编,主要供平民百姓日常生活所用,具有很强的实用性。因而,此类书中大多皆收录农业雇佣契约亦能反映出其时农业雇佣行为在民间的普遍存在。

清代,农业雇佣进一步发展,农业雇佣所涉及的地域得以拓展,此时农业雇佣已遍布全国。根据学者对雍正、乾隆、嘉庆三朝的部分刑事档案的研究表明,清代十八直省以及东北、西北地区均有雇工命案,而且各省区内农业雇佣现象并非某州某县特有,已趋于普遍(方行,等,2000)。清代十八直省地方志中有关农业雇佣的记载进一步证明了清代农业雇佣的普遍性。直隶乐亭县“为工居肆者少,代佣受值者为多”[②]。河南邓州人王文秀“佣耕陈氏”[③]。陕西泾阳李白少“佣耕养母”[④]。山西寿阳县“受雇耕田者谓之长工,计日佣者谓之短工”[⑤]。顺治时,山西霍邱县农民贫困多质子女“计佣值定岁月”[⑥]。康熙时,甘肃靖远人韩育惠妻子黑氏,在丈夫死后“佣绩以哺孤儿”[⑦]。甘肃人于一化妻许氏,19岁丧夫,“佣绩以葬其夫,抚遗子成立”[⑧]。山东登州府“农无田者为人佣作”。兖州府滋阳县,十月朔“农家皆设酒肴,燕(宴)佣人”。宁阳县,十月一日,田主“辞场圃,犒农工”。沂州,十月朔,“农家皆设酒肴,燕(宴)佣人,名曰散场”[⑨]。高唐县“农民之贫者,专恃佣趁”[⑩]。青州府裴

---

① 《文林妙锦万宝全书》卷17《体式门·文契体式》。

② 光绪《乐亭县志》卷2《风俗》。

③ 雍正《河南通志》卷68《列女下·河南府》。

④ 雍正《陕西通志》卷68《人物·列女三》。

⑤ 《马首农言·方言》。

⑥ 雍正《山西通志》卷110《人物》。

⑦ 乾隆《甘肃通志》卷42《列女》。

⑧ 乾隆《甘肃通志》卷43《列女》。

⑨ 《古今图书集成·职方典》卷230《兖州府·风俗考》。

⑩ 《斯未信斋文编》卷1《劝捐义谷约·道光》。

贵妻赵氏“为人佣工”①。乾隆《江南通志·人物志》记载江苏昆山人雇存儒，贫困无以葬父，又遇邻居失火，“存儒负母出，随偕一佣作舁父棺”，可见其村中有人为佣工。江宁府吴县人袁七“佣作数出”。《宁海州志·风俗》载康熙年间，浙江宁海“农无田者为佣作”。光绪《平湖县志·风俗》描述平湖县“田多募佣”。乾隆《乌程县志》载：“防水旱不时，车戽不暇，必预雇月工。”乾隆《金山县志》记载金山县“农无田者，为人佣耕”。宁波府戴樗妻李氏，家境贫困，子稍长便命其“佣工钱塘，以供饔飧”②。《太平府志》记载安徽太平府有善做农具的农民冬闲时“挟操作之手而走他方”，至春天则归来耕作。据《东乡县志》记载康熙时，江西东乡县农忙季节农业雇工供不应求，雇主“必先夕而约”，或“未佣而先以值给”。同治《新城县志》记载嘉庆年间，江西新城县因为种植烟草工价较高，“佣者尽趋烟地，而弃禾田”。嘉庆《巴陵县志》记载湖南巴陵县农民难以自给，“无业者往往远去川陕佣工”。顺治《蕲水县志》载湖北蕲水县“最贫者为人佣工”。雍正《四川通志》载康熙年间，四川巡抚采运楠木雇佣农民“每夫日支米一升，雇工银六分”。乾隆《福建通志》记载漳州府长泰有大姓吴翁，家中蓄童数千，邵武人施宜生“佣其家者三年”。康熙年间，广东香山人毛可珍，为贫民儿女“计其佣值，还诸父母”③。广西义宁县农民“贫则佣工以度日”。④ 云南人陈履蕴，“世乱家贫，夫妇佣工自给”。⑤ 道光《遵义府志》记载遵义府农民正月“雇长年，纠犁驱”。思南府“无常职闲民，出力为人代耕，收其雇值”。⑥

明清农业雇工种类的细分也反映出明清农业雇佣的普遍发展。在明清以前，在民间农业雇佣契约中虽然对农业雇工有“岁佣”或“月佣”之分，但其划分并不严格。明初所定《大明律》中最先使用“雇工人”一词，表明国家律法开始明确雇工人的法律地位。民间则将农业雇工进一步细化，多个地方志中便有相关的记载。弘治《吴江县志》中有“无产小民投顾（雇）富家力田者谓之长工。先供米谷食用，至力田时撮忙一两月者谓之短工”，正德《松江府志》中有“农无田者为人佣耕曰长工，农月暂忙者曰短工”。正德《华亭县志》中有“农无田者为人佣耕曰长工，农月暂佣者曰短工”。嘉靖《吴江县志》中有“若无产者，赴逐雇倩，抑心殚力，计岁而受直者曰长工，计时而受直者或短工，计日而受直者曰忙工”。嘉靖时湖州府“无恒产者雇倩受值，

① 《古今图书集成·闺媛典》卷68《闺烈部列传二十四》。

② 《古今图书集成·闺媛典》卷134《闺节部列传十六》。

③ 雍正《广东通志》卷47《人物志·忠烈》。

④ 雍正《广西通志》卷32《风俗》。

⑤ 《古今图书集成·闺媛典》卷107《闺烈部列传六十三》。

⑥ 道光《思南府志》卷2《风俗》。

抑心殚力,谓之长工。夏初农忙,短假应事,谓之忙工”。清代山东登州府“农无田者为人佣作,曰长工;农日暂佣者曰忙工,田多人少,倩人助己曰伴工”。[①] 乾隆《金山县志》中有“农无田者,为人佣耕,曰长工,农月暂忙者曰忙工;田多人少,倩人助己而还之者,曰伴工”。山西寿阳县“受雇耕田者谓之长工,计日佣者谓之短工”。综合以上明清各地方志的记载,可知明清农业雇工的种类已被细化为长工、短工、忙工。长工没有田产,长期为人佣耕,工价以年计。短工可有田产,只是在农忙时节受人雇佣劳作,工价以时计。忙工也是雇主在农忙时节暂雇的劳力,不过其工价以日计。清代还出现了农忙时节“倩人助己而还之者”的“伴工”,属于亲邻之间的劳动互换,不涉及劳动力的交易,不属于农业雇佣行为。但也从一定程度上反映出在农忙时节,农业雇工存在着较大的市场需求。《东乡县志》便记载康熙时,江西东乡在农忙时节,雇工需求量大,雇主必须提前预约,并且“未佣而先以值给”。

3.3.2 清代农业雇工市场的出现

从清代前期开始,各地陆续出现以“人市”“佣市”为名的农业雇工专门市场。康熙初年,山东青州贫民,“每当日出,皆荷锄立于集场”等待有田雇主前来雇佣。[②] 康熙九年山西运城薛盛方等“上市”雇工[③],表明当地已有专门的雇工市场。广东嘉应州(今梅县)畲坑堡正月五日墟市不进行商品贸易,而形成了专门的雇工市场“春哥墟”。“凡雇倩春作佣役者,于是日订议,谓之春哥墟”。[④] 雍正元年广东新会姓何的地主,在墟市上雇得四名工人,并雇船去割禾。雍正十三年山东齐河县杨坤令人去雇工市场雇人锄地,工价为每日九十文钱。[⑤] 乾隆二年钦州,有梁兴地主在峒利墟上寻雇佣工。[⑥] 正定府无极县,“西郭旧有佣市”,在农业歉收年份,农业劳动力需求锐减,数十人在“佣市”上待雇。[⑦] 乾隆十三年山西阳高县张世良在“街前”寻雇人去锄田。[⑧] 乾隆《林县志》记载乾隆十六年河南林县无业之民在农忙时节手持农具,清晨赶赴集市“受雇短工,名曰人市”。乾隆十六年山西雇工滑大、董

---

① 《古今图书集成·职方典》卷278《登州府·风俗考》。

② 《资治新书》2集卷8《劝施农器牌》。

③ 康熙朝黄册,招册二三六九。中国第一历史档案馆藏。

④ 光绪《嘉应州志》卷32《丛谈》引康熙前后成书的《谈梅》。

⑤ 乾隆元年六月六日刑部尚书傅鼐题本。中国第一历史档案馆藏。

⑥ 乾隆四年四月四日广东巡抚王謩题本。中国第一历史档案馆藏。

⑦ 李塨:《恕谷后集》卷6《张太翁传》。冯辰校.中华书局,1985:77.

⑧ 乾隆十三年七月二十日刑部尚书阿克敦题本。中国第一历史档案馆藏。

立，均在"市上"寻求人雇佣。[①] 乾隆《献县志》记载乾隆二十六年直隶献县农民没有租到田地者"荷锄于市以受雇"。嘉庆十年吉林宁古塔客民李经晏在"站上"雇佣了十人锄麦子，每人一天工钱二百二十文。[②] 嘉庆十九年左右安徽《凤台县志》记载当地在农村耘田之时便有"佣者方集，荷锄入市"。《番禺县志》亦记载清末广东番禺县的南村沙市每年正月初二日晨"打耕种工者，群集以待雇……欲雇工人者，须按时往商，迟则不及矣。以工为市，此则尤为特别者也"。

清代农业雇工市场呈现出以下特点：第一，受雇者以短工为主体。短工大多拥有田产，他们只是利用空闲时间出卖劳动力以增加家庭收入。第二，雇工市场大多在乡镇的集场或墟市上，地点固定，雇主以本地人较多。第三，雇工市场供需关系受季节和农业丰歉年份影响大。农业生产的季节性，使得春、秋两季对劳动力的需求量较大，冬季需求量小。农业丰收年份，雇工需求量大；荒歉年份则需求量小，大量雇工滞待于雇工市场。第四，雇工市场的地域分布上，北方雇工市场比南方普遍，华北地区的雇工市场尤为普遍。总体而言，清代农业雇工市场的发展并不完善，但雇工专门市场较为普遍的在各地出现表明这一时期农业领域对劳动力的需求量在增加，农村劳动力的商品化程度在加深。

3.3.3　清代农业雇工法律地位的提升和人身趋向自由

"雇工人"一词最先出现在明初《大明律》中。《大明律》以《唐律》为基础，但又有所发展(张晋藩和怀效峰，1999)。在《唐律》中有关"部曲""田客"的条文，《大明律》全以"雇工人"取代。因而在明初"雇工人"的法律地位尚且不及"良人"，"雇工人"对雇主有较强的从属和依附关系，雇主对"雇工人"拥有约束、惩处的权利。在法律地位上两者处于不平等的状态。但是这种情况随着明清商品经济和雇佣劳动的发展，在发生着显著的变化。尤其是在农业雇佣关系中，农业短工的法律地位首先被提升，并开始向自由雇佣劳动转化。明万历十六年所颁布的《新题例》规定："今后官民之家凡倩工作之人，立有文券，议有年限者以雇工人论，止是短属月日、受值不多者以凡论。"[③] 农业短工的地位与凡人相当，而"立有文券，议有年限"的农业长工则还处于"雇工人"地位。不过在清乾隆时的实际雇佣行为中，部分农业长工开始反对雇主的不合理役使，雇主对长工的人身支配权和劳动力使用权趋向分离，主雇双方地位日益平等(方

---

① 乾隆十六年十二月二十日山西巡抚阿思哈题本。中国第一历史档案馆藏。

② 《清嘉庆朝刑科题本》第3册《主雇关系·吉林宁古塔客民李经晏将雇工陈天佑殴伤致死案》。

③ 《明律集解附例》卷20《斗殴·奴婢殴家长》。

行、经君健和魏金玉,2007)。乾隆五十三年,国家修改了雇工法律条文,部分农业长工的法律地位从"雇工人"提升至"凡人"。律文规定:"若农民佃户雇倩耕种工作之人并店铺小郎之类,平日共坐共食用,彼此平等相称,不为使唤服役,素无主仆名分者,亦无论其有无文契年限,俱依凡人科断。"[①]这表明"素无主仆名分"的农业长工与雇主处于相等的法律地位,这部分农业长工获得了自由的人身支配权,其出卖的只是雇期内的劳动力使用权。清代农业雇佣劳动开始向着雇工身份自由和政治强制弱化的方向演进。

清乾隆年间,根据方行等人对雍正和乾隆刑科题本的研究,清初农业雇工为突破等级雇佣关系进行了反抗斗争;他们长期的斗争使得实际地位得以提高,并且促进了乾隆五十三年雇工法律条文的修订(方行、经君健和魏金玉,2007)。在法律中,部分农业雇工的地位提升至与雇主同等的待遇。现有关于清代农业雇工实际地位变化的研究多来自乾隆时期刑科档案资料的考察。通过对嘉庆朝刑科题本中相关案例的分析,则可以窥得清乾隆朝后农业雇工实际地位得以提升的若干表征。

第一,主雇双方的称呼平等,日常生活中同坐共饮食,也没有主仆名分之别,体现出双方实际地位的平等。明末清初,主雇同桌饮食还被视为有悖封建等级秩序之举,但至乾隆年间,主雇平等相待已普遍,以至乾隆五十三年雇工律法中也以"平日共坐共食用,彼此平等相称,不为使唤服役,素无主仆名分"作为区分自由雇工与依附性雇工的标准。至嘉庆朝,在日常生活中,主雇双方依然平等相待。在嘉庆刑科题本中主雇双方在供述双方平日关系时,多以"平等相称,并无主仆名分""同坐共食,并无主仆名分"以说明双方地位平等。如嘉庆十年二月,江西雇工王幸希向在刘和元家帮工,"平等称呼,并无主仆名分,没有嫌隙"。[②] 陕西宝鸡雇工茹徐家娃与雇主杨迎春"平日同坐同食,也没主仆名分"。[③] 即使受雇者原为乞丐,受雇后,主雇双方的地位亦相当。嘉庆十年五月,甘肃秦州刿作吉夫妇原以乞讨为生,后受雇于高志升家,亦能与高志升、吕氏夫妇"平日都平等相称,并没主仆名分,也没嫌隙"[④]。此外,在有的案例中尽管双方并没有订立雇佣契约,主雇双方也能平等相处。嘉庆十年二月初间,赵东五受雇于赵映仓家做佣工,"每年身价钱三千五百文,没立文契,也没主仆名分。平日与小的共坐共食"。[⑤] 可见嘉庆朝,在自愿形

① 《大清律例》卷28《斗殴·奴婢殴家长》。

② 《清嘉庆朝刑科题本社会史料辑刊》第3册《主雇关系·江西石城县民刘和元因索讨耕牛事误伤雇工身死案》。下文所引嘉庆朝主雇关系案例皆引自该书。

③ 《陕西宝鸡县民茹徐家娃砍伤雇主杨迎春身死案》。

④ 《甘肃秦州民高志升因雇工不做饭争吵将其殴伤致死案》。

⑤ 《陕西武功县民赵根子因雇工赵东五懒惰将其殴伤致死案》。

成的农业雇佣关系中，无论受雇者出身如何，双方是否订立契约，主雇双方在日常生活中平等相处已经成为一种共识。与之相反，若雇主对雇工施以咒骂等不尊重行为，往往引来雇工的反对，甚至因此而造成命案。嘉庆十年五月，海州人宋学校在江苏沭阳县郁球家做工 9 年，郁球小妾朱氏多次辱骂、冤枉宋学校“又贪又懒”，并四处播扬，宋学校无可忍受，便“顺用手中修碾铁斧”将朱氏杀死。①

第二，受雇者的人身权利受到法律保障，雇主对受雇者的人身侵犯需要承担法定责任。雇主对受雇者不得进行随意的人身侵犯，若因雇主的人身侵犯而致受雇者受伤或死亡，即使双方未立契约，雇主都将受到相应的法律制裁。嘉庆十年，陕西武功县赵东五受雇于赵映仓家做佣工，“每年身价钱三千五百文，没立文契，也没主仆名分”。六月二十日，赵映仓之弟赵根子与赵东五同去村西汲水浇灌五亩谷子地，雇主赵根子看到赵东五时常歇力，便斥责赵东五，引发赵东五不服，与赵根子争吵。当日晚上，赵根子叫赵东五“拉牛去饮”，两人又起争端而殴斗，赵根子情急之下戳伤赵东五肾囊，赵东五未及时得以医治，半夜便身亡了。嘉庆十年十二月十二日该案判定“赵根子合依斗殴杀人者，不问手足、他物、金刃，并绞律，拟绞监候”。②嘉庆十年山西神池县汤鸣玉雇杨三帮收庄稼，十月十四日杨三将庄稼收完，汤鸣玉给付完工钱。十月十六日，杨三出门觅工，遇到汤鸣玉，汤鸣玉还要杨三堆草。杨三不答应，引发相争。汤鸣玉用木杈将杨三殴伤，当日傍晚杨三因伤身死。最终该案以判定“汤鸣玉合依斗殴杀人者，不问手足、他物、金刃，并绞监候律，拟绞监候，秋后处决”而结案。③ 从以上两则判例可以看出，此时的农业雇佣关系中，雇主不再对受雇者拥有超范围的人身支配权。受雇者也具有了相对独立的人身权利。在后一则案例中，杨三与汤鸣玉有关收割庄稼的雇佣关系因工钱交付清楚而结束。雇主对受雇者就不具备劳动力的使用权，此时再要求杨三为其堆草，属于超出雇佣时效的要求，因而遭到了杨三的拒绝，而其将杨三殴伤致死，理应受刑。此外，如果受雇者为维护自身权利而误致雇主身亡，罪不至死。嘉庆九年陕西宝鸡县杨迎春雇佣茹徐家娃帮工，“说明管顾衣食，并无工价、年限。平日同坐同食，也没主仆名分”。受雇者茹徐家娃先是被雇主杨迎春“哄诱鸡奸”，雇主许诺给茹徐家娃“资本生理”，但一直未给。后又于六月十八日，两人同去凤翔县去讨账，借宿张斌家。茹徐家娃向雇主索要所许资本，雇主杨迎春推延，茹徐家娃便要辞工回去。雇主杨迎

① 《江苏沭阳县客民宋学校因被雇主之妾朱氏斥骂逐赶故杀其身死案》。

② 《陕西武功县民赵根子因雇工赵东五懒惰将其殴伤致死案》。

③ 《山西神池县民汤鸣玉因堆草事将雇工殴伤致死案》。

春不依，两人争吵。雇主杨迎春拾起柴斧砍茹徐家娃，被茹徐家娃所夺，雇主杨迎春又弯腰拾取劈柴，茹徐家娃情急之下顺用柴斧砍伤雇主杨迎春，虽后与张斌一同扶救，但雇主不治而亡。此案，先判“应如该抚所题，茹徐家娃合依斗殴杀人者，不问手足、他物、金刃，并绞监候律，拟绞监候，秋后处决”。但是“此案事结在嘉庆十一年正月初四日恩旨以前，被奸、被砍夺斧回砍一伤，秋审应入缓决”，茹徐家娃最终被减为“杖一百流三千里，到配折责安置，仍追埋葬银二十两给付死者之家收领”。此外，针对杨迎春对茹徐家娃鸡奸特别指出“罪应枷杖”，因为其已经身死，才不再追究。[①]

第三，在雇佣工价问题上，受雇者对工价的诉求得到进一步的体现。从明清时代的总体变化趋势来看，工价趋于上涨(方行，等，2007)。工钱的支付时间，由原来的雇主单方决定向双方商议适时领取的方向发展，受雇者要求按其需要发放工钱的诉求更为明显。关于工钱的支付问题也成为农业雇佣行为中引发主雇矛盾纠纷的首要诱因。在《清嘉庆朝刑科题本社会史料辑刊》所收录的 135 例主雇关系案例中，因工钱问题而引发纠纷以致人身亡的为 79 例，占总数的 58.5%。其中不乏因受雇者不满雇主所给工钱太少，而要求补给工钱而引发矛盾致人死亡的案例。如嘉庆十年，四川通江县就发生因受雇者卓有义不满雇主汤光孝所给工价少而找补工价，引发双方殴斗，雇主汤光孝将其用刀戳伤致死的案例。[②] 雇主未给够受雇者工钱，亦常引起纠纷。嘉庆十年，陕西留坝厅冉大文受雇于朱耀庭两日，而朱耀庭不愿给付两日工钱，引发殴斗，雇主朱耀庭踢伤雇工冉大文并致其身死，刑部判定“朱耀庭合依斗殴杀人者，不问手足、他物、金刃，并绞监候律，拟绞监候，秋后处决”，并且明确“朱耀庭应给冉大文工价钱四十八文，照数追领”。[③] 雇工的合法权益在判决中得到了法律的维护。此外，亦有雇工为工钱而致雇主身亡的案例。如嘉庆十四年七月《湖北宜城县民李学贤因索要工钱事将雇主李六典殴伤身死案》，嘉庆十六年五月《福建台湾县客民汪屁为索讨工钱致伤雇主李汉阳身死案》，嘉庆十六年十二月《四川安县民邹寅娃因索讨工钱起衅致死雇主李荣仁案》，等等。这些案例中受雇者往往出于维护自身合法的劳动收益权利而误伤雇主致死，最终也付出了生命的代价。因此，无论是雇主还是受雇者因工钱的纠纷而致死，最终都需要以命抵命。这类案件的多发也促使雇主改变工钱支付中不利于受雇者一方的条约规定，使得工钱支付中受雇者的诉求得以合理表达。

---

① 《陕西宝鸡县民茹徐家娃砍伤雇主杨迎春身死案》。

② 《四川通江县民汤光孝因工价事将雇工戳伤致死案》。

③ 《陕西留坝厅客民朱耀庭因被讨要工钱踢伤雇工身死案》。

第四章　古代农贷关系及资本市场的多元发展

农业资本是指在农业生产过程中为了维持或扩大生产规模所投入的物质或货币形式的资本。在农业生产的三大基本生产要素中，农业资本是最为活跃的要素。在农业向商品经济形态转化的过程中，土地、劳动力的商品化都依赖于农业资本的投入。在我国古代社会，农业生产者主要通过借贷来获取所需的农业资本，农业资本市场的发育情况可以从农业借贷的发展演变中得到体现。我国古代农业借贷可以划分为国家和民间两大层级，国家农贷和民间农贷在发展过程中呈现出多元化的总体特征。

4.1　我国古代国家农贷的发展演变

我国古代国家农贷是指国家为了社会稳定和农业生产活动的持续开展，而向农民发放的农业信贷。我国古代国家农贷萌发于西周时期，战国秦汉时期得到初步发展，汉代以国家诏令的形式推动国家农贷的常态化。魏晋南北朝时期，国家农贷得以区域性的延续，汉族政权统治的区域以及受汉族文化影响较深的民族政权大多推行国家农贷，而少数民族政权统治区域则难见施行。隋唐至明清时期，国家农贷基于常平义仓制度而施行。因而，常平义仓制度的变迁在很大程度上影响了国家农贷活动的开展。在常平义仓制度相对完善和稳定的时期，国家农贷便能较好的执行。而常平义仓制度衰败时期，国家农贷便难以实行。

4.1.1　西周秦汉时期国家农贷的产生与初步发展

我国古代最早有关国家借贷的记载见于《周礼》。《周礼·地官·泉府》记载了掌管国家财政和借贷的机构“泉府”对无货之民所予的“赊”和“贷”两种信用形式。“凡赊者，祭祀无过旬日，丧纪无过三月”。① 据郑玄所注，赊，是贫民为进行祭祀和

① 《周礼注疏》卷15。

丧事而向国家借贷"以祭祀丧纪故，从官贷买物"。周代统治者为维护礼制而以赊的形式来保障贫民不弃祭祀不废丧礼，"故赊与民不取利"，只需在限定的日期内归还。贷，则不同，"凡民之贷者，与其有司辨而授之，以国服为之息"。从郑玄的注文所释来看，有司是泉府的下属官员，负责确定所贷之物的价值，并收取一定的利息。借贷利息的表现形式则根据当地出产而定，"贷者谓从官借本，贾也。故有息使民弗利，以其所贾之国所出为息也"。如产丝絮的地方就以丝絮偿还，出产绨葛之地，便以绨葛还息。据孙诒让的考证，西周时期国家的借贷利息的比率并非一概而定，而是根据民间情况区分为五等，"或二十而一，或十一，或二十而三，或十二，或二十而五，以此为限，明不得逾溢耳"[①]。由此，可推算其时国家农贷的平均利率为18%。结合《周礼》的记载和后世学者的注疏，可以确定大致在西周时期，国家借贷活动已经出现，并且设有专门的国家机构和官员来负责运营。西周时期国家的借贷面向农、工、商各行业的小生产者，然农业作为主导产业，贫困农民应是借债人的主体(姚遂，1994)。因此，西周时期，国家农贷也已萌发。春秋战国时期，各诸侯国亦采用国家借贷的形式来发展农业，赈济灾荒。鲁襄公九年晋侯伐郑而归，为休养生息，采纳魏绛"输积聚以贷"的建议，"行之期年，国乃有节。三驾而楚不能与争"[②]。鲁襄公二十九年，宋国饥荒，平公以"粟贷"赈灾。"宋饥，请于平公，出公粟以贷，使大夫皆贷，司城氏贷而不书，为大夫之无者贷。宋无饥人"。[③] 宋国的这次赈贷，不仅国家及大夫出贷，而且民间富者司城氏亦出于救济目的"贷而不书"。国家农贷在农业灾荒年份的公益性凸显。而这一时期民间放贷活动的普遍促使国家为减少商人对小农的利息盘剥，保障小农再生产的顺利开展而实行低息的信贷。管子便建议国君应采取"春赋以敛缯帛，夏贷以收秋实"的国家农贷来"养其本"，以防止大商富贾豪夺于民，从而保障农民进行农业生产。[④]

秦汉国家统一政权建立后，小农经济逐步成为国民经济的基础。秦朝统一后，庞大的国家机构加重了农民的负担，秦始皇三十二年后"内兴功作，外攘夷狄"，频繁的徭役和繁重的税负打破了农业再生产的连续过程(樊志民，1997)。农民大量破产，起而反秦。农业生产体系的崩溃成为秦二世而亡的根本原因。汉代统治者吸取秦亡教训，注重与民休息，恢复和发展农业生产。两汉时期，国家尤其注重以

① 《周礼正义》。

② 《左传·襄公九年》

③ 《左传·襄公二十九年》。

④ 《管子》卷22《国蓄第七十二》。

国家农贷来保障农业再生产的顺利开展，以一系列的国家农贷诏令推进国家农贷的制度化(参见表 4.1)。

表 4.1 汉代国家农贷一览表

时间	内容	出处
汉文帝前元元年三月	诏曰："方春和时，草木群生之物皆有以自乐，而吾百姓鳏、寡、孤、独、穷困之人或阽于死亡，而莫之省忧。为民父母将何如？其议所以振贷之。"	《汉书》卷 4《文帝纪》
汉文帝前元二年正月	诏曰："夫农，天下之本也，其开籍田，朕亲率耕，以给宗庙粢盛。民谪作县官及贷种食未入、入未备者，皆赦之。"	《汉书》卷 4《文帝纪》
汉武帝元朔元年三月(前 128 年)	诏曰："朕闻天地不变，不成施化；阴阳不变，物不畅茂。……诸逋贷及辞讼在孝景后三年以前，皆勿听治。"	《汉书》卷 6《武帝纪》
汉武帝元狩六年六月(前 117 年)	诏曰："日者有司以币轻多奸，农伤而末众，又禁兼并之涂，故改币以约之。……今遣博士大等六人分循行天下，存问鳏、寡、废、疾，无以自振业者贷与之。"	《汉书》卷 6《武帝纪》
汉武帝元封元年四月(前 110 年)	夏四月癸卯，上还，登封泰山，降坐明堂。诏曰："朕以眇身承至尊……行所巡至，博、奉高、蛇丘、历城、梁父，民田租逋赋、贷，已除。"	《汉书》卷 6《武帝纪》
汉昭帝始元二年三月(前 85 年)	三月，遣使者振贷贫民毋种食者	《汉书》卷 7《昭帝纪》
汉昭帝始元二年八月(前 85 年)	秋八月，诏曰："往年灾害多，今年蚕、麦伤，所振贷种食勿收责，毋令民出今年田租。"	《汉书》卷 7《昭帝纪》
汉昭帝元凤三年正月(前 78 年)	诏曰："乃者民被水灾，颇匮于食，朕虚仓廪，使使者振困乏。其止四年毋漕。三年以前所振贷，非丞相、御史所请，边郡受牛者勿收责。"	《汉书》卷 7《昭帝纪》
汉宣帝本始四年正月(前 70 年)	诏曰："盖闻农者兴德之本也，今岁不登，已遣使者振贷困乏。其令太官损膳省宰，乐府减乐人，使归就农业。丞相以下至都官令、丞上书入谷，输长安仓，助贷贫民。民以车船载谷入关者，得毋用传。"	《汉书》卷 8《宣帝纪》
汉宣帝地节三年三月(前 67 年)	诏曰："盖闻有功不赏，有罪不诛……"又曰："鳏、寡、孤、独、高年、贫困之民，朕所怜也。前下诏假公田，贷种食。其加赐鳏、寡、孤、独、高年帛。二千石严教吏谨视遇，毋令失职。"	《汉书》卷 8《宣帝纪》
汉宣帝地节四年九月(前 66 年)	诏曰："朕惟百姓失职不赡，遣使者循行郡国问民所疾苦。吏或营私烦扰，不顾厥咎，朕甚闵之。今年郡国颇被水灾，已振贷。盐，民之食，而贾咸贵，众庶重困。其减天下盐贾。"	《汉书》卷 8《宣帝纪》

续表

时间	内容	出处
汉宣帝元康元年三月(前65年)	诏曰:"乃者凤皇集泰山、陈留,甘露降未央宫。……加赐鳏、寡、孤、独、三老、孝弟(悌,下同)、力田帛。所振贷勿收。"	《汉书》卷8《宣帝纪》
汉宣帝神爵元年三月(前61年)	三月,行幸河东,祠后土。诏曰:"朕承宗庙,战战栗栗……赐天下勤事吏爵二级,民一级,女子百户牛、酒,鳏、寡、孤、独、高年帛。所振(赈,下同)贷物勿收。行所过,毋出田租。"	《汉书》卷8《宣帝纪》
汉元帝初元元年三月(前48年)	三月,封皇太后兄侍中中郎将王舜为安平侯。丙午,立皇后王氏。以三辅、太常、郡国公田及苑可省者振业贫民,訾不满千钱者赋贷种食	《汉书》卷9《元帝纪》
汉元帝永光元年三月(前43年)	诏曰:"五帝、三王任贤使能,以登至平……无田者皆假之,贷种、食如贫民。"	《汉书》卷9《元帝纪》
汉元帝永光四年二月(前40年)	诏曰:"朕承至尊之重,不能烛理百姓,屡遭凶咎。加以边境不安,师旅在外,赋敛、转输,元元骚动,穷困亡聊,犯法抵罪。夫上失其道而绳下以深刑,朕甚痛之。其赦天下,所贷贫民勿收责。"	《汉书》卷9《元帝纪》
汉成帝建始三年三月(前30年)	春三月,赦天下徒。赐孝弟、力田爵二级。诸逋租赋所振贷勿收	《汉书》卷10《成帝纪》
汉成帝河平四年正月(前25年)	四年春正月,匈奴单于来朝。赦天下徒,赐孝弟、力田爵二级,诸逋租赋所振贷勿收	《汉书》卷10《成帝纪》
汉成帝河平四年三月(前25年)	三月癸丑朔,日有蚀之。古遣光禄大夫博士嘉等十一人行举濒河之郡水所毁伤困乏不能自存者,财振贷	《汉书》卷10《成帝纪》
汉成帝鸿嘉元年二月(前20年)	诏曰:"朕承天地,获保宗庙……其赐天下民爵一级,女子百户牛、酒,加赐鳏、寡、孤、独、高年帛。逋贷未入者勿收。"	《汉书》卷10《成帝纪》
汉成帝鸿嘉四年正月(前17年)	诏曰:"数敕有司,务行宽大……农民失业,怨恨者众,伤害和气,水旱为灾,关东流冗者众,青、幽、冀部尤剧,朕甚痛焉。未闻在位有恻然者,孰当助朕忧之。已遣使者循行郡国。被灾害什四以上,民赀不满三万,勿出租赋。逋贷未入,皆勿收。"	《汉书》卷10《成帝纪》
汉成帝鸿嘉四年(前17年)	秋,勃海、清河河溢,被灾者振贷之	《汉书》卷10《成帝纪》
汉成帝永始二年春二月(前15年)	春二月癸未夜,星陨如雨。乙酉晦,日有蚀之。诏曰:"乃者,龙见于东莱,日有蚀之。天著变异,以显朕邮,朕甚惧焉。公卿申敕百寮,深思天诫,有可省减便安百姓者,条奏。所振贷贫民,勿收。"	《汉书》卷10《成帝纪》
东汉和帝永元六年二月(94年)	二月乙未,遣谒者分行禀贷三河、兖、冀、青州贫民	《后汉书》卷4《孝和孝殇帝纪》

续表

时间	内容	出处
东汉和帝永元八年四月（96 年）	夏四月癸亥，乐成王党薨。甲子，诏赈贷并州四郡贫民	《后汉书》卷 4《孝和孝殇帝纪》
东汉和帝永元十一年二月（99 年）	春二月，遣使循行郡国，禀贷被灾害不能自存者，令得渔采山林池泽，不收假税	《后汉书》卷 4《孝和孝殇帝纪》
东汉和帝永元十二年二月（100 年）	诏贷被灾诸郡民种粮	《后汉书》卷 4《孝和孝殇帝纪》
东汉和帝永元十二年闰四月（100 年）	闰月，赈贷敦煌、张掖、五原民下贫者谷	《后汉书》卷 4《孝和孝殇帝纪》
东汉和帝永元十三年二月（101 年）	二月，任城王尚薨。丙午，赈贷张掖、居延、朔方、日南贫民及孤、寡、羸弱不能自存者	《后汉书》卷 4《孝和孝殇帝纪》
东汉和帝永元十三年八月（101 年）	秋八月，诏象林民失农桑业者，赈贷种粮，禀赐下贫谷食	《后汉书》卷 4《孝和孝殇帝纪》
东汉和帝永元十四年四月（102 年）	夏四月，庚辰，赈贷张掖、居延、敦煌、五原、汉阳、会稽流民下贫谷，各有差	《后汉书》卷 4《孝和孝殇帝纪》
东汉和帝永元十五年二月（103 年）	二月，诏禀贷颍川、汝南、陈留、江夏、梁国、敦煌贫民	《后汉书》卷 4《孝和孝殇帝纪》
东汉和帝永元十六年正月（104 年）	春正月己卯，诏贫民有田业而以匮乏不能自农者，贷种粮	《后汉书》卷 4《孝和孝殇帝纪》
东汉和帝永元十六年七月（104 年）	秋七月，旱。戊午，诏曰："今秋稼方穗而旱，云雨不沾，……"辛巳，诏令天下皆半入今年田租、刍稿；其被灾害者，以实除之。贫民受贷种粮及田租、刍稿，皆勿收责	《后汉书》卷 4《孝和孝殇帝纪》
东汉安帝永初二年二月（108 年）	二月乙丑，遣光禄大夫樊准、吕仓分行冀、兖二州，禀贷流民	《后汉书》卷 5《孝安帝纪》

续表

时间	内容	出处
东汉安帝元初二年五月(115年)	五月,京师旱,河南及郡国十九蝗。甲戌,诏曰:“朝廷不明,庶事失中,灾异不息,忧心悼惧。被蝗以来,七年于兹,而州、郡隐匿,裁言顷亩。今群飞蔽天,为害广远,所言所见,宁相副邪?三司之职,内外是监,即不奏闻,又无举正。天灾至重,欺罔罪大。今方盛夏,且复假贷,以观厥后。其务消救灾眚,安辑黎元。”	《后汉书》卷5《孝安帝纪》
东汉顺帝永建二年二月(127年)	二月,鲜卑寇辽东、玄菟。甲辰,诏禀贷荆、豫、兖、冀四州流冗贫人,所在安业之;疾病致医药	《后汉书》卷6《孝顺孝冲孝质帝纪》
东汉顺帝永建三年正月(128年)	春正月丙子,京师地震,汉阳地陷裂。甲午,诏实核伤害者,赐年七岁以上钱,人二千;一家被害,郡县为收敛。乙未,诏勿收汉阳今年田租、田赋	《后汉书》卷6《孝顺孝冲孝质帝纪》
东汉顺帝永建三年四月(128年)	夏四月癸卯,遣光禄大夫案行汉阳及河内、魏郡、陈留、东郡,禀贷贫人	《后汉书》卷6《孝顺孝冲孝质帝纪》
东汉顺帝阳嘉元年二月(132年)	以冀部比年水潦,民食不赡,诏案行禀贷,劝农功,赈乏绝	《后汉书》卷6《孝顺孝冲孝质帝纪》
东汉顺帝阳嘉二年二月(133年)	春二月甲申,诏以吴郡、会稽饥荒,贷人种粮	《后汉书》卷6《孝顺孝冲孝质帝纪》
东汉顺帝永和四年八月(139年)	秋八月,太原郡旱,民庶流冗。癸丑,遣光禄大夫案行禀贷,除更赋	《后汉书》卷6《孝顺孝冲孝质帝纪》
东汉顺帝永和六年正月(141年)	春正月丙子,征西将军马贤与且冻羌战于射姑山,贤军败没,安定太守郭璜下狱死。诏贷王、侯国租一岁	《后汉书》卷6《孝顺孝冲孝质帝纪》
东汉顺帝汉安二年十月(143年)	冬十月辛丑,令郡国中都官系囚殊死以下出缣赎,各有差;其不能入赎者,遣诣临羌县居作二岁。甲辰,减百官俸。丙午,禁沽酒,又贷王、侯国租一岁	《后汉书》卷6《孝顺孝冲孝质帝纪》
东汉桓帝永寿元年二月(155年)	春正月戊申,大赦天下,改元永寿。二月,司隶、冀州饥,人相食。敕州郡赈给贫弱。若王侯吏民有积谷者,一切贷十分之三,以助禀贷;其百姓吏民者,以见钱雇直。王侯须新租乃偿	《后汉书》卷7《孝桓帝纪》

汉代国家农贷体现出以下几大特征：其一，国家农贷政令频出，汉代政府高度重视通过农贷来保障农业再生产过程的持续性。从表 4.1 的史料统计可见，西汉文帝至东汉顺帝 200 多年间，共颁布 45 次国家农贷政令。汉代政府大约平均 5 年便要颁布一次国家农贷的政令，国家农贷政令颁布之频繁，体现政府之重视。其二，汉代国家农贷政令颁布的诱因有多样，既有执政者出于体恤贫民而出贷，亦有因水旱、地震等灾害伤农而赈贷，还有因统治者受天现异象所惧而免贷，但尤以应对灾害的救助性农业借贷为主。传统农业对灾害的抵御能力低，农民在水旱等农业灾害的影响下，常处于破产的边缘，农业再生产也难以继续。因而，汉代国家尤为重视对受灾农民的农业借贷，因灾放贷的诏令也是汉代国家农贷诏令中最为常见者。如汉昭帝始元二年八月诏，元凤三年正月诏，汉宣帝地节四年九月诏，汉成帝鸿嘉四年正月诏等。此外，汉代统治者常出于对贫弱之民的怜悯，为体现其爱民之德而以种、食振贷。汉文帝前元元年，三月诏曰："方春和时，草木群生之物皆有以自乐，而吾百姓鳏、寡、孤、独、穷困之人或阽于死亡，而莫之省忧。为民父母将何如，其议所以振贷之。"[①]汉宣帝地节三年三月诏曰："鳏、寡、孤、独、高年、贫困之民，朕所怜也。前下诏假公田，贷种、食。其加赐鳏、寡、孤、独、高年帛。"[②]再者，汉代亦有统治者出于对天人感应之笃信，在天现异象之时，体恤贫民而免贷于民。汉成帝永始二年"春二月癸未夜，星陨如雨。乙酉晦，日有蚀之"。于是汉成帝下诏曰："乃者，龙见于东莱，日有蚀之。天著变异，以显朕邮，朕甚惧焉。公卿申敕百寮，深思天诫，有可省减便安百姓者，条奏。所振贷贫民，勿收。"[③]其三，汉代国家农贷的对象以农村贫困弱势群体为主体，尤以受灾农民为最。在正常年份，国家通常对鳏、寡、孤、独、废、疾、穷困而无种食之人施以振贷，而灾荒年份则包含受灾地区的农民。前元元年春，汉文帝怜忧鳏、寡、孤、独、穷困之人，开春之季，无以为食，便下诏振贷。汉武帝元狩六年诏曰："今遣博士大等六人分循行天下，存问鳏、寡、废、疾，无以自振业者贷与之。"[④]汉昭帝始元二年三月"遣使者振贷贫民毋种、食者"。[⑤] 汉昭帝始元二年、元凤三年，汉宣帝地节四年，汉成帝河平四年、鸿嘉四年，东汉和帝永元六年、永元八年、永元十一年、永元十二年、永元十六年，东汉顺帝永

① 《汉书》卷 4《文帝纪》。

② 《汉书》卷 8《宣帝纪》。

③ 《汉书》卷 10《成帝纪》。

④ 《汉书》卷 6《武帝纪》。

⑤ 《汉书》卷 7《昭帝纪》。

建三年、阳嘉二年、永和四年，东汉桓帝永寿元年等受灾年份国家先后下诏或以国库粮食赈济，并贷以农民种食，或免收受灾地区农民往年所贷粮食。此外，东汉顺帝时，开始出现国家向地方王侯以预收租税的方式举债行贷，东汉顺帝永和六年“诏贷王、侯国租一岁”。[①] 汉安二年“又贷王、侯国租一岁”。[②] 而在国家财政缺乏时，统治者便发动地方王侯官吏出贷救灾。东汉桓帝永寿元年二月，“司隶、冀州饥，人相食。敕州郡赈给贫弱。若王侯吏民有积谷者，一切贷十分之三，以助禀贷；其百姓吏民者，以见钱雇直。王侯须新租乃偿”。[③] 其四，汉代国家农贷短期目标的政治性和长期目标的经济性。汉代国家农贷的利率记载较少，《汉书·食货志》中记载：“民或乏绝，欲贷以治产业者，均授之，除其费，计所得受息，无过岁十一。”[④]年利率不过10%，是比较低的。虽然王莽时“赊贷予民，收息百月三”[⑤]，年利息率涨至36%，但并不能说明汉代国家农贷的利率高位运行。此外，从汉代国家有关农贷的政令内容来看，其中不乏经常性免除贫民还贷的记载。汉代国家农贷的短期目标并不在于生息谋利，而在于通过农贷来保障农业生产的持续性，避免小农因灾害而破产流亡，造成社会动乱。国家农贷的推行，在短期内可以解决贫困农民对农业生产资料的迫切需求，避免小农的破产，维护社会的稳定；而从长期来看，国家农贷有利于维护以农户为基本单位的小农经济的持续发展，从而为国家带来长期的农业赋税等经济利益。

4.1.2 魏晋南北朝国家农贷的区域性延续

魏晋南北朝时期，地方割据势力之间长期的战乱对农业生产造成了较大的破坏，各政权对恢复和发展农业生产都比较重视。国家农贷为部分区域性的政权所沿用，以保障统治区域内农业生产的持续开展，为巩固和扩大其统治疆域奠定了物质基础。东汉末，建安二十三年魏王曹操便根据“去冬天降疫疠，民有凋伤，军兴于外，垦田损少”而下令对“贫穷不能自赡者，随口给贷”。[⑥] 魏文帝曹丕登基称帝后，于黄初六年二月“遣使者循行许昌以东尽沛郡，问民所疾苦，贫者振贷之”。[⑦] 东吴

① 《后汉书》卷6《孝顺孝冲孝质帝纪》。

② 《后汉书》卷6《孝顺孝冲孝质帝纪》。

③ 《后汉书》卷7《桓帝纪》。

④ 《汉书》卷24《食货志》。

⑤ 《汉书》卷99《王莽传》。

⑥ 《三国志》卷1《魏书·武帝纪》。

⑦ 《三国志》卷2《魏书·文帝纪》。

赤乌十三年八月，“丹杨（阳）、句容及故鄣、宁国诸山崩，鸿水溢”。灾害伤农，太祖孙权遂“诏原逋责，给贷种食”，以助灾民恢复农业生产。[①] 西晋统一后，迫切需要恢复农业生产，不仅多次下诏劝课农桑，鼓励发展农业，而且也注重采用国家农贷来应对农业灾荒以保障农业再生产的顺利进行。晋惠帝永平五年，“荆、扬、兖、豫、青、徐等六州大水，诏遣御史巡行振贷”[②]。东晋偏安江左，国家物资供应仰于三吴农业。孝武帝宁康二年，“三吴奥壤，股肱望郡，而水旱并臻，百姓失业”，皇太后下诏“三吴义兴、晋陵及会稽遭水之县尤甚者，全除一年租布，其次听除半年，受振贷者即以赐之。”[③]公元 420 年刘裕以宋代东晋后，全国陷入南北朝各政权割据混战的分裂局面。小农经济在战乱和灾害面前的脆弱性，使得国家农贷对农业再生产的维继尤为重要。各割据政权也需要通过农贷来保障农业生产的进行，为其统治提供经济基础。南朝宋文帝元嘉二十一年春正月，“凡欲附农，而种粮匮乏者，并加给贷，营千亩诸统司役人，赐布各有差”[④]。元嘉二十一年六月诏曰：“比年谷稼伤损，淫亢成灾，亦由播殖之宜，尚有未尽，南徐、兖、豫及扬州、浙江西属郡，自今悉督种麦，以助阙乏。速运彭城下邳郡见种，委刺史贷给。”元嘉二十八年下诏对遭受北方少数民族政权侵犯的郡县“赈赡饥流。东作方始，务尽劝课。贷给之宜，事从优厚”。宋孝武帝孝建二年八月“三吴民饥，癸酉，诏所在赈贷”。[⑤] 大明二年正月诏曰：“去岁东土多经水灾，春务已及，宜加优课。粮种所须，以时贷给”。大明四年正月，“百姓乏粮种，随宜贷给”。大明七年九月诏曰：“近炎精亢序，苗稼多伤。今二麦未晚，甘泽频降，可下东境郡，勤课垦殖。尤弊之家，量贷麦种。”宋元徽四年正月己亥，后废帝刘昱“躬耕籍田，大赦天下。赐力田爵一级，贷贫民粮种”。[⑥] 南朝齐武帝永明四年闰正月诏曰：“凡欲附农而粮种阙乏者，并加给贷，务在优厚。”[⑦]北朝北魏政权注意吸取中原王朝的治国之策，在水旱灾荒时亦采用国家农贷来维护农业生产。孝文帝太和十一年九月诏曰：“去夏以岁旱民饥，须遣就食，旧籍杂乱，难可分简，故依局割民，阅户造籍，欲令去留得实，赈贷平均。”[⑧]北魏宣武帝延昌元

---

① 《三国志》卷 46《吴书·吴主传》。

② 《晋书》卷 4《惠帝纪》。

③ 《晋书》卷 9《孝武帝纪》。

④ 此处所引南朝宋文帝元嘉农贷诏令均出自《宋书》卷 5《文帝本纪》。

⑤ 下文所引南朝宋孝武帝孝建、大明年间农贷诏令均出自《宋书》卷 6《孝武帝本纪》。

⑥ 《宋书》卷 9《后废帝本纪》。

⑦ 《南齐书》卷 3《武帝本纪》。

⑧ 《魏书》卷 7《高祖纪》。

年,因水旱灾害,百姓饥弊,五月下诏:“天下有粟之家,供年之外,悉贷饥民。”①北魏孝明帝时幽州频遭水旱,国家以“谷数万石,贷民”。②

纵观魏晋南北朝时期的国家农贷,它呈现出以下特征:其一,魏晋南北朝时期的国家农贷对象以遭受灾害和战争破坏的农民为主,在正常年份对贫困之民的借贷明显减少。其二,国家农贷的区域性凸显,汉族政权统治的区域以及受汉族文化影响较深的民族政权(如北魏)大多倡行国家农贷,而少数民族政权统治区域则难见施行。其三,魏晋南北朝时期汉族与少数民族经济文化大交融的时代背景,也在一定程度上促进了国家农贷的制度化发展。汉代国家农贷多以皇帝诏令的形式颁布,皇帝遣派特使或令地方官员执行,并未有明确的职官来管理国家农贷活动。北周太祖宇文泰在西魏官制基础上创制六官,在地官府下新创司仓(石冬梅,2008)。司仓的职责之一便是执行国家农贷,“余用足,则以粟贷人。春颁之,秋敛之”。隋文帝“改周之六官,其所制名,多依前代之法”,北周所设司仓的职责后为隋文帝纳入司农寺,由度支(户部)所属仓部侍郎统领。北周所设专营国家农贷的司仓职责最终进入隋朝官制中,促进了国家农贷的制度化。

4.1.3 隋唐至明清时期,常平义仓制度演变下国家农贷的发展

作为我国古代国家仓储制度的重要组成部分,常平仓和义仓也是国家农贷的物质基础。西汉时,常平仓开始设置,最初目的在于通过国家干预,平抑市场粮价,以维护社会稳定。隋唐时期,常平仓便具备了国家农贷的职能。隋唐至明清时期,常平仓虽屡经置废,但其国家农贷的职能基本得以延续。义仓,又名社仓,创设于隋代,以灾荒赈济和借贷为主要职能。义仓在设置之初极具民间自我救济性质,但随后隋朝政府便将义仓控制权收回。从历代义仓的置废、管理来看,义仓基本上处于国家控制之下,其职能的发挥更多地体现国家意志。隋唐至明清时期,随着常平、义仓制度的演变,国家农贷也起落变化。隋至宋,常平义仓制度相对稳定,国家农贷活动能较好的进行。元代,常平义仓的职能和性质有所变化,常平义仓的国家农贷职能缺失。但元代的国家农贷并未因此而消失。在明代以预备仓为主体的国家仓储体系下,预备仓承担了国家农贷的职能,常平义仓的国家农贷职能弱化。清代雍正时常平义仓制度普遍设立后,乾嘉时期常平义仓的国家农贷职能得以充分

① 《魏书》卷8《世宗纪》。

② 《魏书》卷47《卢玄列传》。

发挥。嘉道年间，常平仓、义仓衰落破败，国家农贷难以为继。

总体而言，常平义仓制度相对完善和稳定的时期，国家农贷便能较好的执行；反之，国家农贷难以实行。常平义仓制度下的国家农贷对象并不只是灾荒年份的受灾农民，还包括正常年份农业再生产难以维系的贫民。除宋神宗熙宁变法时期之外，国家农贷的出贷物多以粮种、耕牛等实物形式为主，而以银、钱等货币形式为辅。国家农贷依然以无息和低息形式进行，其保障农民基本生活和生产之需要，维系农业再生产顺利开展的基本目的并未发生改变。

4.1.3.1 隋至宋常平仓和义仓的国家农贷职能演变

（1）隋至宋常平仓的国家农贷职能演变

常平仓始设于西汉宣帝时，设置的最初目的在于通过国家干预平抑市场粮价，以保障百姓的日常生活。东汉明帝时，常平之法在全国推广。魏晋南北朝时期，各政权亦不同程度的对常平仓制度有所继承。如晋武帝泰始四年，设立常平仓，“丰则籴，俭则粜，以利百姓”①。开皇三年，隋文帝“为水旱之备”在陕州设置常平仓②，同年设置了常平监和常平官进行管理。③ 唐建立初，高祖便于武德元年设置常平监官，希望通过常平之法，达到“公私具济，家给人足，抑制兼并，宜通壅滞”的效果。然而据《旧唐书·食货志》记载，常平监官在武德五年十二月被废置。直至唐太宗于贞观十三年十二月，下诏“于洛、相、幽、徐、齐、并、秦、蒲等州并置常平仓”。常平仓才在唐代较为稳定地建立起来。虽然安史之乱后常平仓曾一度被废，但唐德宗建中三年，常平仓重新建立直至唐亡。唐代常平仓的主要职能依然是通过籴粜之法来调节市场物价，维护社会稳定。但唐后期，常平仓的职能有所拓展，开始在灾荒年份向农民出贷，以保证农业再生产的顺利开展。唐宪宗元和六年二月“以京畿民贫，贷常平、义仓粟二十四万石，诸道州府依此赈贷”④，唐文宗开成三年春正月诏“去秋蝗虫害稼处放逋赋，仍以本处常平仓赈贷”。⑤

宋太宗淳化三年，在京畿地区始置常平仓。⑥ 宋真宗景德三年，设置常平仓的地域大为拓展，除沿边州郡外，京东、京西、河北、河东、陕西、淮南、江南、两浙各地

① 《晋书》卷26《食货志》。
② 《隋书》卷24《食货志》。
③ 《隋书》卷2《高祖帝纪》。
④ 《旧唐书》卷14《宪宗》。
⑤ 《旧唐书》卷17《文宗》。
⑥ 《宋会要辑稿·食货五三》。

皆置。在宋真宗的推进下,常平仓被逐步推广至北宋的主要地区,常平仓的运行和管理机制也得以完善,为仁宗、英宗时常平仓职能的稳定发挥奠定了基础(孔祥军,2009)。宋初设常平仓的最初目的在于以常平之法平抑粮价及储粮备灾。不过,宋代常平仓在饥荒年份除了无偿赈济灾民外,也还发挥着国家农贷的职能。宋仁宗景祐初,“畿内饥,诏出常平粟贷中下户,户一斛”①。宋神宗熙宁二年九月,王安石颁行青苗法,将常平仓和广惠仓粮食兑换成现钱,在夏秋未收之时,向农民出贷现钱以取利。常平仓的基本职能发生重大转变,由稳定粮价和赈贷救灾转向为政府放贷获利敛财(孔祥军,2009)。熙宁七年九月,诸路旱灾,因行新法,常平仓旧有职能尽废,常平司未能赈济。宋神宗见其弊端,对辅臣言,“天下常平仓,若以一半散钱取息,一半减价给粜,使二者如权衡相依,不得偏重,如此民必受赐”。熙宁九年八月,下诏陕西等五路提举常平仓司,“令诸常平存留一半钱,遇斛斗价贱,许趁时收籴”②。元丰元年正月,宋神宗又诏令“司农寺,应常平留一半钱谷粜籴数,岁终类聚,逐季点检”。③ 此后,常平仓平抑粮价的职能才得以恢复。宋神宗时,常平仓的国家农贷职能在熙宁变法后有所增强。元丰元年,宋神宗便三次下诏放贷常平仓钱谷。元丰元年闰正月十三,“诏河北路以常平米赈贷饥民”④。四月十九日诏:“开废田、兴水利、建立堤防、修贴圩之类,民力不能给役者,听受利民户具应用之类,贷常平钱谷,限二年两料输足,岁出息一分。”⑤八月二十八日诏:“滨、棣、沧三州被水灾,令民贷请常平粮。”⑥神宗死后,高太后为首的旧党执政。元祐元年,青苗法被废,常平仓恢复旧制。元祐元年四月二十六日,三省进言“贷常平钱谷,丝麦丰熟,许随夏税先纳。所输之半,愿并纳者,止出息一分”⑦。十一月二十八日,户部建议“应州县灾伤人户阙乏粮食,许结保借贷常平谷”⑧。这两次恢复常平仓农贷职能的建言均为当政者所采纳,常平仓的农贷职能依然保留。元祐八年,宋哲宗亲政,重行新法,常平仓亦恢复元丰之制。元符三年,哲宗对常平仓法进行了改变,将常平仓的出粜与放贷按照户等和饥荒程度配合进行,“小饥则平价粜与下户,中

① 《宋史》卷176《食货志》。
② 《宋会要辑稿·食货五三》。
③ 《宋会要辑稿·食货五三》。
④ 《宋会要辑稿·食货五三》。
⑤ 《宋会要辑稿·食货一》。
⑥ 《宋会要辑稿·食货五九》。
⑦ 《宋会要辑稿·食货六〇》。
⑧ 《宋会要辑稿·食货六〇》。

饥则渠及中户而贷下户，大饥则及上户而贷中户，甚则贷及上户”[①]。这在一定程度上防止了青苗法推行过程中向贫民的强行放贷行为，增强了常平仓国家放贷的赈济公益性，也起到了遏制兼并的作用(孔祥军，2009)。崇宁五年，宋徽宗在太府少卿张绶的奏请下，恢复设置江湖淮浙常平仓。但宋徽宗时期，常平仓常被州县侵占使用，大大减弱了其功能的发挥。自大观三年起，宋徽宗便下诏要求在常“除依常宪外，重立配法，仍增赏典，许人陈告”，以禁绝利用常平仓谋私利者。此后，徽宗又于政和元年、七年多次下诏，严格禁止擅自支用借拨常平仓钱粮，然收效甚微，违法支用常平仓钱粮的行为屡禁不止。至宣和元年，常平仓被侵损严重，“比年官失其守，侵耗殆尽，时有水旱，民或流亡”。宋南渡之后，高宗于建炎二年罢废青苗法，“青苗敛散，永勿施行”，并调整常平仓法，扩充了常平仓的物资来源，常平仓的国家农贷目的亦从敛财回归至赈济灾民。绍兴七年九月二十二日，明堂大礼赦：“勘会人户遇灾伤阙乏种食，依常平法许结保贷借常平钱谷，限一年随税送纳”[②]。绍兴十九年二月三日，宋高宗下令“灾伤去处，令提举常平司借给，可更丁宁户部应副”[③]。四月六日，高宗又授意朝中辅政大臣“两浙等处灾伤去处，可令提举常平官亲诣所部借贷种粮，务要实及饥贫民户，毋令州县及当行人侵克，徒为文具”[④]。南宋孝宗隆兴元年六月十八日诏：“两浙、江东下田伤水，冲损庐舍，理宜宽恤。令诸路常平司行下州县，将被水人户疾速依条借贷，以备布种。”[⑤]隆兴二年浙西、江东水灾伤农，为防止农民破产逃亡，宋孝宗批准中书门下省所奏：“乞下江西常平司，于见管常平、义仓米内，取拨二十万硕赈贷。”[⑥]乾道七年，庐州旱灾伤农，孝宗准许庐州支拨常平仓粮一万硕，借贷与“饥民及归正人，候将来成熟日拨还”[⑦]。淳熙七年正月，孝宗“蠲淮东民贷常平钱米”[⑧]。淳熙十一年，孝宗又批准福建提举司拨常平仓米借贷，以安抚遭受汀州宁化县凶贼姜大老所伤农民，以防农民破产流亡。

(2) 隋至宋义仓的国家农贷职能演变

义仓是于隋开皇五年文帝采纳度支尚书长孙平建议，令民间为赈济水旱之灾

---

① 《宋会要辑稿·食货五三》。
② 《宋会要辑稿·食货六二》。
③ 《宋会要辑稿·食货五七》。
④ 《宋会要辑稿·食货五七》。
⑤ 《宋会要辑稿·食货五八》。
⑥ 《宋会要辑稿·食货五八》。
⑦ 《宋会要辑稿·食货五八》。
⑧ 《宋史》卷35《孝宗》。

而设置。义仓设置之初,极具民间备荒自救性质,但其后隋政府以“义仓贮在人间,多有费捐”之由,将义仓从民间社司并纳于州县管辖,加强了政府对义仓的控制。开皇十五年二月诏曰:“本置义仓,止防水旱,百姓之徒,不思久计,轻尔费捐,于后乏绝。又北境诸州,异于余处,云、夏、长、灵、盐、兰、丰、鄯、凉、甘、瓜等州,所有义仓杂种,并纳本州。若人有旱俭少粮,先给杂种及远年粟。”开皇十六年正月,又下诏“秦、叠、成、康、武、文、芳、宕、旭、洮、岷、渭、纪、河、廓、豳、陇、泾、宁、原、敷、丹、延、绥、银、扶等州社仓,并于当县安置”。[①] 通过这两次的诏令,义仓的控制权逐步收归政府。通过义仓而进行的赈济和借贷行为也上升为国家行为。隋时,为了安定农民生活与恢复农业生产,经常对农民贷以种子、口粮、耕牛、钱等。(曹贯一,1989)虽然,隋初京官及诸州官府利用公廨钱,以放贷生息。但因“所在官司,因循往昔,以公廨钱物,出举兴生,唯利是求,烦扰百姓,败损风俗”,于开皇十七年为隋文帝所禁止。因而,隋代的义仓在收归国家后,很可能已经具有了国家借贷的功能。

唐朝于武德元年便设置了社仓。[②] 至唐太宗贞观二年,尚书左丞戴胄建议“自王公以下,计垦田,秋熟,所在为义仓,岁凶以给民”。唐太宗纳其议,下诏令官员、地主、商人、农民依“土地所宜”和户等情况出谷输入义仓,且规定义仓“岁不登,则以赈民;或贷为种子,则至秋而偿”。[③] 唐高宗永徽二年春正月戊戌诏曰:“去岁关辅之地,颇弊蝗螟,天下诸州,或遭水旱,百姓之间,致有罄乏。……其遭虫水处有贫乏者,得以正、义仓赈贷。”[④]太宗至武则天当政前期,义仓管辖严格,不得随便支用。而武则天统治后期,由于边郡征战,机构膨胀,国家开支增大,以至常“贷义仓支用”。唐玄宗开元年间虽然曾多次动用义仓储粮以供长安和边郡之所需,但依然能将积蓄充盈的州县的义仓之粮发往灾区以赈贷青黄不接的灾民。而至天宝间,义仓粮被转市轻贷,输入长安,全部为政府所占用(朱睿根,1984)。义仓的赈贷职能由此缺失。虽然在贞元年间陆贽提出重设义仓。他认为“谷麦熟则平籴,亦以义仓为名,主以巡院。时稔伤农,则优价广籴,谷贵而止;小歉则借贷。循环敛散,使聚谷幸灾者无以牟大利”。[⑤] 但并未能得以施行。这一时期的国家农贷主要还是

---

① 开皇十五年、十六年诏令均出自《隋书》卷24《食货志》。

② 《旧唐书》卷48《食货志》。

③ 《新唐书》卷51《食货志》。

④ 《旧唐书》卷4《高宗本纪》。

⑤ 《新唐书》卷52《食货志》。

依靠常平仓。贞元十四年六月乙巳，"以旱俭，出太仓粟赈贷"。[①] 义仓在唐宪宗元和元年才得以重设，开征义仓税。"应天下州府，每年所税地子数内，宜十分取二分，均充常平仓及义仓。"[②]元和时，义仓和常平仓已经结合起来，通称常平义仓，并且主要在农民缺乏粮种时予以借贷。此时的义仓完全成为官方贷借机构（朱睿根，1984），义仓的国家农贷功能进一步强化。元和六年冬十月戊寅诏："今春所贷义仓粟，方属岁饥，容至丰熟岁送纳。"[③]唐文宗时，常平仓和义仓依然延续着国家农贷的功能。太和四年九月戊寅，舒州太湖、宿松、望江三县遭受水灾，六百八十户民受溺，唐文宗"诏以义仓赈贷"[④]。开成三年春正月癸未，文宗又下诏："去秋蝗虫害稼处放逋赋，仍以本处常平仓赈贷。"[⑤]唐宣宗时亦行唐宪宗元和时义仓之制，此后唐代义仓的国家农贷职能并未发生大的变化。唐代的义仓自贞观设置始，至唐玄宗开元年间，较好地发挥了国家农贷的职能。唐玄宗后期义仓制度出现中断。唐德宗至唐文宗时期，义仓已很少无偿救济，基本成为国家借贷机构，义仓的国家农贷职能得到强化。唐末，国家官员腐败，义仓粮储多为侵盗。此外在灾荒年份，出现贫民难以借贷到粮种，而富户通过勾结官吏却能获取粮食的怪象。义仓的国家农贷职能在唐末趋于弱化。

五代十国时期，地方割据势力之间的混战，对农业生产造成了严重的破坏，农民破产流离，社会经济衰退。北宋建立之初，为使农民复业，恢复农业生产，采取了一系列鼓励农业的措施，其中便有重新设置为五代十国时期所废的义仓。北宋初，设置义仓，从根本上是为了避免农民破产，维护农业生产的持续进行（蔡华，1993）。宋太祖于建隆四年三月下诏："宜令诸州于所属县各置义仓，自今官中所收二税，每硕别输一斗贮之，以备凶歉，给与民人。"[⑥]乾德元年所置义仓已发挥其赈济和国家农贷的职能。乾德元年夏四月旱灾，"辛亥，贷澶州民种食"[⑦]。乾德三年为及时发挥义仓的赈贷功能，宋太祖下诏将义仓出贷的审批权下放至州司一级。"比值义仓，以备凶岁救黎元之不济，宜出纳以及时。若俟上言，谅乖赈恤。自今，人户欲借

① 《旧唐书》卷13《德宗本纪》。
② 《册府元龟》卷520《帮计·常平》
③ 《旧唐书》卷14《宪宗本纪》。
④ 《旧唐书》卷17《文宗本纪》。
⑤ 《旧唐书》卷17《文宗本纪》。
⑥ 《宋会要辑稿·食货五三》。
⑦ 《宋史》卷1《太祖本纪》。

义仓充种食者，委本县具灾伤人户申州，州司即与处分，计户赈贷，然后以闻。”[①]这种国家农贷多为无息借贷，所贷之户秋收后“只依元数送纳”。然而，因地方征收义仓税时“重叠供输，复成劳扰”，加重了百姓负担，违背了宋太祖体恤民情的初衷。乾德四年三月，太祖下令停收义仓税，“其郡国义仓并罢之”。[②] 直至庆历元年宋仁宗在户部王琪的奏请下，“诏天下立义仓”，不过庆历五年又“诏罢义仓”[③]。宋神宗熙宁元年“诏州县推行义仓之法”，但由于当时神宗启用王安石变法，为推行新法，州郡借义仓之名聚敛，加重百姓负担。熙宁二年七月，在钱顗上奏“齐州科配义仓米，取数太多，曹、齐州诸县又令长代纳”后，宋神宗下诏“遂罢义仓，其已纳者并给还”。[④] 由于王安石废常平仓行青苗法并未获得预期灾荒赈济的效果。熙宁六、七年大灾，“永兴、秦凤、河东饥民死者相属”，大量农民破产逃荒，“百姓流移于京西就食者，无虑数万”。[⑤] 宋神宗开始逐步恢复义仓。熙宁十年宋神宗命开封府界提刑司“先自丰稔畿县立义仓之法”，进行试点，在取得“不扰而可行”的效果后，于元丰元年下诏“京东西、淮南、河东、陕西诸路依开封府界诸县行义仓法”，十月将其推广至川峡四路。[⑥] 然而元丰八年宋神宗病逝后，反对变法的旧党在皇太后“见行法不便于民者改之”的口谕下，将义仓再次罢废。[⑦] 宋哲宗元祐五年，殿中侍御史上官均上奏“乞兴复义仓之法”[⑧]。至绍圣元年，除广南东、西路以外，各地恢复了义仓。此后直至北宋灭亡，义仓未被废弃。北宋义仓在太祖设立之初，较好地发挥了国家农贷的职能。但此后，义仓屡经立废，国家农贷职能的发挥受到很大影响而减弱。

南宋时，义仓制度相对稳定。义仓继续发挥着国家农贷的职能。绍兴十五年七月三日，泉州知州吴序宾上言：“汀、虔盗贼鳞集，泉南七县临其荼毒，且致饥饿，虽军储不足，而义仓积粟见存七万石，欲开仓赈贷。内残破四县，乞比附灾伤七分之法，各借种子三千硕，自第四等以下户，委县官随便借贷。”于是宋高宗下诏：“每县于义仓米内支拨二千石，应副借贷。”[⑨]宋孝宗隆兴元年二月十八日，“尚书户部

---

① 《宋大诏令集》卷 185。
② 《宋会要辑稿·食货五三》。
③ 《玉海》卷 184。
④ 《宋朝诸臣奏议》卷 107《上神宗乞天下置社仓》。
⑤ 《东轩笔录》卷 5。
⑥ 《宋会要辑稿·食货六二》。
⑦ 《皇宋通鉴长编纪事本末》。
⑧ 《宋朝诸臣奏议》卷 107《上哲宗乞复义仓》。
⑨ 《宋会要辑稿·食货五七》。

员外郎、奉使两淮冯方言：'据高邮军百姓状：自前年金贼犯顺，烧毁屋宇，农具、稻斛无余，归业之始，无以耕种。欲乞就附近支拨常平及义仓米，委本路提举司令高邮军措置借贷，抱认催索，趁此农时早得布种，以宽秋冬艰食之忧。其余两淮州县经贼马侵犯去处，亦令此体例施行。'从之。"[①]隆兴二年二月二十七日，台州知州赵伯圭上奏："本州缺雨日久，二麦未熟，米价踊贵，细民艰食，依已降指挥将见管常平、义仓赈粜。窃虑贫民艰得见钱，欲特量行赈借第四等以下贫乏之户，候秋成日依元借数随苗偿官。"宋孝宗"诏依。自余灾伤州郡，依此施行"。[②] 宋孝宗淳熙十一年福建提举司收捕汀州宁化县凶贼姜大老后，"窃虑贼发地分被劫之家流移失所，不能自存。已行下常平、义仓取拨米斛借贷，安集流亡，无致失所"。[③]

4.1.3.2 元至清常平义仓国家农贷职能的变迁

元代常平仓和义仓均设立于元世祖至元六年。但元代常平仓和义仓的属性和职能发生了变化。元代常平仓属于官方机构，其职能在于平籴粮价。"丰年米贱，官为增价籴之，歉年米贵，官为减价粜之。"[④]元代义仓则立于乡社，由民间积谷，属于民办性质的救灾赈济机构(黄鸿山，2005)。"义仓乃民间资自藏之粟，备凶年缺食之用"[⑤]。《元史》所载使用义仓的粮谷救济灾荒的史料中，以无偿赈给为主，鲜见借贷(朱春阳，2007)。元代常平仓和义仓的职能在于平籴粮价和救济灾荒，隋至宋常平仓和义仓的国家农贷职能在元代基本被废弃。不过，元代的国家农贷依然见诸史籍。元世祖中统二年七月，"丁丑，渡江新附民留屯蔡州者，徙居怀孟，贷其种食"[⑥]。至元十七年春正月，磁州、永平县遭受水灾，"给钞贷之"[⑦]。元成宗大德二年五月，"淮西诸郡饥，漕江西米二十万石以备赈贷"。[⑧] 元顺帝至顺元年七月，西和州、徽州雨雹成灾，"民饥，发米赈贷之"。[⑨] 因此，虽然元代常平仓和义仓的国家农贷职能废弛，但元代国家对农民的借贷活动并未停止，元代国家或为鼓励新迁农民垦殖，或为帮助受灾农民恢复农业生产，往往设法贷给农民生产所需耕牛、种

---

① 《宋会要辑稿・食货五九》。
② 《宋会要辑稿・食货六二》。
③ 《宋会要辑稿・食货五八》。
④ 《元史》卷 96《食货志》。
⑤ 《至正四明续志》卷 6《义仓》。
⑥ 《元史》卷 4《世祖本纪》。
⑦ 《元史》卷 11《世祖本纪》。
⑧ 《元史》卷 19《成宗本纪》。
⑨ 《元史》卷 38《顺帝本纪》。

子、粮食等(詹玉荣,1991)。

明代仿唐宋时期仓储制度设置了预备仓、社仓,放贷给贫民,赈济救荒,均带有国家农业信贷的性质(詹玉荣,1991)。预备仓为明代所独有,创于洪武年间,后在明代各地广泛设立,成为明代救济灾荒的重要仓储(张焕育,2010)。预备仓在放粮时采取赈贷和赈济相结合的方式。赈贷,受粮者相当于向国家借粮,需要归还,属于国家农贷活动。预备仓在洪武设立之初,多为无息借贷,"官为籴谷收储备赈,秋成抵斗还官不起息"。[①] 至正统朝,开始行有息借贷,正统七年"福建布政司,凡预备仓粮给借饥民,每米一石,候有收之年,折纳稻谷二石五斗还官"[②]。明代以预备仓为主体、社仓等为辅助的地方仓储体系,在国家农贷活动中都发挥了重要的作用。洪武初,费震为官汉中,"岁凶盗起,发仓粟十余万斛贷民,俾秋成还仓"。[③] 据《明史·太祖本纪》记载明太祖洪武二十六年夏四月,孝感饥荒,"遣使乘传发仓贷之。诏自今遇岁饥,先贷后闻,著为令"。洪武二十七年春正月,"发天下仓谷贷贫民"。代宗景泰二年二月癸巳诏:"畿内及山东巡抚官举廉能吏专司劝农,授民荒田,贷牛种。"[④]世宗嘉靖八年,下令各抚、按以二三十家民户为一社,按户等出米,设立社仓。"年饥,上户不足者量贷,稔岁还仓"。虽然"其法颇善",但"其后无力行者"。[⑤]

清代常平仓和义仓制度的建立始于顺治、康熙中期,康雍年间,清政府颁布了一系列的鼓励措施推动常平仓的普遍设立,至雍正初,常平仓在全国各州县普遍建立。清代社仓的普遍建立在雍乾时期得以完成,至乾隆十九年,全国十八省都设置了义仓(牛敬忠,1991)。清代常平仓和社仓制度皆具有向农民出贷的功能。乾隆四十九年,山东巡抚就曾上书请求对山东五府州"地在三十亩以下无力之户,除照例出借仓粮外,每亩再行借给籽种银五分,以资耕作"[⑥]。可见,常平仓谷出借与农户已成惯例。清代社仓在筹办章程中,便规定社仓谷的使用宗旨在于"社仓原备农民籽种,耕田之家无论佃田自田,凡无力者皆许借领"[⑦]。因此,在雍正朝常平仓和社仓制度普遍设立后,清代的国家农贷活动至乾嘉时期最为突出,国家农贷主要集

---

① 《古今图书集成·经济汇编·食货典》卷83《荒政部》引《嘉善县志》。

② 《大明会典》卷22《户部》。

③ 《明史》卷138《费震列传》。

④ 《明史》卷11《景帝本纪》。

⑤ 《明史》卷79《食货志》。

⑥ 《清实录》卷1200《乾隆朝实录》。

⑦ 《牧令书》卷20《筹荒上》。

中在青黄不接时贷给贫民籽种银钱，以及灾荒年份贷给灾民口粮和种粮。乾隆十三年七月，“贷山东农民籽种银”。乾隆十五年十月，“免顺直固安等四十六州县水雹各灾额赋，仍赈贷有差”。乾隆十六年三月，“贷黑龙江呼兰地方水灾旗民”。[①]乾隆二十六年正月，“贷甘肃渊泉等三县农民豌豆籽种，令试种”。乾隆二十七年正月，“丁酉，以科尔沁敏珠尔多尔济旗灾，贷仓谷济之”。[②] 嘉庆朝国家农贷活动则更为频繁。嘉庆十一年正月，“贷三姓、双城堡兵民，直隶磁州等九州县，湖南安乡、华容二县，河南武安县，甘肃会宁等五县被灾口粮、屋费、籽种”。六月，“贷江苏淮安卫灾屯田籽种”。十月，“贷甘肃皋兰等十八州县口粮”。嘉庆十二年正月，“贷直隶大名等四州县、河南商丘等三县灾民米谷，陕西葭州等四州县、江西南昌等十六县、湖北江夏等二十州县卫、湖南武陵等十州县卫、甘肃渭源等七州县、贵州桐梓县灾民口粮籽种”。三月，“贷甘肃皋兰等七州县灾民、湖南乾州等五州县屯丁口粮籽种，湖北督标、提标及武昌城守营被灾兵丁仓谷”。五月，“贷山西大同等三县被灾兵民仓谷”。九月，“贷山西山阴县歉收仓谷”。闰九月，“贷河南祥符等七州县、陕西兴安府水灾口粮”。十一月，“贷陕西汉中等五府州属、甘肃宜禾县被灾口粮，吉林等七处籽种”。十二月，“贷直隶灾区各营兵饷，山西丰镇等六州县灾民仓谷”。嘉庆十三年四月，“贷盛京义州兵米、湖南新田县民瑶籽种”。六月，“贷直隶博野等三县雹灾籽种”。嘉庆十四年正月，“贷山西朔州等十州县、陕西葭州等十四州县、江西南昌等六县、湖北武昌等十八州县卫、湖南澧州等四州县、甘肃皋兰等九州县上年被灾仓谷口粮籽种”。二月，“贷贵州古州上年被灾籽种”。四月，“贷山西岳阳等十二州县歉收民屯仓谷”。五月，“贷淮安、大河二卫歉收屯田籽种”。八月，“贷甘肃皋兰等六县旱灾仓谷”。九月，“贷广东广州、肇庆二府水灾籽种，打牲乌拉被水旗民仓谷”。十二月，“贷直隶灾区各营兵饷，江宁八旗官兵银米，广东南海等九县籽种并围基修费”。嘉庆十五年正月，“贷山西太原等三州县，江西南昌等二十六州县，湖南安乡等四州县，甘肃秦州、靖远县被灾仓谷籽种”。五月，“贷山西凤台、沁水二县被旱仓谷”。嘉庆十六年正月，“贷甘肃金州等十四州县、江西莲花等五十一县、陕西葭州等九州县、湖南澧州等四州县、山西保德等十五州县水旱雹灾口粮籽种仓谷”。四月，“贷甘肃秦州等八州县被灾口粮”。五月，“贷直隶宝坻县歉收口粮”。十月，“贷甘肃泾州等八州县、山西山阴县灾歉口粮仓谷籽种”。嘉庆十七年

① 以上三处乾隆朝史料均引自《清史稿》卷11《高宗本纪》。

② 以上两处乾隆朝史料均引自《清史稿》卷12《高宗本纪》。

正月，“贷山西朔州等十一州县、陕西葭州等九州县、甘肃金州等十三州县水灾、旱灾、蝗灾、雹灾、霜灾仓谷口粮籽种”。二月，“贷山西吉州等七州县仓谷”。四月，“贷山东濮州等二十四州县卫、山西宁武县仓谷”。六月，“贷江苏淮安、大河二卫被灾籽种”。十一月，“贷甘肃金州等九州县贫民、江西南昌等十三县、陕西葭州等五州县被灾籽种口粮仓谷”。十二月，“贷陕西定边、安定二县来春口粮籽种”。嘉庆十八年正月，“贷甘肃固原等十四州县、山西平定等五州县灾民口粮籽种仓谷”。二月，“贷陕西怀远、府谷二县歉收籽种”。三月，“贷山西辽州等十三州县上年歉收仓谷”。嘉庆十九年正月，“贷湖南武陵县、陕西葭州等九州县、甘肃固原等五州县水旱灾雹灾口粮籽种”。嘉庆二十年三月，“贷山西吉州等九州县仓谷”。十月，“贷奉天白旗堡、小黑山水灾口粮”。嘉庆二十五年八月，“贷巨流河等处一月口粮”。① 嘉道年间，常平仓、社仓衰落破败，在官员贪腐和战争破坏下，各地仓储普遍空虚（唐林生，1989；牛敬忠，1991）。常平仓和社仓的国家农贷职能难以为继，国家农贷活动也陷入低谷。

4.2 我国古代民间农贷的历史演进

我国古代民间农贷是指农业生产者因农业生产和生活所需，向地主、商人、寺庙、富裕农民等非官方主体而进行的借贷活动。民间农业借贷既是农业生产者维持和扩大农业生产进行融资的重要途径，也是民间资本渗入农业生产领域的重要方式。

4.2.1 民间农贷的出现与初步发展

西周时期，民间农业借贷已经出现。《周礼》中借贷被称为“贷”“取予”“同财货”，反映借贷关系的“债”则被称作“责”。西周时期，规定民间借贷活动必须在国家法定的利息下进行，违者要受到处罚。“凡民同财货者，令以国法行之，犯令者，刑罚之。”②民间借贷必须立以契约文书，“听取予以书契”③，官府通过借贷契约文书来判定民间债务纠纷，“凡有责者，有判书以治，则听”；“凡属责者，以其地傅而听

① 以上所引嘉庆朝史料出自《清史稿》卷17，卷18《宣宗本纪》。

② 《周礼·秋官·朝士》。

③ 《周礼·天官·小宰》。

其辞”①。从《周礼》中所反映的西周时期国家对民间借贷的管理来看，西周时期的民间农业借贷行为已出现。至春秋时期，民间农业借贷现象趋于普遍。这一时期，既有农民因赋税沉重，迫于生计而产生的生活性借贷，也出现了为保障农业生产顺利进行的生产性借贷。春秋时期，各国征伐混战，农民负担沉重。“凡农者，月不足而岁有余者也”，在面临国君横征暴敛时不得不通过借贷来缴纳赋税，“倍贷以给上之征矣”。农民在农业生产过程中，“耕耨者有时，而泽不必足”，为了趋时抗旱，保障农业收成，农民只能通过借贷来雇人农作，“倍贷以取庸矣”。② 因而，管仲认为在调查国情时应“问邑之贫者人债而食几何家”，“问人之贷粟米有别券者几何家”。③ 齐桓公时，管仲曾派人分赴齐国四方，调查各地以放贷为业的“称贷之家”和负债贫民“受息之氓”，统计出当时齐国“凡称贷之家出泉参千万，出粟参数千万钟，受子息之民参万家”。④ 而在齐国这三万家负债者中，大部分为从事渔业和林业等农业生产的贫民。春秋时期，民间农贷出贷物既有实物形式的粟亦有货币形式的钱，实物借贷与货币借贷的利率不一，但总体偏高。就齐国而言，实物借贷利息在齐国东方“其出之中钟五釜”，利率 50%，而在西方“其出之钟也一钟”，利率达到 100%，实物借贷的平均利率达到 75%。货币借贷利息，在齐国北方“其出之中伯二十”，利率为 20%，而在南方“其出之中百五也”，利率为 5%。货币借贷平均利率也为 12.5%。相比西周时国家农贷平均利率 18%而言，春秋时民间农贷的利率总体较高。

战国时期，随着商品货币经济的发展，高利贷盛行，民间农业借贷亦有所发展。战国时期，地主和商人逐渐成为民间农业借贷的主要放贷主体。战国时期，新兴的地主贵族拥有土地和雄厚的资本，并且可以依靠政权的力量向农民放贷牟利。如齐国孟尝君便向薛邑农民大量放贷以取息养客。冯驩至薛收债，“召取孟尝君钱者皆会，得息钱十万”。⑤ 战国时期，商品经济的发展，催生了一批富商大贾，商人也将商业资本投入民间借贷。司马迁在描述战国时期商人经营活动中便有“子贷金钱千贯”。战国时期，农业领域商品经济的发展，也使得商人将放贷对象聚集在拥有土地的农民身上。农业的生产性以及土地的抵押，使得商人更乐于将资本放贷

---

① 《周礼·秋官·朝士》。

② 《管子·治国》。

③ 《管子·问篇》。

④ 《管子·轻重丁》。

⑤ 《史记》卷 75《孟尝君列传》。

给农民。战国时期，商人放贷已经普遍使用契约券书（杨宽，1955）。商人放贷时与农民签订借贷券书，写明土地等作为抵押物。然后将借贷券书一分为二，债务人执左券，债权人执右券。若负债农民到期无法偿还高额利息，商人便“操右券以责”，将土地等抵押物收归己有。山东曹邴氏以冶铁起家后便放贷取利，“贳贷行贾遍郡国”。①

秦统一后，确立了中央集权式封建统治的基本架构与形式，汉承秦制，进一步巩固了新兴的政治制度，为农业经济的发展创造了良好的社会环境。战国至秦朝时所发展起来的农业生产技术在汉代得到应用，促进了汉代农业的发展。汉代延续秦时的重农政策，不但积极推行各项政策来鼓励农业生产的恢复和发展，而且逐步将国家农贷常态化，以保障农业再生产的顺利进行。汉代国家农贷以实物形式为主，只能缓解农民在非正常年份延续农业生产和生活的基本需求，并不能满足农民对资金的需求。农民便通过民间农贷来获得所需资金。此外，由于汉代仓储有限，大范围的灾荒发生时，国家农贷也难以满足所有农民的借贷需求。因此，汉代民间农贷依然有所发展。汉代民间农贷的来源依然主要是地主和富商，汉代的王侯和官员也加入放贷者的队伍中来。汉初，丞相萧何曾“贱贳贷，以自汙②”。东汉光武帝之舅樊宏“其素所假贷人间数百万”③。东汉永平、章和中，“州郡以走卒钱给贷贫人”④。此外，汉代民间农贷有了新的发展。首先，在灾荒年份，国家农贷难以满足灾民所需时，国家鼓励官吏富豪向农民低息放贷以保障农民的基本生活和生产所需，从而维护社会的稳定。汉武帝时，山东水灾，大量农民受饥，虽然“虚郡国仓库，以振贫民，犹不足”，所以汉武帝“又募豪富人相贷假”⑤。东汉桓帝永寿元年，“司隶冀州饥人相食，敕州郡赈给贫弱，若王侯、吏民有积谷者，一切贷十分之三，以助禀贷”。⑥ 在灾荒年份，政府鼓励民间农贷，并非为了推动民间农贷的发展，而是在国家农贷难以应对灾荒时，发挥民间农贷的辅助作用，以保障农民对基本生产和生活的需求。在灾荒年份，民间农贷受到政府的鼓励以配合国家赈贷的需要，是汉代民间农贷发展的新情况。其次，汉代民间农贷活动中出现了借贷中介人，居间作保者和为人起债者，为放贷者奔走以获利。光武帝时，桓谭便指出，“今

① 《史记》卷129《货殖列传》。

② 《史记》卷53《萧相国世家》。

③ 《后汉书》卷32《樊宏列传》。

④ 《后汉书》卷58《虞诩列传》。

⑤ 《史记》卷30《平准书》。

⑥ 《后汉书》卷7《孝桓帝纪》。

富商大贾，多放钱贷，中家子弟，为之保役，趋走与臣仆等勤，收税与封君比入”①。富商大贾放贷时，中等之家的子弟居间作保担信，但从“中家子弟为之保役，受计上疏，趋走俯伏，譬若臣仆，坐而分利”②来看，“保役”更多的是为债主放贷收息服务，并从中获利。此时的“保役”与后代民间借贷契约文书中的“保人”相差较大。汉成帝时，谷永论述其时有人“至为人起责（债），分利受谢”③，颜师古注曰：“言富贾有钱，假托其名，代之为主，放与他人，以取利息而共分之。或受报谢，别取财物。”可见，为人起债者实为放贷中介，通过与富贾者合作，从中牟利。汉代民间借贷中介者的出现，反映了汉代民间借贷的盛行。汉代民间农贷亦签订契约，以人身自由作为抵押品已见于汉代民间农贷契约中。西汉千乘人董永，“父亡，无以葬，乃从人贷钱一万。永谓钱主曰：后若无钱还君，当以身作奴”④。可知，汉代已有农民因无法偿还借贷而质身为奴。汉代国家为了防止高利贷盘剥农民，对民间农贷利率进行限制，“民或乏绝，欲贷以治产业者，均授之，除其费，计所得受息，无过岁十一”⑤。但在实际的民间农贷中，放贷者出于牟利和转移借贷税收的考虑，利率往往更高。汉代史籍中不乏对取息过律者惩罚的记载。汉武帝时，刘殷“坐贷子钱不占租，取息过律，会赦，免”；汉成帝时，刘䜣“坐贷谷息过律免”。⑥

4.2.2　放贷主体的多元化与借还形式的多样化

魏晋南北朝时期，政局动荡，战乱频繁。农业生产既要应对水旱等天灾，又要遭受兵灾的破坏，农民生活困顿。这一时期的国家农贷只在部分地区得以延续，农民因生产生活而产生的借贷需求多通过民间渠道得以满足。魏晋南北朝时期，民间农贷的放贷主体多元化，除了地主、官员、商人向农民放贷外，寺庙成为新的民间农贷主体。北魏时期，寺庙设有用于济施赈贷的“僧祇之粟”，不过有寺庙“主司冒利，规取赢息，及其征责，不计水旱，或偿利过本，或翻改券契，侵蠹贫下，莫知纪极”。主司违规将寺庙所存“僧祇之粟”出贷给农民生息牟利的现象愈发严重。至北魏永平四年，宣武帝下诏整治寺庙违规放贷的现象，“尚书检诸有僧祇谷之处，州

① 《后汉书》卷28《桓谭传》。

② 李贤注《后汉书》引《东观汉记》。

③ 《汉书》卷85《谷永传》。

④ 西汉千乘县董永贷钱契约资料，载于张传玺．中国历代契约会编考释（上）[M]．北京：北京大学出版社，1995：69.

⑤ 《汉书》卷24《食货志》。

⑥ 《汉书》卷15《王子侯表》。

别列其元数，出入赢息，赈给多少，并贷偿岁月，见在未收，上台录记。若收利过本，及翻改初券，依律免之，忽复征责。或有私债，转施偿僧，即以丐民，不听收检。后有出贷，先尽贫穷，征债之科，一准旧格。富有之家，不听辄贷。脱仍冒滥，依法治罪"①。然而寺庙放贷并未因此而止，寺庙却逐渐成为民间放贷一大主体，寺庙主司也因此而富。东魏济州沙门统道研"资产巨富，在郡多有出息，常德郡县为征"②。不仅农民向寺庙借贷，官员也向寺庙借贷。南齐时，褚渊就曾以"白貂坐褥""介帻犀导""黄牛"为抵押品向招提寺借贷。③ 东魏时，苏琼也曾向道研借贷，道研"数为债来"④。魏晋南北朝时期，由于各地方割据政权储备有限，在灾荒年份，官员或富人助官放贷的行为明显增多。北魏宣武帝延昌元年，水旱灾害频发，政府仓储赈恤不足。五月，诏"天下有粟之家，供年之外，悉贷饥民"。北魏孝庄帝建义年间，殷州刺史樊子鹄，为抗旱救民，"乃勸有粟之家分贷贫者"⑤。北齐文宣帝天保中，苏琼任清河太守，"郡界大水人灾，绝食者千余家"，苏琼便"普集部中有粟家，自从贷粟以给付饥者"⑥。魏晋南北朝时期，民间农贷的抵押品趋于多样化，贵重衣物如"白貂坐褥"，活者如"黄牛"，甚至债务人妻儿皆可为质。南齐时，虞愿赴晋平任太守，就发现前任太守放贷予民，对不能偿还债务者"质录其儿妇"⑦。

魏晋南北朝时期，民间农贷的借还形式也有新变化，以往借还多为借物还物和贷钱还钱，南朝宋时出现了贷钱还物的形式。大明年间，刘休祐在荆州"多营财货，以短钱一百赋民，田登，就求白米一斛，米粒皆令彻白，若有破折者悉删简不受。民间粜此米，一升一百。至时，又不受米，评米责钱。凡诸求利皆悉如此。"⑧刘休祐放贷短钱一百而要求借贷农民在丰收后，归还市价一百钱一升的上等白米一斛。按魏晋南北朝时期一斛合百升的量制换算，农民相当于归还了市价万钱的米，债主获利百倍。因此，贷钱还物的借还形式出现，还是以出贷者获取暴利为目的。此外，在借物还物的形式中，出现了利息以他物代偿的现象。南朝宋元嘉时，王玄谟

---

① 《魏书》卷114《释老志》。
② 《北齐书》卷24《苏琼传》。
③ 《南齐书》卷23《褚渊传》。
④ 《北齐书》卷24《苏琼传》。
⑤ 《魏书》卷80《樊子鹄列传》。
⑥ 《北齐书》卷46《循吏列传》。
⑦ 《南齐书》卷53《虞愿传》。
⑧ 《宋书》卷72《晋平刺王休祐传》。

"营货利，一匹布责人八百梨"①，即是以梨代偿贷布之息。魏晋南北朝时期，民间农贷借还形式的多样化充分体现了民间农贷的灵活性，但这种灵活变通的形式往往是以保障放贷者获利为前提的，借贷农民处于弱势地位。

4.2.3 民间放贷机构的发达与民间农贷的高利化

隋唐至宋以常平仓、义仓为基础的国家农贷活动的制度化，在很大程度上满足了农民灾荒年份维持农业再生产的基本借贷需求，但随着常平仓、义仓的废置变迁，农民并非能长期稳定地通过国家农贷获得急需的生产物资。在常平仓、义仓废弛时，农民更多的只能通过民间农贷来获得所需的生活生产物资。即使是在常平义仓制度完善时期，由于地方与国家利益的分化，导致国家农贷在执行过程中出现偏差，而出现"要么是强制农民均摊，要么是最不需要钱的人最能贷到钱"的国家农贷悖论（杨乙丹，2010）。在这样的国家农贷制度运行下，真正需要借贷的农户反而难以获得贷款。这也就为民间农贷的发展提供了空间。唐宋时期是我国古代社会商品经济发展的第二个高峰（林文勋和杨华星，2000），在商品经济发展的刺激下，以放贷获利为目的的民间农业借贷也有了新的变化。

隋唐至宋民间农贷的放贷主体进一步增加，在放贷个人方面，除了国内的官员、地主、商人、富户、僧侣外，还增加了边疆少数民族和外籍商人。唐代国家国际化程度较高，外族内迁，大量"胡商""蕃客"在中原经商放贷，连外国使臣也从事放贷业。唐德宗贞元三年检括久留长安之西域使人达四千人，他们"皆有妻子，买田宅，举质取利，安居不欲归"②。右龙武大将军李惎积债数千万，又因"其子贷回纥钱一万一千四百贯不偿，为回纥所诉，文宗怒，贬惎为定州司法参军"③。唐政府承认外国商人放贷的合法性，使得外籍商人在华放贷更盛。至文宗时，"顷来京城内衣冠子弟，及诸军使，并商人百姓等，多有举诸蕃客本钱"④。

唐宋时期，民间放贷机构也进一步发展。除了寺庙继续放贷外，唐代还出现了僦柜、邸店、质库等民间放贷机构。唐德宗建中三年四月，因两河用兵，府库不支，太常博士韦都宾、陈京建议："又括僦柜质钱，凡蓄积钱帛粟麦者，皆借四分之一，封其柜窖，百姓为之罢市。"胡三省注："民间以物质钱，异时赎出，于母钱之外，复还子

---

① 《宋书》卷76《王玄谟传》。

② 《资治通鉴》卷232《唐纪四八》。

③ 《旧唐书》卷133《李晟传》。

④ 《全唐文》卷72《禁与蕃客交关诏》。

钱,谓之僦柜。"[①]可见,僦柜为民间抵当借贷的机构,为后世典当行的雏形。从官府强借僦柜质钱,封存其钱柜和粮窖而引发百姓罢市来看,唐代百姓通过僦柜借贷者应不在少数。唐代官员已在民间私设邸店和质库放贷生利。唐政府于开元二十五年下令"诸王、公主及宫人,不得遣亲事帐内邑司,如客、部曲等,在市兴贩,及邸店沽卖者出举"[②],邸店出卖商品是其基本业务,但政府禁止其出举放贷,表明其时已有部分邸店在王公贵族的支持下兼营放贷。至唐后期,朝中官员在地方通过开设质库放贷获利,政府也明令禁止。唐武宗会昌五年正月三日赦文:"如闻朝列衣冠,或代承华胄,或在清途,私置质库楼店,与人争利。并禁断。"[③]宋代的商人和手工业者开设质库更为普遍,汴京、临安以及商品经济发达的东南是质库最为集中的地区。民间借贷机构的发达也催生了受雇经营质库的职业者"行钱",他们受雇于开设质库的富商大贾,为质库主管理经营质库(王文书,2011)。

唐宋时期,政府对借贷的利率进行严格限制,官方法定利率虽然总体上呈下降趋势,但民间农贷利率普遍高于官方法定利率,呈现高利化趋势。唐宋借贷计利以单利计,以日、月、年三种方式,但以月计利最为普遍(罗彤华,2005)。唐代各个时期的利率不尽相同,开元初,"五千之本,七分生利,一年所输四千二百,兼算劳费,不啻五千";[④]开元十八年"复置公廨本钱,收赢十之六"[⑤];会昌元年"量县大小,各置本钱,逐月四分收利"[⑥]。唐代从开元初的每月七分到会昌年间的四分,借贷的利率总体呈下降趋势。罗彤华的研究也表明唐代从武德至永泰年间,法定月利率由约8%逐步降至4%。宋代利率在唐代基础上有所降低,呈现缓慢下降的趋势(王文书,2011)。宋初太祖时《宋刑统》据《唐杂令》规定:"每月取利不得过六分,积日虽久不得过一倍。"此后,"准户部格敕,天下私举质,宜四分收利,官本五分生利"[⑦]。宋神宗熙宁变法,所行青苗法为"二分之息"。元丰元年"收息毋过一分二厘,不及年者月计之"。绍圣四年"惟以钱交市,收息毋过二分"。南宋乾道至庆元时期,"诸以财物出举者,每月取利不得过四厘,积日虽多,不得过一倍。即元借米

① 《资治通鉴》卷23《唐纪》。

② 《白氏六帖事类集》11《稽古定制》引《唐杂令》。

③ 《文苑英华》卷439《赦书十》。

④ 《唐会要》卷88《杂录》。

⑤ 《唐会要》卷93《诸司诸色本钱上》。

⑥ 《唐会要》卷93《诸司诸色本钱下》。

⑦ 《宋刑统》卷26。

谷者，止还本色，每岁取利不得过五分，仍不得准折价钱”[①]。据《庆元条法事类·名例敕》“诸称分者以十为率，称厘者以一分为十厘”来换算，则月利率最高不过4%，年利率不得过20%。但民间的借贷利率则远高于法定利率。唐代民间农贷的利率，无论出贷物为钱还是粟谷，常见月利率为8%，年利率达100%，甚至有数倍之息（罗彤华，2005）。宋代民间农贷年利率亦多达100%。宋神宗时，有人说：“臣伏见民间出举财物，其以信好相结之人，月所取息不过一分半至二分，其间亦有趁人之危急，以邀一时之幸，虽取息至重，然犹不过一倍”。[②] 南宋淳熙五年“江西有借钱约一年偿还而作合子立约者，谓一贯合二贯文也。衢之开化，借一秤禾而取两秤。浙西上户，借一石米而收一石八斗”[③]。淳熙七年“湖湘乡例，成贯三分，成百四分，极少亦不下二分”[④]。此外，虽然唐宋政府始终禁止采用“回利作本”的方式来收取复利，但至宋代，民间农贷实际中复利现象却依然存在。唐长安元年十一月十三日敕：“负债出举，不得回利作本，并法外生利，仍令州县严加禁断。”[⑤]至唐晚期，政府还坚持单利，禁止复利。文宗太和八年“其诸色私债，止于一倍，不得利上生利”。[⑥] 宋代法律明文禁止复利。《宋刑统》规定：“不得回利作本，其放财物为粟、麦者，亦不得回利为本，及过一倍。”但在民间放贷的实际中，放贷者往往采取各种方式，变相收取复利。“历数年不索，待其息多，设酒食招诱，使之结转，并息为本，别更生息”[⑦]，或是“偿或未足，又转息为本，因本生息”[⑧]。两宋时期，民间借贷复利现象一直存在（王文书，2011）。此外，唐宋时期，民间农业借贷在延续前代农民生活性借贷普遍存在的情况下，部分地区农民的生产性借贷开始呈现增加趋势。北宋元祐年间，“春夏之交，雨水调匀，浙人喜于岁丰，家家典卖，举债出息以事田作，车水筑圩，高下殆遍，计本已重”。[⑨] 农民在风调雨顺的年月，对农业生产丰收的预期使得农民不惜“举债出息以事田作”，反映出农民在进行生产性借贷时的理性抉择，相比于迫于生计而进行的生活性借贷，生产性借贷更能体现民间农贷的活力以及对农业

① 《庆元条法事类》卷80《杂门出举债负》
② 《都官集》卷5《奏行青苗新法自劾奏状》。
③ 《袁氏世范》卷3《假贷钱谷》。
④ 《名公书判清明集》卷9《质库利息与私债不同》。
⑤ 《唐会要》卷88《杂录》。
⑥ 《文苑英华》卷441。
⑦ 《袁氏世范》卷3《假贷取息贵得中》。
⑧ 《大学衍义补》卷27《田里戚休之实》。
⑨ 《东坡全集》卷57《奏浙西灾伤第一状》。

再生产的影响。

4.2.4 族群化的职业放贷商人与复利盛行

元代由于常平仓、义仓职能的转变,其国家的农贷职能基本废弛。元代国家农贷活动虽然不绝于史籍,但与前代相比,救助性的国家农贷相对迟缓。元代官方经营有偿借贷活动却相对活跃,激活了民间农贷市场的发展。元代民间农贷发展呈现出一些新的变化。

元代民间农贷的放贷主体进一步增加。元代民间农贷的放贷个人包括王公贵族、官员、地主、商人、富裕农民,还出现了具有民族特色的职业放贷商人"斡脱"。在民间放贷机构上,元代除寺庙、质库等继续放贷外,书院也开始经营放贷。蒙元时期,出现了具有民族特色的职业放贷人群"斡脱"。斡脱源于突厥语 Ortaq 的音译,是蒙元时期享受特权的回回商人,主要帮王公贵族经营货币信贷业务(马朵朵,2010)。元代斡脱商人依靠王公权贵,发展迅速。元世祖至元四年十二月,设立诸位斡脱总管府管理斡脱,斡脱成为元朝官方在民间放贷的代理人。斡脱总管府的职责主要为出贷官方资本以赢利,"持为国假贷,权岁出入,恒数十万定"[①]。元仁宗至大四年"罢泉府司"后,再未设置与斡脱有关的机构(陈高华和史卫民,2000),斡脱从官方再次回归到民间借贷市场。在民间放贷机构的发展上,元代时不仅寺庙、质库得到进一步发展,而且书院也参与到借贷中来。元代各种寺院普遍经营借贷业,大寺院多设立解库和长生局,专门经营借贷(陈高华和史卫民,2000)。元代的书院也开始经营借贷,以供书院开支。泰定三年,子思书院"旧有营运钱万缗,贷于民取子钱,以供祭祀"[②]。江陵白水书院将所受捐赠款"树为学食母钱"[③],以放贷取息。大德年间,性善书院将州守尚敏所捐俸禄"贷诸人取子息,以供师、弟子之食"[④]。

元初民间农贷以"羊羔息"为代表的复利盛行,直至元太宗时政府开始禁止而有所抑制。蒙古国时期,蒙古贵族通过斡脱商人放贷,其利息多为以复利计的"羊羔息"。《黑鞑事略》中记载:"其贾贩则自鞑主以至伪太子伪公主,皆付回回以银,或贷之民而行其息。一铤之本,展转十年后,其息一千二十四铤。"元太宗十二年"以官民

① 《牧庵集》卷 13《高昌忠惠王神道碑》。

② 《元史》卷 180《孔思晦》。

③ 《柳待制文集》卷 10《承宜郎管领拔都儿民总管伍公墓碑铭并序》。

④ 《道园学古录》卷 41《滕州性善书院学田记》,四部丛刊本。

贷回鹘金偿官者岁加倍，名羊羔息，其害为甚"。平民难以还贷，政府不得不"诏以官物代还，凡七万六千锭"。史天泽上奏："请官为偿一本息而止。"[①]元太宗便下令要求民间长期借贷不以复利计，"命凡假贷岁久，惟子本相侔而止，著为令"。[②] 元世祖忽必烈上台后，进一步加强对复利的禁止，中统二年规定："民间私借钱债，验元借底契，止还一本一利。"[③]至元初，"诸称贷钱谷，年月虽多，不过一本一息"[④]。此后，至元三年、至元六年再次明文规定，民间贷钱取息，只偿一本息。元世祖的一系列法令的出台使得复利在民间借贷中有所收敛，甚至有学者认为忽必烈上台后，"羊羔利"逐渐消失了(陈高华和史卫民，2000)。元末依然坚持禁止复利，至正二年规定："年月虽多，不过一本一利。"[⑤]虽然元代法定利率相对前代有所降低，但元代民间农贷利率依然高于官方法定利率，最高者亦有数倍之息。元代官方法定放贷利率为月息三分。元世祖至元十九年四月丙辰，"定民间贷钱取息之法，以三分为率"[⑥]。《元典章》中亦规定"放债取利三分"[⑦]。至元末至正年间还坚持"每两月例三分"[⑧]。民间农贷的实际利率则偏高。如至元十九年中书省闻奏："随路权豪势要之家出放钱债，遂急用度，添利息每两至于五分或一倍之上。若无钱归还呵，除已纳利息外，再行倒换文契，累算利钱，准折人口、头疋、事产，实是于民不便。"[⑨]可见，民间农贷实际操作中不但有人将利率加至五分或一倍以上，而且"倒换文契，累算利钱"，变相收取复利。

4.2.5 农业生产性借贷的增长与预押借贷的出现

明清时期，民间农贷的放贷主体虽然延续了唐宋以来官员、地主、商人、富裕农民的基本构成，但随着货币商品经济的发展，商业资本大量进入民间借贷业。明清时期，全国逐渐形成了山西、安徽、陕西、山东、河南、苏、浙、江西、两湖、闽广十大商帮(吴慧，2008)。这些民间商帮在经营传统的商品贩运转卖业务的同时，依靠雄厚的资本经营民间借贷业。明代商帮中陕西、山西、江西、安徽商人经营放贷最为有

① 《元史》卷155《史天泽传》。
② 《元史》卷2《太宗本纪》。
③ 《元典章》卷27《户部十三・钱债》。
④ 《元史》卷105《刑法四》。
⑤ 《至正条格》卷11《厩库》。
⑥ 《元史》卷12《世祖本纪》。
⑦ 《元典章》卷27《户部十三・钱债》。
⑧ 《至正条格》卷11《厩库》。
⑨ 《通制条格》卷28《杂令・违例取息》。

名(刘秋根,2000)。他们不仅在本地放贷,而且将其借贷业务扩展至异地,推动了民间资本的跨区域流通。明代徽商许明大“挟游资吴楚燕赵间,民之衣食不给者,咸称贷于公”①。明中期,江右布商成群进入湖广“群来诱民,取倍息”②。成化间,有人估计来自江西安福、浙江龙游等外地的商人在云南“生放钱债,利上生利”者“不下三五万人”③。山西、陕西富商在“五谷不生”“陈贷为难”的松潘镇“携资坐取厚利”④。清代商人延续了异地放贷经营业务。清代山西的典当、票号、钱庄林立,晋商在全国各地放贷,因而有“西客利债,滚剥遍天下”⑤之说。安徽新安商人在江南地区大量开设质库,放贷取利。江西商人在广东石城县“多贷息”⑥。

按照资金用途的不同,可将民间农业借贷分为“公私之用”的生活性借贷和“耕桑之本”的生产性借贷。明代嘉靖隆庆间,高拱在《覆给事中戴凤翔论巡抚海瑞书》中描述江南农民:“耕桑之本,匪借不给;公私之用,匪借不周。故或资以赡口食,或资以足钱粮。”明清时期,因灾荒、赋税、婚丧嫁娶、诉讼往来等农民生活性的借贷普遍存在,但生产性借贷亦明显增多。明清时期,农民生活性借贷依然占据民间农贷的主体地位(刘秋根,2000)。灾荒往往是导致明清各地农民借贷最为常见的原因。隆庆《赵州志》记载明代时赵州“一遇凶荒,虽号为富室者亦称贷以卒岁,其他可知也”。万历《广东通志》也记载广东廉州府农民“一遇凶荒,辄亦称贷”。清代乾隆时河南农民“青黄不接,则糊口无资,东挪西借”⑦。山东农民“于岁歉之时,称贷富户”⑧。明清时期,局部地区繁重的赋税也导致农民举债上缴。如《明宣宗实录》便记载宣德年间苏州“田赋素重,其力耕者皆贫民。每岁输纳,粮长里胥率厚取之,不免贷于富家”。明代鹿善继在其《鹿忠节公集》中记载万历初陕西同官县征粮“刑烦民急,假贷求免”。清初“江南之赋税莫重于苏松而松为尤甚矣”⑨,以至苏松二府农民“揭债完官”,窘迫之时,“即出四、五分重息,其情犹以为甘”⑩。明清时期,农民因修房盖屋、婚丧嫁娶等日常大额支出而借贷的情况也较为常见。明代河南邓

① 《新安歙北许氏东支世谱》卷8。
② 《广州人物志》。
③ 《皇明条法事类纂》卷12。
④ 《图书编》卷48《松潘事宜》。
⑤ 《安吴四种》卷6《闸河日记》。
⑥ 康熙《石城县志》卷1《风俗》。
⑦ 《心政录》卷2.
⑧ 《清高宗实录》卷537。
⑨ 叶梦珠.《阅世编》卷6《赋役》。
⑩ 周梦颜.《苏松财赋考》。

州商人放债者众多，农民“一有婚丧庆会之用，辄因其便而取之”[①]。清康熙《扬州府志》记载扬州农民“终岁所得，仅了官逋私债，曾不能一粒入口，衣食婚嫁、丧葬之需，未能猝办，踆踆然叩富人之门而称贷之”。乾隆五十八年八月，河南光州喻成因修屋缺钱，向王四海借十千零七百文。[②] 嘉庆十三年十一月，甘肃秦州张仲礼为娶妻行聘礼向白勇青借四千五百大钱。[③] 康熙至光绪年间的福建安溪等地借贷契约中，有契约中便注明借贷是由于“乏银葬公”“乏银盖屋”[④]。可见，明清时期，农民因大额日常消费而产生借贷的情况亦颇多。

因生产资金短缺而无力购买种子、农具、肥料等而产生的生产性农贷虽然早在春秋时期已经开始出现，但生产性农贷并未在民间农贷中占据主体地位。至唐宋时期，部分地区农民基于对农业丰收的预期，生产性借贷开始呈现增加的趋势。至清代，农民生产性借贷明显增多，而在商品经济发达的地区和行业，农民生产性借贷在一定程度上走向稳定化（刘秋根，2000）。明清时期，经济作物种植业中的生产性借贷的增长尤其明显。明代万历《余杭县志》记载，浙江杭州府余杭县的养蚕农户“乏卒岁之储，缫丝成，贸迁辐辏，质贷家浚其膏”。万历《崇德县志》记载嘉兴府崇德县蚕农生产所用“饔餐器具，皆从质贷”。清代广东、台湾种蔗农民多向买糖富商先期借贷资金种植甘蔗。[⑤] 在安徽霍山、云南普洱等茶叶产地，茶农以未收茶叶作抵押预期借贷生产资金的现象也存在。[⑥] 而在清代台湾各地，具有较强经济实力的佃农为开垦土地而借贷的事例经常发生（周翔鹤，1993）。此外，明清时期，地主、商人在经营规模农场中也通过借贷来解决生产资金不足的问题。明代万历松江府上海县大地主潘允端拥有土地一二千亩，雇工经营，生产开支较多，不得不借贷发放雇工工资。万历十二年六月初二，“借银二十两，发工”。万历二十二年四月二十九，“早，借银发莳秧工本及匠作”。[⑦]

明清时期，民间农贷的放款形式进一步多样化，预押借贷开始出现。明清时期，在抵押借贷和信用借贷普遍发展的基础上，出现了预押借贷的新形式。明清时期，抵押借贷可以细化为动产抵押、不动产抵押和人身抵押借贷，信用借贷可以分

---

① 李贤.《古穰文集》卷9《吾乡说》。

② 清《乾隆刑科题本》河南光州王四海等夥佃土地典当衣物交付，乾隆五十六年五月二十六日。

③ 中国社会科学院经济所藏《清代刑部抄档》。

④ 《中国社会经济史研究》1990年增刊载第413、460契。

⑤ 参见《广东新语》卷14，嘉庆《澄海县志》卷6，《台海使槎录》卷331。

⑥ 乾隆《霍山县志》卷8，光绪《普洱府志》卷48。

⑦ 《玉华堂日记》. 转引自张安奇《明稿本〈玉华堂日记〉中的经济史料研究》，载于《明史研究论丛》第五辑。

为个人信用借贷和担保信用借贷(刘秋根,1995;1997)。这些借贷形式在明清农村中也广泛存在,此外,农村的借贷活动中还出现了将田间未收获的作物或来年的收成作为预期抵押来借贷资本的预押借贷形式。明代顾清曾记载"米价翔贵,民以青苗一亩,典银三钱,纳粮一石,至典田五亩以上"。① 可见,明代便有农民为了交纳征收之粮,以田中尚未成熟的青苗为抵押物来借贷银钱。清代方苞也曾描述"典当无物,借贷无门"的农民向富豪借贷只能"指苗为质"。② 在清代经济作物种植区,农户为了获得生产资本,也采用预押借贷的形式向商人借贷。乾隆时江西赣州苎麻种植普遍,福建商人"于二月时放苎钱,夏秋收苎,归而造布"。③ 广东糖房商人"春以糖本分与种蔗之家,冬而收其糖利"。④ 云南普洱茶叶产区,茶商放贷给茶农"重债剥民,各山垄断"⑤,"冬前给本春收茶"⑥。

明清政府对民间借贷的利率限制在月利三分,但在实际的民间农业借贷活动中,利率却与之相左。明清时期,民间实物借贷的利率普遍高于月利三分,倍息的情况也存在。货币借贷利率一般为年利二到三分,倍息之利的情况只在个别地区存在。从总体上来看,明清时期,实物借贷利率一般高于货币借贷利率,货币借贷利率呈现下降趋势。明清时期,政府对民间放贷利率有严格的规定。明清律法皆有限制放贷利率的规定。明律中规定:"凡私放钱债及典当财物每月取利并不得过三分,年月虽多,不过一本一利;违者笞四十,以余利计赃,重者坐赃论罪,止杖一百。"⑦清代基本沿袭明代对民间放贷利率的管制。《大清会典事例》规定:"凡私放钱债及典当财物每月取利并不得过三分,年月虽多,不过一本一利"。可见,明清时期,官方法定的民间利率上限为月利三分,且以单利方式计利,禁止复利。然而,明清时期民间农贷市场上的实际利率却并非维持在官方法定的月利三分。明清时期民间农业借贷利率,实物借贷与货币借贷的利率并不相同。明清时期,民间实物借贷尤以粮食借贷最为普遍,粮食借贷的利率一般高于月利三分,更不乏倍息。明代中叶,吴江县"米息自四分以至七分"⑧。明代后期,吕坤记载"民间息谷,春放秋还,有加五者,有加倍者";梁宋间佃

① 《东江家藏集》卷39《回吴巡抚禁戢家人书》。
② 《望溪先生文集》集外　文集卷1《请定征收地丁银两札子》。
③ 乾隆《赣州府志》卷2《物产》。
④ 《广东新语》卷14。
⑤ 《云南事略》。
⑥ 光绪《普洱府志》卷48引许廷勋《普茶吟》。
⑦ 《皇明条法事类纂》卷20。
⑧ 嘉靖《吴江县志》卷13《风俗》。

户因缺食向主家借贷“轻则加三，重则加五，谷花始收，当场扣取”。① 清代康熙年间，“贫民春夏贷米一石，冬加利五斗以偿”。② 乾隆年间，湖南长沙富户出贷谷米“谷石加五”。③ 乾隆年间直隶“北方债利甚重，每借一石，加利三五斗”。④ 乾隆年间，无极县“银粟皆有四五分之息”。⑤ 道光年间，陕西紫阳县“南山揭债子母，惟借籽种以加五为平息”。⑥ 明代弘治年间，江南吴江县粮食借贷已经出现倍息。“小民乏用之际，借富家米一石，到冬则还二石。”⑦明代山西、北直隶沿边宣府、大同“势力之家、刁豪之客，乘青黄不接之时，低价撒放于农而秋成倍收厚利”。⑧ 浙江诸暨县“夏米者，邀人之急，夏贷秋偿，责出倍息之利。人不敢贷，贷亦不过数斗”。⑨ 明清时期，民间货币借贷的利率情况更为复杂，民间借贷利息率高低不一、档次繁多。总体而言，年利二分、三分为各地银钱借贷的“常利”，高利率特别是“倍息之利”只在个别场合存在。据黄冕堂综合清代乾隆、嘉庆、道光三朝刑科题本中全国各地549件债务档案的统计，其中年利率或月利率为三分的274件，二分利率的128件，五分利率的52件，年利率超过一倍的95件（黄冕堂，1990）。在利率的区域差异上，北方的借贷利率高于南方。不同放贷群体，利率水平不同，通常非专业放贷者高于专业放贷者（方行，等，2007）。从利率变化的总体趋势上来看，明清时期，农村货币借贷的利息率呈现出下降的趋势。

4.3　农业资本市场发育对农业商品化的影响

4.3.1　国家农贷对农业商品化的影响

4.3.1.1　我国古代国家农贷的基本特征及目标

通过对我国古代国家农贷的历史演进过程的考察，可将我国古代国家农贷的特征总结为：国家农贷的对象以贫民和灾民为主体；国家农贷的发放时间集中于春

① 《实政录》卷2《民务》

② 康熙《吴江县志》卷5。

③ 《湖南省例成案》刑律卷1。

④ 《畿辅见闻录》。

⑤ 乾隆《无极县志》卷1。

⑥ 道光《紫阳县志》卷8。

⑦ 弘治《吴江县志》卷5。

⑧ 《明经世文编》卷100《李承勋会议事件》。

⑨ 《国朝三修诸暨县志》卷51。

季;国家农贷的出贷物以实物形态为主;有息国家农贷和无息国家农贷并存,有息国家农贷的利息率虽然呈现上升的趋势,但与同时期民间借贷市场利率相比,还是相对较低。总体而言,我国古代国家农贷的基本目标在于维护以小农为基础的农业再生产的持续开展,从而为其政权的存在提供长期的物质基础。

国家农贷的发放对象以灾民和贫民为主体。在农业生产的歉收和灾荒年份,国家农贷对象则以受灾地区的农民为主。在前文对国家农贷历史演进的梳理中,国家农贷在灾荒年份对灾民的放贷体现得极为明显,此处不再赘述。在农业生产的正常年份,国家农贷的放贷对象则以"鳏、寡、孤、独、穷困"之类的贫困农民为主。汉代国家对农村贫困农民的赈贷诏令频出。如《汉书·文帝纪》记载,汉文帝前元元年三月诏曰:"方春和时,草木群生之物皆有以自乐,而吾百姓鳏、寡、孤、独、穷困之人或阽于死亡,而莫之省忧。为民父母将何如,其议所以振贷之。"《汉书·宣帝纪》记载,汉宣帝地节三年三月诏:"鳏、寡、孤、独、高年、贫困之民,朕所怜也。前下诏假公田,贷种食。其加赐鳏、寡、孤、独、高年帛。"《汉书·武帝纪》记载,汉武帝元狩六年诏曰:"今遣博士大等六人分循行天下,存问鳏、寡、废、疾,无以自振业者贷与之"。《汉书·昭帝纪》载,汉昭帝始元二年三月"遣使者振贷贫民毋种食者"。魏晋南北时期,在延续国家农贷的政权中也不乏针对贫民的放贷。魏文帝曹丕登基称帝后,于黄初六年二月"遣使者循行许昌以东尽沛郡,问民所疾苦,贫者振贷之"。[①] 南朝宋文帝元嘉二十一年春正月,"凡欲附农,而种粮匮乏者,并加给贷"[②]。宋元徽四年正月己亥,后废帝刘昱"躬耕籍田,大赦天下。赐力田爵一级;贷贫民粮种"。[③] 南朝齐武帝永明四年闰正月诏曰:"凡欲附农而粮种阙乏者,并加给贷,务在优厚。"[④]隋唐常平义仓制度建立后,国家在正常年份对贫民的借贷依然存在。唐宪宗元和六年二月,"以京畿民贫,贷常平、义仓粟二十四万石,诸道州府依此赈贷"[⑤]。明太祖洪武二十七年春正月,"发天下仓谷贷贫民"。[⑥] 清乾隆四十九年,山东五府州农民"地在三十亩以下无力之户,除照例出借仓粮外,每亩再行借给籽种银五分,以资耕作"。[⑦] 清代社仓粮种亦在正常年份贷给贫困农户,"社仓原备农民

① 《三国志》卷2《魏书·文帝纪》。

② 《宋书》卷5《文帝本纪》。

③ 《宋书》卷9《后废帝本纪》。

④ 《南齐书》卷3《武帝本纪》。

⑤ 《旧唐书》卷14《宪宗纪》。

⑥ 《明史》卷3《太祖本纪》。

⑦ 《清实录》卷1200《乾隆朝实录》。

籽种，耕田之家无论佃田自田，凡无力者皆许借领”。[①] 可见，在农业生产的正常年份，我国古代国家农贷主要是面对贫困农民出贷，以帮助贫困农民获得粮种维持基本的生活。

国家农贷具有较强的季节性，除了在灾害发生的季节国家农贷活动频繁外，一般集中于春季（正月、二月、三月）。在农业遭受灾害侵袭的年份，国家农贷活动一般都在受灾当年的当月或相近月份展开，但也有隔年进行的情况。如南朝宋孝武帝大明二年正月诏曰：“去岁东土多经水灾，春务已及，宜加优课。粮种所须，以时贷给。”[②]《旧唐书》记载，唐高宗永徽二年春正月戊戌诏曰：“去岁关辅之地，颇弊蝗螟，天下诸州，或遭水旱，百姓之间，致有罄乏。……其遭虫水处有贫乏者，得以正、义仓赈贷。”唐文宗开成三年春正月，“去秋蝗虫害稼处放逋赋，仍以本处常平仓赈贷”。清嘉庆十四年正月，“贷山西朔州等十州县、陕西葭州等十四州县、江西南昌等六县、湖北武昌等十八州县卫、湖南澧州等四州县、甘肃皋兰等九州县上年被灾仓谷口粮籽种”；二月，“贷贵州古州上年被灾籽种”等，皆为去年受灾，而今年下诏放贷。因农业生产开始于春季，籽种需求迫切。这类放贷一般皆延迟至来年的春季放贷。春季亦多为农民青黄不接之时，是容易发生粮食短缺的季节。由此，这使得我国古代国家的农贷活动一般多集中于春季。前文所列汉代国家农贷政令中，西汉文帝至东汉顺帝 200 多年间，所颁布关于国家农贷的政令，大部分是在春季所颁布（参见表 4.1）。南朝宋文帝至齐武帝年间，所颁布的国家农贷政令较多，其颁行时间亦集中于春正月。隋唐至明清，常平义仓制度下，国家所行农贷政令中亦有大部分颁布于春季。《旧唐书》中记载，唐宪宗元和六年二月，“以京畿民贫，贷常平、义仓粟二十四万石，诸道州府依此赈贷”。元和六年冬十月戊寅诏曰：“今春所贷义仓粟，方属岁饥，容至丰熟岁送纳。”唐文宗开成三年春正月诏曰：“去秋蝗虫害稼处放逋赋，仍以本处常平仓赈贷。”《宋史》载，宋太宗淳化二年春正月己丑诏曰：“陕西诸州长吏设法招诱流亡，复业者计口贷粟，仍给复二年。”宋真宗天禧四年三月，“以淄州民饥，贷牛粮”。乾兴元年二月，“苏、湖、秀州民饥，贷以廪粟”[③]。宋仁宗皇祐四年，“春正月己巳，诏诸路贷民种”[④]。宋神宗熙宁元年二月，“壬戌，贷河

① 《牧令书》卷 20《筹荒上》。
② 《宋书》卷 6《孝武帝本纪》。
③ 《宋史》卷 7《真宗本纪》。
④ 《宋史》卷 12《仁宗本纪》。

东饥民粟”[①]。宋哲宗绍圣元年三月,“癸巳,诏赈京东、河北流民,贷以谷麦种,谕使还业,蠲是年租税”[②]。南宋孝宗淳熙三年春正月,“赈淮东饥,仍命贷贫民种”。淳熙九年春正月庚寅诏曰:“江、浙、两淮旱伤州县贷民稻种,计度不足者贷以桩积钱”。淳熙十四年春正月癸亥,“出四川桩积米贷济金、洋州及关外四州饥民”[③]。南宋光宗绍熙四年春正月,“丙寅,贷淮西民市牛钱”[④]。元世祖至元十七年春正月,“辛亥,磁州、永平县水,给钞贷之”[⑤]。明太祖洪武二十七年春正月,“发天下仓谷贷贫民”[⑥]。明景帝景泰二年二月癸巳诏曰:“畿内及山东巡抚官举廉能吏专司劝农,授民荒田,贷牛种。”[⑦]清乾隆二十六年正月,“贷甘肃渊泉等三县农民豌豆籽种,令试种”。[⑧] 相关史料颇多,在此不逐一枚举。我国古代国家农贷集中于春季的季节性特征,并非是由国家统治者主观意志所决定的,而是受农业生产的客观规律所制约。由于春季是一年农业生产的开始,农民对农业基本生产资料需求最为旺盛。同时春季亦是农民生活青黄不接、相对窘迫的时期,容易发生饥荒。因而,我国古代农业生产的基本规律及农民生活的客观需求决定了国家农贷呈现出较强的季节性。

国家农贷的出贷物以实物形态的农业基本生产生活资料为主,货币形态的出贷物虽然也长期存在,但始终未占据主导地位。汉代的国家农贷诏令中所出现的出贷物以“种食”并称者多,亦有“谷”者,表明汉代国家农贷以贷给农民生产所需粮食种子和生活基本口粮为主(参见表 4.1)。魏晋南北朝时期,在延续国家农贷的地方政权中,亦以“贷种食”为主,如大明二年正月诏曰:“粮种所须,以时贷给。”[⑨]元徽四年正月,“贷贫民粮种”。大明七年九月诏曰:“近炎精亢序,苗稼多伤。今二麦未晚,甘泽频降,可下东境郡,勤课垦殖。尤弊之家,量贷麦种。”[⑩]永明四年闰正月诏曰:“凡欲附农而粮种阙乏者,并加给贷,务在优厚。”[⑪]北魏孝明帝时,幽州遭

① 《宋史》卷 15《神宗本纪》。
② 《宋史》卷 18《哲宗本纪》。
③ 《宋史》卷 34《孝宗本纪》。
④ 《宋史》卷 36《光宗本纪》。
⑤ 《元史》卷 11《世祖本纪》。
⑥ 《明史》卷 3《太祖本纪》。
⑦ 《明史》卷 11《景帝本纪》。
⑧ 《清史稿》卷 12《高宗本纪》。
⑨ 《宋书》卷 6《孝武帝本纪》。
⑩ 《宋书》卷 9《后废帝本纪》。
⑪ 《南齐书》卷 3《武帝本纪》。

受水灾，政府将“谷数万石，贷民”。[①] 隋唐至明清，国家农贷基于常平、义仓为代表的国家仓储制度，其出贷物更是以粮食籽种等实物为主体。货币形态的国家农贷虽然早在战国时期就已经出现，但并未占据国家农贷的主导形式。隋唐时期，政府虽然也有以货币形式的“公廨钱”出贷，但其主要借贷对象为偿还能力更强的商人，农民借贷的情况较少。宋代王安石变法所行的“青苗法”可视为国家农贷货币的尝试，但在其施行过程中政府的敛财获利倾向，反而加重了借贷农民的负担，导致“青苗，免役皆责民出钱，是以百货皆贱而惟钱最贵，欲民之无贫，不可得也”。[②] 农民难堪其负而趋于破产，农业再生产难以为继，威胁到封建政权统治的物质基础，王安石变法之失败也不可避免。青苗法的失败也证明国家农贷以货币形式为主难以达到国家农贷维系小农经济的预期目的。元明清时期，虽然国家农贷中实物和货币形式相互结合进行，货币形式的国家农贷亦有所增加，但以粮食、籽种、耕牛、农具等农业生产资料为代表的实物形式依然占据主导地位。我国古代国家农贷以实物形式为主，既有助于帮助农民直接获得所需的生产生活资料，又可以避免因货币贬值对农民造成新的损失。因而，从帮助农民恢复基本的农业再生产和延续基本生活的角度来看，以实物形态为主的国家农贷更为有效。

我国古代国家农贷中无息农贷和有息农贷并存，有息农贷的利率虽然有上升的趋势，但相比民间借贷利率尚处于低位运行。西周时期，国家借贷便区分为无息的赊借和有息的借贷。据孙诒让在《周礼正义》中的考证，西周国家借贷利率分为五等，“或二十而一，或十一，或二十而三，或十二，或二十而五，以此为限，明不得逾溢耳”，可算得平均利率约为 18%。汉代规定“民或乏绝，欲贷以治产业者，均授之，除其费，计所得受息，无过岁十一”[③]。国家放贷的年利率不过 10%。隋唐至宋，常平义仓制度下，国家农贷的利率亦相对较低。宋神宗元丰元年四月十九日诏曰：“开废田、兴水利、建立堤防、修贴圩之类，民力不能给役者，听受利民户具应用之类，贷常平钱谷，限二年两料输足，岁出息一分。”[④]宋哲宗元祐元年四月二十六日，三省进言“贷常平钱谷，丝麦丰熟，许随夏税先纳。所输之半，愿并纳者，止出息一分”[⑤]。然而，隋唐时期，官方利用公廨本钱放贷则具有很强的牟利性，其利息也

① 《魏书》卷 47《卢玄列传》。

② 《栾城集》卷 35《自齐州回论时事书》。

③ 《汉书》卷 24《食货志》

④ 《宋会要辑稿·食货一》。

⑤ 《宋会要辑稿·食货六〇》。

相对较高。如唐玄宗开元十八年,“复置公廨本钱,收赢十之六”[①],唐武宗会昌元年“量县大小,各置本钱,逐月四分收利”[②]。此外,宋代王安石变法所行的“青苗法”是国家农贷的货币化尝试,其利率亦较高,年利率达40%。“今放青苗钱,凡春贷十千,半年之内便令纳利二千;秋再放十千,至岁终又令纳利二千。则是贷万钱者,不问远近之地,岁令出息四千也。”[③]元代政府在使用义仓的粮谷救济灾荒中,多以无偿赈给为主,鲜见借贷(朱春阳,2007)。而元初“为国假贷”的斡脱总管府,专门经营官方资本,放贷取息。元代官方法定放贷利率为月息三分。元世祖至元十九年四月丙辰,“定民间贷钱取息之法,以三分为率”[④]。因而元代即使斡脱总管府向农民发放贷款,其利率也应控制在月息三分。这与元代民间农贷五分或一倍以上的利率相比,还是较低的。明清时期,官方法定月利率为三分。明代国家农贷依托预备仓进行,洪武初,预备仓的放贷多为无息借贷,“官为籴谷收储备赈,秋成抵斗还官不起息”。[⑤] 至明英宗时,开始行有息借贷,正统七年,“福建布政司,凡预备仓粮给借饥民,每米一石,候有收之年,折纳稻谷二石五斗还官”[⑥]。农民借预备仓1石米,等到收获之年,还稻谷2.5石,如果以50%的稻谷出米率计算,合还米1.25石,年利率为25%。如果以75%的稻谷出米率计算,合还米1.875石,年利率则为87.5%。[⑦] 明代民间粮食借贷月利率多高于三分,通常在四至七分,高者倍息。换算为年利率,明代民间粮食借贷的年利率则在36%至100%之间。相比而言,明代国家农贷的利率较低,而且其还贷期限相对宽松,借贷农民在“有收之年”偿还即可。清雍正朝后,常平义仓制度普遍设立,乾嘉时期的国家农贷活动最为突出。这一时期国家农贷主要集中在青黄不接时贷给贫民籽种银钱,以及灾荒年份贷给灾民口粮和种粮。贫民和灾民偿还力较弱,清代国家农贷的利息不可能超过法定的三分。而清代民间粮食借贷,借一石收息三五斗的情况普遍,倍息亦存在。因而,直至清代,相比民间粮食借贷的利率,国家农贷的利率依旧较低。总体而言,

① 《唐会要》卷93《诸司诸色本钱上》。

② 《唐会要》卷93《诸司诸色本钱下》。

③ 《宋会要辑稿·食货四》。

④ 《元史》卷12《世祖本纪》。

⑤ 《古今图书集成·经济汇编·食货典》卷83《荒政部》引《嘉善县志》。

⑥ 《大明会典》卷22《户部》。

⑦ 现代水稻平均出米率约为75%。参见《选种和良种繁育学》。此处为最高估算。参考张显清.《明代后期粮食生产能力的提高》(《学术探索》,2005.10.P98)一文中,采用出米率50%和75%来估算广东南海县稻米亩产。

从西周秦汉至明清时期，可以将国家农贷划分为两种：无息农贷和有息农贷。无息国家农贷，利率为零。有息国家农贷的年利率，由西周秦汉时期的10%～20%的区间，升至明清时期的30%～40%的区间，呈现出上升的趋势。但是，国家农贷的利率相对于同时期的民间农贷利率而言，依然处于低位运行。

我国古代国家农贷的基本目标在于维护小农经济的持续性，从而为国家政权提供长期的财政来源。在农业生产的正常年份，国家农贷重点面向贫困农户，使其能保障基本的生活和生产而不至于破产流亡，威胁社会稳定。而在灾荒年份，国家农贷则重点面向受灾地区的农民，主要以实物借贷的形态向灾民提供生活和生产资料。从短期来看，国家农贷可以满足受灾农民对农业生产资料的迫切需求，尽快地恢复农业再生产，防止农业生产过程的大面积中断和小农的大量破产。而从长期来看，国家农贷有利于维护以农户为基本单位的小农经济的持续发展，从而为国家带来长期的农业赋税等经济利益。因而，我国古代国家农贷即可视作统治者为防止农业经济崩溃而采取的国家救助行为，亦可看作是统治者为保障国家长期财政收入，维护政权长期存在而进行的长期投资行为。从国家有息农贷利率的上升趋势来看，国家农贷在发展过程中具有一定的趋利性倾向。但在小农经济的脆弱性以及放贷对象偿还能力较低的限制下，统治者只能放眼于国家农贷的长期收益，而放弃其短期盈利的倾向。

4.3.1.2 国家农贷对农业商品化进程的影响

国家农贷维护了以小农家庭为基本单位的自给自足式农业生产的持续性，是农业商品化生产的基本前提。我国古代社会是传统农业社会，农业在我国古代国民经济中占据着主导地位。农业生产的持续开展，即是国家政权的物质基础，也是社会经济发展的前提。我国古代社会长期以自给自足的自然经济统治地位，商品经济是在自然经济的环境条件下所产生和发展起来的。在我国古代农业商品化进程中，农业领域商品生产成分的增长也是以小农家庭为基本单位的自给自足式农业生产效率的提高为条件的。随着农业生产率的提高，当小农家庭的农业生产不仅可以满足自身所需，而且可以面向市场提供农产品的时候，农业商品化生产才成为可能。因而首先必须要保障的就是农业生产的持续性。如果小农家庭无法抵御灾害而纷纷破产，社会基本的农业再生产过程就会被中断，那么农业商品化生产更无从谈起。我国古代国家农贷的基本目标便在于维护小农经济的持续发展，从而为国家政权提供长期的财政来源。国家农贷的存在为农民应对农业生产的风险提供支持，在保障基本的农业再生产方面发挥了重要的作用。在自然经济占主导地位的社会经济环境下，我国古代农业商品化的基本前提是农业生产的持续开展，然后才是农业生产率的提高，农业生产目的和经营方式的转变等。国家农贷的长期存在，维护了以小农家庭为基本单位的农业生产的持续性，虽然在主观上并不是为了促进农业商品化发展，但是客观上却为农业商品化发展保存了最基本的前提条件。

国家农贷难以提供农民在进行商品化生产时所需的资本，为民间资本进入商品性农业生产提供了空间。从我国古代国家农贷的历史演进及其特征的考察中皆可以看出无论在灾荒年份或是在正常年份，国家农贷只在于满足农民生活和生产基本资料，并非具备为农民提供资本以扩大农业再生产的功能。然而，随着农业生产水平的提高，在正常的农业生产年份，富裕农民在向商品性农业生产转变的过程中必然会产生对农业生产资本的需求。国家农贷的出贷物长期以实物形式为主导，放贷对象又以贫民和灾民为主体，自然无法满足富裕农民的资金需求。可以说，国家农贷在满足农民因农业商品化而产生扩大投资所需资本方面是乏力的。农民的资金需求只能通过民间借贷市场来解决，从而为民间资本进入商品性农业生产提供了空间。

在国家农贷执行过程中，地方政府与国家的利益分化与目标偏离，为农业商品化发展提供了契机。我国古代国家农贷的基本目标在于维护小农经济的持续发展，而非通过放贷获取短期的利息收入。随着封建官僚体系的逐步完善，国家农贷的基本目标需要借助相应的国家官僚组织结构才能得以实现。在我国古代国家农贷的组织结构演进过程中，地方政府发挥的作用日益强化（杨乙丹，2010）。在国家农贷的执行过程中，地方政府的利益目标与国家农贷的长期目标取向并不必然一致。掌控国家农贷资源的地方官员更偏向于通过组织和发放农贷资源来获取最大的利益。因而，在国家监管不力的情况下，地方官员往往会私自贪墨、转贷或提高国家农贷的利息，从而使传统国家农贷偏离了既定的目标（杨乙丹，2010）。同时也造成了国家农贷实际执行过程中“最需要贷钱的人贷不到钱”的问题。大量的国家农贷资源在地方政府的寻租行为下，流向了有能力向官员行贿或支付更高利息的商人、地主和富裕农民手中。商人、地主或富裕农民贷取钱物的目的更多的不是为了维持基本的生产和经营，而是为了进一步扩大生产和经营规模以获利。商人、地主和富裕农户以牟利为目的，将资本投入农业，通过农产品市场来实现投资收益，才能收回其获得国家农贷资源所付出的成本。在国家农贷执行过程中，地方政府与国家的利益分化与目标偏离，却为商人、地主以及富裕农民进行商品化的农业生产提供了非正常的融资渠道，也正是这种非正常的融资渠道为我国古代农业商品化发展提供了契机。

4.3.2 民间农贷的演进趋势及其影响

4.3.2.1 我国古代民间农贷的演进趋势

我国古代民间农贷在发展演变过程中，总体呈现出以下趋势：放贷主体多元化，民间农贷的高利贷化，货币借贷和生产性借贷趋于增长。

我国古代民间农贷市场放贷主体呈现多元化的趋势。我国古代民间的放贷主体既包括地主、商人、官员、富裕农民等个人，还包括寺庙、僦柜、邸店、质库、书院等经营放贷业务的机构。战国秦汉时期，地主和商人便逐步成为民间农贷最主要的个人放贷主体。汉代政府在灾荒年份，因国家农贷无法满足农民借贷需求，而鼓励王侯、官吏、富豪向农民低息放贷，使得政府官员逐步加入民间农贷主体的队伍中，进一步扩充了民间农贷的个人放贷主体。魏晋南北朝时期，寺庙开始成为兼营放贷业务的民间借贷机构。唐代官员通过设立僦柜、邸店、质库等机构在民间农贷市场放贷生息，推动了民间借贷机构的多元化发展。宋代汴京、临安以及商品经济发达的东南地区成为质库等民间放贷机构最为集中的地区。元代某些地方的书院也开始经营借贷业务。明清时期，质库又被称作质铺、解铺，当铺、典当、当店等（中国金融史编写组，1993）。随着明清商品经济的发展和明清商帮的形成，明清商人在全国各地开设众多当铺。清代当铺的放贷形式也从以往的抵押放贷，发展到信用放款。明代中叶，产生了以经营货币兑换为主要业务的钱铺。至明末清初，钱铺也开始经营放贷业务。此外，清前期的钱庄、账局、票号等民间金融机构也兼营放贷业务（詹玉荣，1991）。

我国古代民间农贷的利率普遍高于同期法定利率，民间农贷的高利率趋向明显。春秋战国时期，关于民间农业借贷利率的史料较少，使我们难以全面地考察这一时期民间农贷利率的情况。但从《管子》中农民“倍贷以给上之征”“倍贷以取庸”的记载来看，农民借贷支付“倍贷”之息是较为常见的情况。汉代国家对民间农业借贷利率有律法规定，但法定利率鲜见记载。从《汉书·食货志》中所载“民或乏绝，欲贷以治产业者，均授之，除其费，计所得受息，无过岁十一”[①]可见，汉代政府曾以年利率 10%为限。而《汉书》中对放贷“取息过律”王侯的惩罚记载，表明在实际的民间农贷中，利率往往更高。唐宋时期，虽然政府对民间借贷利率严格管制，并且法定利率呈现下降趋势，但民间农贷利率依然普遍高于法定利率，高利倾向明显。唐代民间农贷的利率，无论出贷物为钱还是粟谷，常见月利率为 8%，年利率

① 《汉书》卷 24《食货志》。

达100%，甚至有数倍之息（罗彤华，2005）。宋代民间农贷年利率亦多达100%。此外，虽然唐宋时期复利为政府所明令禁止，但在民间实际农贷中复利却长期变相存在，使得民间农贷的高利贷倾向更趋明显。元初民间农贷的复利盛行，经过元太宗和元世祖的整治后，民间农贷的复利有所抑制，但并未完全消失。元代官方法定放贷利率为月息三分，但元代民间农贷利率依然高于官方法定利率，“添利息每两至于五分或一倍之上”，高者更有数倍之息。明清政府将民间借贷利率限定为月利三分。明清民间粮食借贷利率趋于高利化，粮食借贷的利率一般高于月利三分，更不乏倍息。但民间货币借贷则多为年利二分、三分，货币借贷中高利率特别是“倍息之利”的情况相对较少。

从出贷物形态上，可以将民间农贷划分为实物借贷和货币借贷；从借贷物的用途上，则可以将民间农贷分为生活性借贷和生产性借贷。我国古代民间农贷发展过程中，实物借贷与货币借贷、生活性借贷与生产性借贷长期并存。随着商品经济向农业的渗透，货币借贷和生产性借贷呈现明显的增长趋势。在我国古代民间农贷市场，实物借贷以种子、粮食、耕牛、农具等农业生产生活基本物资为主，货币借贷则以当时通行的钱币为主。

4.3.2.2 民间农贷对农业商品化发展的影响

我国古代民间农贷的高利率趋向，使得以往学者将民间农业借贷与农村高利贷混同起来，并倾向于对其进行批判和否定。诚然，高额的利息会挤压农民再生产的经济收益，甚至造成农民的破产。但在正常的生产条件下，农民即便通过高利贷来进行农业生产，也基本能够偿还债务并维持再生产的顺利进行（刘秋根，2000）。民间农贷的利率并不长期维持在高利贷的水平，货币借贷的利率水平在总体上呈下降的趋势。因此，有必要将民间农业借贷与高利贷区分开来，从农业再生产的维系及农业商品化发展的角度来重新审视民间农业借贷的历史影响。

民间农贷为我国古代农民获取基本的农业生产生活资料以维持农业再生产提供了筹集资金的渠道。我国古代社会经济以小农经济为基础，而小农经济是一种自然经济和商品经济相结合的经济模式，自给性的农业生产与商品性的农业生产在小农经济生产过程中相互补充。自给性的农业基本再生产的维系，是农业向商品化方向发展的前提和基础。以小农户为基本单位的农业生产应对自然灾害和社会动乱的能力较弱，农业再生产很容易被迫中断。如果自给性农业基本的再生产中断，农民就会大量破产，小农经济的发展必然受挫。虽然我国古代国家农贷活动一直致力于维护农业生产的持续开展，但国家农贷资源的稀缺性以及在执行过程中的目标偏离，使得农民难以贷到所需的农业生产资料。民间农贷市场的发育及其多元化的放贷主体，为农民提供了相对方便的筹资渠道。无论是在灾荒年份还是正常年份，农民都可以通过多种借贷形式从民间农贷市场获取所需的生产生活资料来维持基本的农业再生产。

民间农贷是我国古代民间资本渗入农业生产领域的重要方式。民间农贷发展过程中货币借贷和生产性借贷的逐渐增多，推动了农业生产过程中商品经济因素的增长。在我国古代，除了地主、商人等投资主体，直接以购买土地、雇佣劳动力等方式自主经营农业以外，民间资本进入农业生产领域主要是通过向农业生产者放贷，从而以利息的形式间接获取农业生产的经济收益。民间农贷发展过程中货币借贷增多的趋势，表明货币经济对农业生产的影响逐渐增大。同时，在农业生产者使用货币购买所需的生产生活资料，为偿还所借贷的货币本息而面向市场出售农产品的过程中，农业生产者与商品市场的联系不断增强。此外，由于农民将农产品变现以偿还借贷本息的现实需要，也促使农业生产过程中市场导向性逐渐增强，商品性农业得以发展。随着农业领域商品生产的发展，农民生产投入增加，生产资金出现短缺，生产性借贷便逐步增多。尤其是在商品经济发达的农业生产区域和经济作物种植业等商品性生产突出的农业生产部门，生产性借贷得到更为显著的发展。农民生产性借贷的增多，表明更多的借贷资本用于农业再生产过程，而且这种再生产过程更趋于商品性的生产，从而推动了农业生产的商品化发展。

第五章　经济作物种植业的商品化发展

根据生产目的,可以将农业划分为自给性农业和商品性农业。自给性农业是为满足农业生产者自身需求而进行生产的农业。商品性农业是指为满足市场对农产品的需求而发展起来的、以出售或交换农产品为目的的农业。农业商品化就是逐步实现自给性农业向商品性农业的转化。以商品生产和商品交换为目的的商品经济形态的发展是商品性农业发展的经济条件,而我国古代社会长期以自然经济为主体,以粮食生产为主要内容的自给性农业长期居于农业生产的主导地位,商品性农业的发展举步维艰。但随着商品经济的增长,商品经济因素向农业生产领域的渗透,土地、劳动力、资金逐渐被以商品形态投入农业生产中,商品性农业也得到缓慢的发展。我国古代商品性农业的发展首先表现在经济作物种植业的发展,其次便是粮食的商品化。因此,在探究我国古代经济作物种植业如何成为一个相对独立的商品性生产部门的基础上,对商品化的土地、劳动力、资金在经济作物种植业中的渗透和组合进行深入分析,有助于更好地理解我国古代农业商品化的发展趋势以及演变限度。

5.1　经济作物种植业的独立与结构变迁

经济作物是指具有某种特定经济用途的农作物。在我国古代,经济作物一般能够为手工业生产提供必需的原料。因此,根据经济作物的用途,可以将经济作物划分为为纺织业提供原料的纤维作物(棉麻类、蚕桑);为榨油业提供原料的油料作物(花生、油菜、芝麻、大豆等);为制糖业提供原料的糖料作物(甜菜、甘蔗);为染业提供原料的染料作物(蓝、红花、紫草、栀子等);以及满足人们嗜好性消费的嗜好作物(茶叶、烟草)和满足人们蔬菜瓜果消费需求的园艺作物。可见,经济作物与粮食作物满足人们基本的生存需求不一样,它可以满足人们生活和生产的多元化的消费需求。因而,经济作物的生产具有经济价值和商品率高的特点。随着我国古代手工业经济和商品经济的发展，经济作物种植业逐渐从农业中分离出来，成为相对独立的商品性生产部门。在经济作物种植业的发展过程中，随着人们需求的多元化，经济作物的种类不断增多，市场需求的变化也引发经济作物种植结构的变迁。

5.1.1 经济作物种植的萌发

中国是世界农业作物起源中心之一。就经济作物的栽培起源而言，早在原始社会新石器时代晚期，我国已经开始种植纤维作物大麻、苎麻。山西襄汾陶寺龙山文化遗址出土的麻织物(高天麟和张岱海，1980)、甘肃东林乡林家马家窑文化出土的大麻(王庆瑞和敦德勇，1984)都为大麻在原始农业时期的栽培提供了考古证据。此外，浙江吴兴钱山漾出土的苎麻布片、麻绳(浙江省文物管理委员会，1960)，也表明这一时期太湖流域已经开始栽培和利用苎麻了。这一时期，我国人民也开始植桑养蚕，并将蚕丝用作衣被原料。浙江吴兴钱山漾出土的丝织品中有绸片、丝带、丝线等，经过现代技术的检测证实了绸片、丝带、丝线均是以桑蚕丝为原料织成(徐辉，1981)，表明蚕桑业已在江浙一带萌发。唐云明综合考察新石器时代晚期黄河流域和长江流域文化遗址出土的相关文物后认为，在黄河流域的仰韶文化中晚期已有了育蚕织绸业，长江流域江浙一带，不仅已经有了育蚕织绸业，而且要早于黄河流域(唐云明，1985)。

夏商周至春秋时期，我国由石器时代进入青铜器时代，青铜农具的使用，推动了农业生产的进步。社会需求的多样化，使得经济作物的种类进一步扩充。纤维类的经济作物中除了大麻、苎麻、蚕桑继续发展外，葛、棉开始栽培。由于人们对衣服色彩的需求，蓼蓝等染料作物被驯化栽培。人们对蔬菜的需求，使得韭，芸、瓜、瓠、蒜、葱、姜等多种园艺作物开始被种植，园圃业得到初步的发展。

大麻是我国古代主要的衣着原料。夏至春秋时期，文献中开始出现种植大麻的记载。《夏小正》中开始记载五月种麻。《尚书·禹贡》中记载青州贡“岱畎丝枲”，枲即为大麻雄株，其茎部纤维质佳量多。可见，此时青州不仅种植大麻，而且选育雄株以获取质量更好的麻布原料。《诗经》中亦有“丘中有麻”“东门之池，可以沤麻”“艺麻如之何”的记载。全国各地相继在这一时期的遗址与墓葬中所发掘出土的麻布，则为文献记载提供了考古学的证据支持。1973 年，河北藁城县台村西商代遗址中发现一卷麻布，后被鉴定为大麻纤维(李捷民，等，1974)。1978 年，福建武夷山商代悬棺中发现棕色、土黄色、棕黄色大麻布 3 块(福建省崇安县文化馆，厦门大学历史系考古专业，1978)。1979 年，江西贵溪崖墓中出土了春秋战国时期的大麻布（程应林，等，1980）。

苎麻也是我国古代人民重要的衣着原料来源。苎麻布在新石器时代的文化遗址中出土，表明苎麻早已被驯化。夏至春秋时期，苎麻继续作为织物原料为人们所种植和利用。陕西扶风县杨家堡西周墓中出土了苎麻布（罗西章，1980）。安徽舒城县凤凰嘴的春秋时期墓葬中出土了苎麻布残片，江西贵溪崖墓也出土了土黄、深棕色和印花三种苎麻布。春秋时期，苎麻开始见于文献记载。《诗经》中便有“东门之池，可以沤纻”，纻便是苎麻。可见这一时期，苎麻的栽培和利用已有进一步的发展。

萌发于原始社会的蚕桑业，在夏商西周春秋时期有了较大的发展。首先，养蚕方式由桑林放养转变为采桑至室内饲养，有利于提高蚕的成活率和茧的产量。《夏小正·三月》所载“妾子始蚕，执养宫事”，表明已有专门的养蚕室。《诗经·豳风·七月》中描述的“春日载阳，有鸣仓庚。女执懿筐，遵彼微行，爰求柔桑”，即为妇女为室内养蚕而采桑的场景。其次，蚕桑业的分布地域大为拓展，西周至春秋时期，种桑养蚕不仅已经遍布黄河中下游流域，而且扩展至长江流域。从《诗经》中的相关记载来看，今天的陕西、山西、河南、河北、山东一带都已种桑养蚕，而根据《尚书·禹贡》记载九州所产丝织品情况来看，今天长江流域的江苏、安徽、湖北、湖南、四川等地都有蚕桑业的分布。再者，统治者对蚕桑业的高度重视表明蚕桑业在当时社会经济中已具有重要的地位。甲骨文的卜辞中便有商代统治者祭祀蚕神的记载：“卜蚕王，吉。”“贞元示五牛，蚕示三牛，十三月”，“十宰，五宰。蚕示三宰，八月”（胡厚宣，1972）。可见统治者对蚕桑业的重视。据《礼记·祭统》记载：“是故天子亲耕于南郊，以共齐甚。王后蚕于北郊，以共纯服。诸侯耕于东郊，亦以共齐盛。夫人蚕于北郊，以共冕服。”春天周天子率众诸侯，亲自耕作以祈求神灵保佑丰收，而王后则与诸侯夫人向蚕神祈求蚕桑业兴盛。西周统治者已将蚕桑业置于与农耕同等的地位，可见蚕桑业在当时国民经济中的重要地位。

葛本来是一种野生的豆科纤维植物，其茎皮中所含纤维可以用来织葛布。新石器时代，野生的葛便已经被用来做布。江苏吴县草鞋山遗址便曾出土了葛纤维的残片。而据《诗经·周南·葛覃》记载：“葛之覃兮，施于中谷。维叶莫莫，是刈是濩，为絺为綌，服之无斁。”可见至迟在西周时期，葛已经被驯化栽培，并被用来做衣服。《诗经》中“纠纠葛屦”的记载，表明葛还被用来制作鞋子。而根据粗细的不同，当时已经将葛布分为絺、綌、绉三种。絺为细葛布，綌为粗葛布，绉是最精细的葛布。可见当时葛布纺织加工技术已较为发达。

棉花，古称吉贝、白叠、木棉，是我国古代重要的纤维类衣被原料。《尚书·禹贡》中记载："淮海惟扬州，岛夷卉服，厥篚织贝"，织贝即为用棉花织成的棉布。可见，当时棉花已经在南方种植。

蓼蓝是我国最早被驯化的一种染料作物。蓼蓝的叶中可以提取蓝色染料，给衣物上色。蓼蓝至少在夏代已被栽培了。《夏小正》中有"五月，启灌蓝蓼"，明代张尔岐注释曰："盖种蓝之法，先莳于畦，生五六寸许，乃分别栽之，所谓启也。"种植蓼蓝时，先将蓼蓝苗培育好，至五月，蓝苗长到五六寸时，便分开移栽。这充分说明当时蓼蓝种植技术已有了一定的发展。商周时期，蓼蓝进一步发展。《诗经·小雅》中记载有妇女采收蓝叶的情景："终朝采蓝，不盈一襜。"《礼记·月令》中则指出"仲夏，令民勿刈蓝以染"。《周礼·地官》中已设有"掌染草"的职官，"掌以春秋敛染草之物。以权量受之，以待时而颁之"。从"掌染草"负责征收染料作物来看，当时所栽培的染料作物应该不止蓼蓝一种，其他种类的染料作物或许也已经开始被栽培。可以说，染料作物的栽培，始于夏商周时期。此外，至迟在商代，四川地区的巴族人已经种植嗜好作物茶叶了。据《华阳国志·巴志》记载，武王克殷后，将其宗姬封巴地，他们将"丹、漆、茶、蜜"作为贡品上缴。

随着农业的发展和人们对蔬菜瓜果需求的增加，夏商周至春秋时期，园艺作物也被栽种，园圃业萌芽并得到初步的发展。综合文献记载，这一时期的园艺作物有韭、芸、蒜、葱、姜、瓜、瓠、葑、菲、荠、葵、薇、芹、笋、蒲、荷等。这些作物见于《夏小正》《诗经》《周礼》《管子》《论语》《孟子》等文献中。如《夏小正·正月》中有"囿有见韭"，囿即为菜园，可见其时的菜园中已经栽培韭菜。《夏小正·正月》中有"采芸"，《夏小正·二月》中有"荣芸"。《诗经·小雅》中有"芸其黄矣"。芸，正月可采，二月开花，花为黄色。芸，应为芸薹菜，即油菜（夏纬瑛，1981）。《夏小正》记载十二月收藏大蒜，"纳卵蒜"，可见大蒜也已经被种植。葱，则是在春秋时期从山戎地区引进中原。《管子·戒》记载齐桓公"北伐山戎，出冬葱与戎菽，布之天下"，使得冬葱被广泛种植。瓠，又名壶、匏，即为葫芦。嫩瓜和嫩叶可做蔬菜食用，老后可做容器。《诗经·豳风》记载："七月食瓜，八月断壶。"《诗经·小雅》记载："幡幡瓠叶，采之亨之。"《诗经·大雅》记载公刘"执豕于牢，酌之用匏"，即是将葫芦用做容器。总之，至春秋时期，文献中所记载的园艺作物种类繁多，园圃业得到初步发展。

5.1.2 经济作物种植业的第一次引种高潮

战国秦汉时期是我国传统农业的奠基时期，铁器和畜力在农业生产中的使用和推广、精耕细作农业技术体系的形成，都极大地提高了农业生产的效率和产量，农业成为国民经济的主导产业。在粮食产量提高的同时，经济作物的种类和生产规模都有了新的增长，而且经济作物种植业逐渐摆脱作为粮食种植业附庸的地位，逐步从农业中分离开来，成为独立的生产部门。战国秦汉时期，桑、麻等纤维作物不但继续发展，而且在农业经济中上升到与粮食种植相当的地位。染料作物的种类不但增多，而且形成了规模化的专业生产。以荏和芝麻为代表的油料作物开始被种植。园艺作物的品种也进一步丰富。随着秦汉时期疆域的拓展，与域外各民族间科技文化交流的增强，一批新的作物品种被引进，这不但丰富了经济作物的种类，而且形成了我国古代社会经济作物引种的第一次高潮。

战国秦汉时期，纤维作物中大麻已经完全退出粮食作物的行列，成为主要的衣着原料来源。汉代造纸术被发明以后，大麻也成为重要的造纸原料。大麻在秦汉手工业经济中的地位进一步提高。秦汉时期，齐鲁地区麻田已经形成规模化的种植。《史记・货殖列传》记载："齐鲁千亩桑麻。"从长沙马王堆汉墓出土的大麻子和麻布可见，秦汉时期大麻的生产地域从黄河流域扩展到了长江流域。大麻的种植技术也在这一时期总结成文。《氾胜之书》中不但对大麻种植过程中各个环节的具体措施有所记载，而且还专门论述了专供纤维的雄麻种植所应该注意的事项。

战国秦汉时期，蚕桑生产发展显著。蚕桑种植逐步由黄河流域向全国各地扩展，在全国普遍从事蚕桑业的基础上，还形成了著名的集中产地。秦汉时期，蚕桑业形成了以齐鲁地区、兖豫地区、楚、蜀为中心的集中产区（邹逸麟，1994）。这些产地不仅大面积种桑育蚕，而且其纺织工艺发达，出产做工精细的丝织品。如齐鲁地区，秦汉时期，已经种植千亩桑树。齐地人民能"织作冰纨绮绣纯丽之物，号为冠带衣履天下[①]"，东阿所产的"阿缟"为秦代宫廷所用，汉代"东阿之缯"，"亢父之缣"均为齐鲁地区著名特产。此外，河南的织锦、楚地的纹锦、蜀地的锦帐，皆为秦汉时代的地方丝织名产。可见当时蚕桑丝织业之发达。战国秦汉时期，以桑、麻为代表的纤维作物的地位逐步提高。墨子曾将五谷桑麻并提，"从事乎五谷麻丝，以为民衣食之财"，可见桑麻已经受到重视。汉代统治者则常以"农桑为本"下诏行涉农政之事，而且在考核地方农业官员绩效时常以农桑生产作为重要标准。战国秦汉时期，蚕桑、麻等纤维作物的生产关系到百姓的衣料来源，逐步上升到与粮食生产相当的经济地位。

---

① 《汉书》卷28《地理志》。

染料作物的种类和生产规模在这一时期也有了增长。染料作物的种类更为丰富。蓝草的品种有蓼蓝、马蓝。《尔雅》中记载："葴，马蓝。"《说文解字》中也记载"葴，马蓝也。蓝，染青草也。"染料作物还出现了染红色的茜草，染黄色的栀子，染黑色的橡斗。染料作物的生产规模也有所扩大。《史记·货殖列传》中记载："千亩栀茜。"汉代，在部分地区已经形成专业化的染料作物生产，陈留郡"蓝田弥望，黍稷不植"①。

原产于我国南方的糖料作物甘蔗和嗜好作物茶叶，在战国秦汉时期的种植也有所扩展。甘蔗，最早为南方百越的少数民族种植，在战国时期见于文献记载，被记为"柘"。从《楚辞》中对甘蔗的记载来看，至迟在战国时代，甘蔗已经从岭南地区向北扩展到湖北。汉代张衡《南都赋》也记载有"薯蔗"，可见汉代甘蔗种植已经扩展到河南南阳地区。嗜好作物茶叶原产自我国巴蜀地区。汉代茶叶种植已经拓展至湖南茶陵，而四川的茶叶生产已经向商品化发展了。四川人王褒《僮约》中规定家僮要到"武都买茶"，可见汉代四川茶叶已成为商品。

秦汉统一政权的建立，国家疆域的不断拓展，汉代陆上丝绸之路和海上丝绸之路的开通，为中外科技文化的交流提供了便利。秦汉时期，与域外各民族间的频繁交流，在农业方面，则表现为大量作物新品种被引进。就经济作物而言，引进的主要有园艺作物和油料作物。秦汉时期，从域外引进的园艺作物有葡萄、胡蒜、胡荽、胡瓜，油料作物则是芝麻。

葡萄，在《史记》中记作"蒲陶"，《汉书》则写为"蒲桃"，《后汉书》中写作"蒲萄"。古埃及是葡萄最早的栽培地区之一。葡萄由西汉张骞出使西域引种回中原。《史记·大宛传》记载："宛左右以蒲陶为酒，富人藏酒至万余石，久者数十岁不败。俗嗜酒，马嗜苜蓿，汉使取其实来，于是天子始种苜蓿、蒲陶肥饶地。"除了葡萄以外，张骞还从西域带回其他多种作物。北魏贾思勰所著《齐民要术》中引王逸曰："张骞周流绝域，始得大蒜、葡萄、苜蓿。"大蒜，即为胡蒜，原产自欧洲南部和中亚，也是通过张骞通西域而带回中原的。胡荽，又名香荽，即香菜，原产于地中海和中亚地区，"张骞使西域得种归，故名香荽"②。胡瓜，即黄瓜，"张骞使西域始得种，故名胡瓜"③。

油料作物最早在战国秦汉时期开始被驯化栽培，包括本土的荏和引种的胡麻。

① 《全后汉文》卷62《蓝田赋序》。

② 《本草纲目》。

③ 《本草纲目》。

荏,又名白苏,种子被称为苏子,可榨油。西汉扬雄所著《方言》中记载:“苏亦荏也。关之东西或谓之苏,或谓之荏。”可见汉代关东和关西地区已有荏种植。胡麻,为域外引进作物,又名油麻,即芝麻,原产自非洲,由张骞从大宛引种至中原。“胡麻直是今油麻……张骞始自大宛得油麻之种,亦谓之麻,故以胡麻之别,谓汉麻为大麻也”①。

5.1.3 经济作物品种的大增长与第二次引种高潮

魏晋至隋唐时期,是我国古代多民族国家由分裂走向统一的历史时期,也是农业生产技术和作物品种在不同地域之间的大传播时期。这一时期,大量作物品种的引进,进一步丰富了农作物的品种结构,也形成了我国古代农业历史上的第二次引种高潮。魏晋至隋唐时期,经济作物的种类有了更大的发展。园艺作物的品种大量增加,商品化程度提高。染料作物的种类增多,植物染料的提取和加工技术趋于成熟。荏子、大麻子和芜菁子均被用以榨油,芝麻在油料作物中的垄断地位被打破。在蚕桑和麻类作物继续发展的基础上,纤维作物中的棉花开始在沿海和边疆地区栽培。甜菜虽然已经被引种栽培,甘蔗依然是主要的糖类作物,甘蔗种植地域由岭南向北扩展至云南和江南地区。嗜好作物的发展则集中表现在茶叶集中产区的形成与槟榔的引种成功。

园艺作物品种大量增加。魏晋南北朝至隋唐时期,通过人工驯化、培育以及引种,园艺作物的品种大量增加。仅《齐民要术》中便记载了三十多种园艺作物,其中甜瓜、葫芦、芋、冬葵、蒜、薤、葱、韭菜、蜀芥、芸薹、芥了、胡荽、兰香、蓼、姜、蘘荷、芹菜、苦菜、苜蓿、椒、茱萸、芜菁有专篇论述。附记栽培方法的有冬瓜、越瓜、胡瓜、菘、萝卜、泽蒜、紫苏、姜芥、薰柔。论及可做蔬菜食用的有藕、芡、胡菱、紫菜、蕹、冬风菜、蕈菜、萍、凫茈、芸、莪蒿、人苋、土瓜、苕、藻、菰、鹿豆、蘼、蘧蔬等。唐末五代时成书的《四时纂要》按照月份论述了30多种园艺作物的栽培方法,其中约有四分之一的种类是隋以前没有的,如菌、百合、枸杞、莴苣、术、黄菁、决明、牛膝、牛蒡、薯蓣。此外,唐代菠菜和西瓜也已经传入(梁家勉,1989)。魏晋至隋唐时期,园艺作物品种大量增加,新增加的园艺作物品种大体可分为三种情况:其一,这一时期新驯化的野生植物,如苦菜。其二,原有栽培的作物经人工培育出新品种,如越瓜就是甜瓜的变种。其三,从域外引种进来的新作物品种。魏晋隋唐时期是我国农业

① 《梦溪笔谈》。

历史上域外引种的第二个高潮时期，所引种的园艺作物有胡荽、莴苣、蒜菜、菠菜、西瓜等。

这一时期园艺作物的商品化程度也大为提高。园艺作物的商品化在战国秦汉时期便开始了，魏晋隋唐时期有了更大的发展。据《居延汉简》的记载，“出钱卅，买茭廿束”；“出钱五十九，买茭廿七束”；“出钱六，茭二束”；“姜二斤，直卅”；“大薯种一斗，卅五，戎芥种一斗，直十五”；“葱一石，直百”（王仲荦，1998）。可见，汉晋之间的河西地区，园艺作物中的茭、姜、芥、大薯、葱已经成为商品，在市场上标价出售。魏晋隋唐时期，园艺作物的规模化和商品化生产有了更大的发展。据《齐民要术》记载，种瓜“凡一顷地，须开十字大巷，通两乘车，来去运辇”[①]。种芜菁“近市良田一顷”[②]。种葵时将“一乘牛”专用于“耕、劳、辇粪、卖菜”[③]，获利可观，“胜作十顷谷田”。种植芜菁，如果为了出售，便应种植“叶根粗大”“堪举卖”的品种“九英”，“一顷取叶三十载；正月二月，卖作釀菹，三载得一奴”[④]。青州已经有商人“居椒为业”[⑤]。在唐代西陲，葡萄已经商品化。《唐开元九年于阗僧寺支出簿》记载：“廿九日，籴僧惠澄干浦桃二硕，斗别五十文。”“卅日，籴干蒲桃一硕三升，升别五文。”“烟熏蒲桃一升十文。”（王仲荦，1998）

染料作物中的蓝草、红花、紫草、地黄、栀子等也得到发展。蓝的变种进一步增多，在蓼蓝、马蓝的基础上，又出现了木蓝、茇赭蓝。蓝的种植技术和加工技术也得到发展，从《齐民要术》对蓝靛的制作工艺的记载来看，蓝草的加工技术已趋于成熟。种蓝的经济效益也颇为可观。“种蓝十亩，敌谷田一顷；能自染青者，其利犹倍矣。”红蓝花，即红花，其花可以作为红色染料，籽可以榨油。这一时期，红花已经培育出早、晚两个品种，早红花二月末三月初下种。五月可种晚红花，七月可摘晚红花。红花的多种加工方法也发展成熟。《齐民要术》中就记载了用红花提取染料的“杀花法”，做化妆品的“作胭脂法”“合香泽法”“作唇脂”“合手药法”“香粉法”，以及作食物的“作米粉法”。红花用途的广泛，使其具有较大的市场需求。因而种植红花的经济收益远胜过种植谷物的收益。《齐民要术》记载：“负郭良田，种一顷者，岁收绢三百匹。”此外，还能收红花子二百斛，光是红花子便可以抵种谷田二百石米的

① 《齐民要术》卷 2《种瓜第十四》。
② 《齐民要术》卷 3《种蔓菁第十八》。
③ 《齐民要术》卷 3《种葵第十七》。
④ 《齐民要术》卷 3《种蔓菁第十八》。
⑤ 《齐民要术》卷 4《种椒第四十三》。

收入,所收三百匹绢便是相对净收益。红花相对较高的经济效益,引起人们规模化的种植,特别是收红花时"一顷花,日须百人摘",很可能当时已经出现雇工摘花了。紫草,可以用来染紫色。虽然早在《尔雅》中已有紫草的相关记载,但紫草作为染料作物栽培,还是在魏晋时期。《齐民要术》中对紫草的栽培的土地要求、种收时间、种收方法、储藏方法都有详细的记载,可见紫草的种植技术已经趋于完善。紫草种植的经济效益也很高。在《齐民要术》中,对比种植收益时,通常与谷田对比,而在论述紫草的收益时,则拿蓝草作为参照,"其利胜蓝",可见其收益之高。栀子和地黄,皆为染黄色的染料作物。栀子和地黄的栽培技术在《齐民要术》中也有专门论述。地黄的种植技术已趋于精细化,耕地需要"五遍细耕",下种的比例"一亩下种五石",中耕除草"锄不限遍数"。

魏晋至隋唐时期,油料作物的种类也有所增加,除了荏、芝麻外,大麻子和芜菁子也被用来榨油。荏子所榨的油气味香美,可做植物性食用油。虽然"煮饼亚胡麻油",但"胜麻子脂膏"。此外,荏油还可做烛用,做涂油布的油也比麻油更好。荏的产量也较高,良田一亩可收十石,又可以和谷子轮作。荏的种植技术也已在《齐民要术》中被系统总结,相比前代而言,荏的种植更为普遍。胡麻自汉代由西域传入以后,在中原逐渐被本土化。至魏晋南北朝时期,不但胡麻的种植技术已趋于成熟,而且突变出白胡麻和八棱胡麻两个变种。白胡麻的出油率高,而且可以当做食物。大麻子在很长时间内曾作为粮食供人食用,战国秦汉以后,大麻子退出粮食的行列,逐渐被用做榨油。芜菁,既是重要的蔬菜,又是一种油料作物。芜菁的幼苗、叶、根皆可做蔬菜食用,而其子可以收取榨油。芜菁子的产量较高,而且相比较收益胜过种谷。"一顷收子二百石。输与压油家,三量成米,此为收粟米六百石,亦胜谷田十顷。"至唐代,油料作物中的芝麻已经商品化。《唐开元九年于阗僧寺支出簿》记载:"十一月一日,出钱二千一百六十文,籴油麻二硕四斗,斗别九十文。""卅日,籴油麻一硕五斗一升,升别九文。"(王仲荦,1998)

蚕桑业在魏晋至隋唐时期得到了极大的大发展。在北魏至隋唐的均田制度下,农户可受桑田二十亩,并被要求"课种桑五十根"。政府的鼓励和硬性规定促使桑树的种植趋于普遍。天宝年间,"是时,中国强盛,自安远门西尽唐境万二千里,闾阎相望,桑麻翳野"[1]。唐代前期十道之中,种桑最多的地方是河北道、河南道与剑南道,其次是淮南道、山南道和江南道(赵德馨,2002)。唐代蚕桑产区面积广泛,

① 《资治通鉴》卷216《天宝十三载》。

分布已由点成面，形成了三大蚕桑丝绸集中产区：黄河下游、长江下游和长江上游地区（卢华语，1995）。唐代麻的种植规模和生产面积也有所扩大。据学者统计，唐代麻织州有 291 个，占总数的 88.7%（吴孔明，2008）。可见，唐代麻的种植普遍程度之高。唐代前期，江南地区的麻类种植最为繁盛。在麻、苎、葛等麻类作物广泛种植的基础上，浙东、浙西、宣歙三道成为麻布的集中产区（张剑光，2002）。黄淮地区、河南道和西南地区也是唐代麻种植较为兴盛和集中的地区（吴孔明，2008）。

魏晋至隋唐，在蚕桑和麻类作物继续发展的基础上，棉花开始在华南、西南和西北边疆地区栽培。随着棉花的推广，我国古代原以蚕丝和麻类作物作为主导性衣被原料的局面逐渐被打破。棉花在我国古籍中常以“白叠”“吉贝”“古贝”“木棉”“梧桐木”等记载，虽然早在汉代文献中即记载有棉布，但棉花并非中国原产，而是从域外引进。西晋郭义恭所撰《广志》中记载：“木棉树赤华，为房盛繁，则相比，为绵甚软，出交州永昌。”永昌为今云南大理以西的地方。《华阳国志》中也记载永昌郡有木棉，“民竞以为布”。《吴录》中记载：“交趾安定县有木棉树。”交趾为今广东、广西、越南北部一带。《农政全书》引南北朝宋人所撰《南越志》也载：“桂州出古终藤，结实如鹅毳，核如珠珣，治出其核，纺如丝绵，染为斑布。”《梁书》中也记载高昌国有白叠子，“国人多取织以为布，有甚软白，交市用焉”。从以上古籍记载可见，魏晋南北朝时期，棉花不但已经开始引种，而且在华南沿海的广东、海南，西南的云南大理、广西苍梧一带以及西北的新疆吐鲁番等地方开始种植。隋唐五代，棉花种植由边疆地区逐步向腹地扩张，岭南地区棉花种植趋于普遍，西南地区的棉花种植向四川、贵州推进，西北地区新疆的棉花也传入腹地（汪若海，2007）。在棉花的集中产区，棉花已经商品化了。新疆吐鲁番唐墓出土的残文中，记载了唐天宝二年交河郡的市场上，棉花的价格“緤花一斤，上直钱七文，次六文”[①]。

魏晋南北朝时期，我国所引种栽培的甜菜为叶用甜菜，又被称为莙菜、莙荙菜、火焰菜。据《太平寰宇记》记载，叶用甜菜大约是在公元 5 世纪从阿拉伯末禄国（今伊拉克巴士拉地区）引种。南北朝时期，陶弘景所著《名医别录》中首次对甜菜有所记载：“莙菜味甘苦，大寒。主时行壮热，解风热毒。”唐代苏敬《新修本草》记载：“莙菜，叶似升麻苗，南人蒸炰食之，大香美。”可见，魏晋隋唐时期，甜菜引进后，已经在长江、黄河流域栽培，主要是作为药用和蔬菜食用，尚未成为糖料作物。在糖用甜

① 《天宝二年交河郡市估案》中的物价史料参见：胡如雷．隋唐五代社会经济史论稿．北京：中国社会科学出版社，1996．

菜引进之前，我国古代最主要的糖料作物是甘蔗。[①] 这一时期，甘蔗的生产地域进一步扩大。战国秦汉时期，甘蔗主要分布在岭南地区，湖北和河南也有栽培。魏晋时期，岭南地区依然是甘蔗的最佳产地，其品质最为优良。《吴录·地理志》记载："交趾句漏县，甘蔗大数寸，其味醇美，异于他处。"《南中八郡志》也提到"交趾有甘蔗，围数寸，长丈余，颇似竹"。湖北的甘蔗生产已经扩展至荆州地区，"南征荆州，还过乡里，种诸蔗于中庭"[②]，《一切经音义》中也记载荆州产甘蔗。此外，甘蔗已经扩展至云南及江南地区。"唐韦齐休聘云南，会川都督刘宽使使致甘蔗"[③]。张载诗曰："江南都蔗，酿液澧沛。"《宋书》载："元嘉末，魏太武征彭城，遣使至小市门，致意求甘蔗及酒。"《永嘉郡记》记载："乐城县三州府，江有三洲，因以为名。对岸有浦，名为菰子，出好甘蔗。"《齐民要术》记载江西南部的雩都县，"土壤肥沃，偏宜甘蔗，味及采色，余县所无，一节数寸常。郡邑献御。"唐代苏敬所纂《新修本草》中记载沙糖"蜀地，西戎，江东并有之"。

魏晋至隋唐时期，嗜好作物的发展表现在茶叶生产集中区域的形成与槟榔的引种成功。茶起源于战国秦汉之际的西南地区，秦汉之后，茶叶的种植范围逐渐扩大，至唐代茶叶的生产形成了第一高潮。魏晋至隋唐，茶叶产区逐步形成。甚至有学者认为，唐代茶叶的产地已经达到了与我国近代茶区约略相当的局面（陈椽，1984）。学界对唐代茶产区的研究颇多，大都认为唐代茶叶产区已经形成了 8 大产区，遍及唐代 8 道、50 多州，遍及今天的 14 省区（唐耕耦，1979；吴觉农，2005；方健，1993）。唐代茶叶生产的产量也有很大增长。陈椽曾估算唐代茶叶产量超过 1 亿斤，方健的推算则认为，唐代茶叶产量约为 1 867 万斤（方健，1993）。唐代茶叶产量资料罕见，难以推算出茶叶产量的准确数据。但唐代茶叶已经成为普通百姓的日常饮料，其消费量巨大。结合现有的唐代茶叶产量估算以及唐代茶叶产区的广泛分布，不难判定唐代茶叶产量相比前代已经有较大的增长。

我国最早引种槟榔至中原地区大约在汉代。在汉武帝平定南越后，从南越移植至上林苑的扶荔宫中的奇花异草中便有槟榔，但槟榔为热带作物，因而向黄河流域的引种栽培失败。晋代嵇含所著《南方草木状》记载，槟榔树出自林邑，林邑为今越南北部地区。魏晋时期，我国人民已经认识到槟榔只适合热带气候，不宜在北方

① 糖用甜菜，在文献中以洋蔓菁、糖萝卜等名称区别于叶用甜菜。据郭云升《救荒简易书》（1896 年）所载，我国最早引入甜菜应该在 1870 年左右。

② 《艺文类聚》卷 34 引魏文帝《感物赋》。

③ 《太平御览》卷 974 引《云南记》。

栽种，并开始在海南、广州等热带地方成功引种栽培。《齐民要术》记载，槟榔“性不耐霜，不得北植，必当遐树海南”。《广州记》曰：“岭外槟榔，小于交趾者，而大于蒳子。”槟榔的引种栽培，影响了当地的礼仪风俗，槟榔成为当地招待的必备之品。《南中八郡志》记载：“槟榔，大如枣，色青似莲子，彼人以为贵。婚族好客，辄先呈此物。若邂逅不设，用相嫌恨。”

5.1.4 经济作物种植结构的重大变化

宋以前，我国经济作物的种植结构中，纤维作物以麻、蚕桑为主。油料作物以芝麻为主，而至宋元时期，随着棉花传入中原，逐渐代替了麻、苎，成为主要的纤维作物；油菜在油料作物中的地位上升，成为继芝麻之后最为重要的油料作物。宋元时期，园艺作物种类进一步增多，出现了诸多新的品种。糖料作物、染料作物、嗜好作物的种类结构并未发生大的变化，甘蔗和茶叶得到较大发展。罂粟虽然已经被栽培，只是作为药用种植，尚未成为嗜好作物。

魏晋隋唐时期，棉花主要在岭南、西南以及西北边疆地区种植。宋元时期，棉花大致呈南北两路分别传入长江和黄河中下游地区。棉花传入中原后，引起了纤维作物种植结构的变化。宋元以后，棉花逐渐取代麻，成为普通百姓最主要的衣着原料。

宋元时期，棉花传入中原的路线，根据棉花品种和传播方向的不同，大致可以分为南北两条。一年生草棉北传的路线，起自岭南地区，向北经闽广至两浙，进而传入长江中下游地区。宋元以前，岭南地区所种皆为适合热带和亚热带气候的多年生木棉，难以将其向北引种至有霜冻的长江流域及其以北的地区。直至宋元时代，岭南地区才有了一年生的草棉，才使棉花能够推广到冬季低温的长江流域（梁家勉，1989）。宋末元初，江南已经有了植棉的记载。浙江人胡三省在注释《资治通鉴》中写道：“木绵（棉），江南多有之，以春二三月之晦下子、种之即生。……至秋生黄花结实。及熟时，其皮四裂，其中绽出如绵。”从棉花种收月份和形态可以确定，江南地区所引种的为一年生的草棉。宋代，海南岛及雷州半岛皆属于广南西路，宋代文献《太平寰宇记》《舆地纪胜》《岭外代答》中记载，广南西路的雷州、化州、廉州和宾州都盛产木棉和木棉布。宋代福建路也已经广泛种植木棉，“闽岭以南多木棉，土人竞植之，有至数千株者，采其花为布，号吉贝布”[①]。福建沿海一带种植棉

① 《续墨客挥犀》卷1。

花也较为普遍。兴化莆田家家种植棉花,以至棉花成为家庭主要的收入来源,“家家余岁计,吉贝与蒸沙”①。福建漳州、建安等地也广泛种植木棉。宋代棉花由岭南、海南岛一带传入闽广,并广泛种植。此后,木棉继续向北传播,宋元之际,木棉已经跨越大庾岭传到江西路(漆侠,2009),并逐步传至江浙一带了。《元典章》记载:“江南百姓每的差税,亡宋时秋夏税两遍纳有:夏税木棉、布、绢、丝、绵等各处城子里出产的物折做差发斟酌教送有来,秋税止纳粮。如今江浙行省所管江东、浙西这两处城子里,依着亡宋例纳。”可见早在南宋时,江东、浙西地区的百姓以当地所产木棉作为夏税上缴。木棉在南宋时应该已经在江浙一带种植,而元代江南地区的棉花种植进一步发展。至元二十六年,政府为扩大木棉生产,在浙东、江东西、福建、湖广等地设置木棉提举司。② 至元二十九年,中书省又命江西行省“于课程地税内折收木棉白布,已后年例必须收纳”③。《南村辍耕录》中记载了松江府乌泥泾因土地贫瘠,“民食不给”,向闽广引种棉花。元代元贞年间,黄道婆从海南崖州,将棉纺织技术传入松江府乌泥泾,从而提升松江地区的棉纺织技术,带动了松江府棉花种植的发展。宋元时期,棉花南传的路线大致是:一年生的非洲草棉从新疆吐鲁番地区向东南方向,越过河西走廊,传入黄河中下游地区。宋代以前,新疆吐鲁番地区便已经种植棉花,但其棉花与岭南地区的木棉品种不一样,新疆吐鲁番地区所种的棉花为经中亚传入的非洲棉(章楷,2009)。非洲棉的植株矮、产量低、纤维短,但其成熟期早,生长期短,耐旱相对较强,能够适应我国西北地区的气候条件。宋元时期,新疆吐鲁番地区所种的非洲棉向东、向南传播,越过河西走廊,发展到黄河中下游地区。元代农书《农桑辑要》记载:“苎麻本南方之物,木棉亦西域所产,近岁以来,苎麻艺于河南,木棉种于陕右,滋茂繁盛,与本土无异,二方之民,深荷其利。”

油菜种植的兴起,改变了油料作物的种植结构。油菜在我国古代文献中常被称为芸薹。魏晋南北朝时期,油菜已经作为蔬菜栽培,虽然《齐民要术》中已记载芸薹取子用,但并未明确是否用以榨油。直到北宋时,不仅将芸薹改称为油菜,而且有文献明确记载可用油菜子榨油。北宋苏颂的《本草图经》记载:“油菜,形微似白菜,……但(籽)赤灰色,出油胜诸子,油入蔬清香,造烛甚明,点灯光亮,涂发黑润。饼饲猪易肥,上田壅苗堪茂。”南宋《务本新书》也记述:“明年初夏间收籽取油,甚香美,陕西唯食菜油,燃灯甚明。”宋元时期,油菜作为重要的冬作物在南方地区广泛

① 《龙元集》卷7《莆田杂诗二十首》。

② 《元史》卷4《世祖纪》。

③ 《元典章》卷26。

栽培，“自过汉水，菜花弥望不绝，土人以其子为油”①。油菜具有耐寒，过冬不死的特点，九月至十一月种而次年初夏可收，刚好可用于与水稻搭配形成稻油轮作一年二熟。《务本新书》记载：“十一月种油菜。稻收毕，锄田如麦田法。即下菜种，和水粪之，芟去其草，再粪之。雪压亦易长，明年初夏间，收子取油。”元代《农桑衣食撮要》也记载：“九月种油菜，宜肥地种之，以水频浇灌，十月种则无根脚。”这充分表明，宋元时期，油菜不仅已经成为南方重要的冬季稻田轮作作物，而且积累了关键的栽培经验。宋元油菜种植的发展，具有多方面的原因。从油菜本身来看，油菜具有多种用途，其茎叶可做蔬菜食用，其籽榨油可食用和燃料，榨油后的籽饼又可作饲料和肥料。油菜的生长特点又刚好可以与水稻搭配形成稻油一年二熟的耕作制度，既养地还可以有效利用土地。此外，宋元时期，榨油技术也得到改进，《王祯农书》中还记载了专门榨油的工具，可使“得油甚速”。榨油技术的进步，进一步推动了油菜种植的发展。宋元以后，油菜在油料作物中的地位也不断提高，成为芝麻之后最为重要的油料作物。

宋元时期，随着社会经济的繁荣，人们对蔬菜、瓜果的需求日益多样化，推动了园艺业的发展。宋元园艺业的发展集中体现在园艺作物品种的增多和园艺作物种植的专业化趋势。宋元间园艺作物品种繁多。宋《梦粱录》记载仅南宋临安地区的蔬菜就近 40 种，包括苔心矮菜、矮黄、大白头、小白头、夏菘、黄芽、芥菜、生菜、菠菜、莴苣、苦荬菜、薤、葱、韭、大蒜、小蒜、紫茄、水茄、梢瓜、黄瓜、葫芦、冬瓜、瓠子、芋、山药、牛蒡、茭白、蕨菜、萝卜、甘露子、水芹、芦笋、鸡头菜、藕条菜、姜、姜芽、新姜、老姜、菌等。其中有苔心矮菜、矮黄、大白头、小白头、夏菘、黄芽、生菜、紫茄、水茄、梢瓜、蕨菜、甘露子、芦笋、鸡头菜、藕条菜等十多种是新增加的蔬菜品种。元代农书《农桑辑要》中也记载了三十多种园艺作物，有瓜、黄瓜、西瓜、冬瓜、瓠、芋、葵、茄子、蔓菁、葡萄、蜀芥、芸薹、芥子、姜、苗子、蒜、薤、葱、韭、胡荽、菠薐、莴苣、茼蒿、人苋、蓝菜、莙荙、兰香、香菜、荏、蓼、芹、苦菜、甘露子。晚于《农桑辑要》成书的《王祯农书》中也记载了三十多种园艺作物，包括甜瓜、黄瓜、西瓜、冬瓜、瓠、芋、蔓菁、萝卜、茄子、姜、莲藕、芡、菱角、葵、芥（青芥、白芥、紫芥）、芸薹芥子、菌、蒜、薤、葱、韭、胡荽、菠菜、莴苣、蒿、人苋、蓝菜、莙荙、兰香、香菜、荏、蓼、芹、苦菜、甘露子。综合《农桑辑要》和《王祯农书》的记载，元代至少增加了苗子、同蒿、蓝菜、莙荙、兰香等新的园艺作物。与魏晋隋唐时期相比，宋元时期的园艺作物增加了十多种新品

① 《平庵悔稿》卷 6《送董熠归鄱阳》。

种,也有许多魏晋隋唐时期的园艺作物品种在宋元时期逐渐淡出。宋元时期,园艺作物的专业化、市场化趋势也更为明显。安徽铜陵有丁家洲专门种植萝卜,销往南京。杨万里诗句"岛居莫笑三百里,菜把活他千万人"描绘出丁家洲蔬菜种植规模之大,获利之多。嘉泰《会稽志》记载,浙江绍兴梅市盛产鸡头菜,有农户规模化种植鸡头。正是种菜收益之大,"种蔬胜种稻,得米不忧饥",使得城市近郊的园艺业更为发达。"大抵都城左近,皆是园圃,百里之内,并无闲地"①。南宋杭州城"盖东门绝无民居,弥望皆菜圃"②。

宋元时期,染料作物和糖料作物在种类构成上并没有发生大的变化。宋元的染料作物构成依然以紫草、红花、蓝、栀子、地黄为主。糖料作物以甘蔗为主,甜菜虽然继续栽培,但依然作为蔬菜栽培。宋元时期,甘蔗种植有了新的发展。首先,甘蔗的品种比前代有所增多,据《糖霜谱》记载,宋代已有杜蔗、西蔗、芳蔗、红蔗四种甘蔗。各种甘蔗的用途不同,"红蔗只堪生噉。芳蔗可作沙糖。西蔗可作霜,色浅,土人不甚贵。杜蔗紫嫩,味极厚,专用作霜"③。其次,甘蔗种植加工的专业户"糖霜户"出现。宋代四川遂宁小溪县涪江东的缴山,"山前后为蔗田者十之四,糖霜户十之三"④。糖霜户,种蔗制糖,因制糖技术不同,收益迥异,"开瓮之日,或无铢两之获,或数十斤,或近百斤,有暴富者"⑤。再者,甘蔗的种植地域进一步拓展。据季羡林先生的考证,宋代甘蔗种植地区已经包括今天的江苏、浙江、江西、四川、湖南、湖北、云南、广东、福建等省。元代的甘蔗种植有向华北平原扩展的迹象(季羡林,1998)。

宋元时期的嗜好作物中,除了茶叶、槟榔继续发展外,罂粟开始被栽培。宋元时期的茶叶生产兴盛。宋代全国生产茶叶的州郡扩展到110个,茶叶生产集中在长江流域和淮南一带,四川最为集中。其次则为江南路、淮南路、荆湖路、两浙路,此时福建路产茶最少。元代茶叶生产地区沿袭宋代,并扩展至两广一带,江西、湖广是元代茶叶的主产区(陈宗懋,2001)。与隋唐时期茶叶的普遍种植相比,宋元时期茶业的重心向南方集中。随着饮茶的普及和百姓对饮茶方面的需求,宋元茶叶在生产上呈现出由以团饼形式的片茶向散茶转变的趋势。宋代已经形成了淮南、荆湖、归州和江南等散茶产区,推动了茶叶的区域性专业化生产。

① 《东京梦华录》卷6。
② 《二老堂杂志》。
③ 《糖霜谱·第二》。
④ 《糖霜谱·第三》。
⑤ 《糖霜谱·第六》。

5.1.5 美洲经济作物的引进与种植结构的大调整

明清时期是我国古代作物引种的第三次高潮，大量原产自美洲和欧洲的农作物开始引入我国。随着美洲经济作物的引种和推广，我国经济作物的种类结构发生了新的变化，不同类别的经济作物内部结构也发生了调整。园艺作物品种大量增加，种植结构发生变化。花生、向日葵等美洲油料作物的引种和推广，逐步取代了荏、麻在油料作物中的主导地位。作为嗜好作物的烟草在明清之际引种，迅速在全国扩展，并一跃而成为主要的嗜好作物。棉花的普及和集中产区的拓展，使得棉花的地位上升，并逐步取代丝麻成为主要的衣被原料。明清时期，美洲经济作物的引种和推广，不仅推动了经济作物内部种植结构的调整，而且对明清时期农作物的整体生产格局都产生了重要影响。

明清时期，美洲作物的引种，对园艺作物的种类和种植结构产生了重大影响。首先，园艺作物品种大量增加。元代《王祯农书》所记载的园艺作物为三十多种，而明代《农政全书》中记载的园艺作物达 50 种，至清末《农学合编》中记载的栽培方法的蔬菜便有 57 种。在增加的园艺作物品种中，有不少引种自美洲和欧洲，如辣椒、西红柿、马铃薯、番薯、菜豆、南瓜、结球甘蓝、笋瓜、西葫芦、花菜、洋葱等。其次，部分引种作物的迅速发展，冲击了当地的作物种植结构。例如番薯大约在明代万历年间被引入广东、福建地区。番薯既可以作蔬菜亦可以在饥荒时充当粮食，因而传播迅速。万历三十六年，徐光启委托人将番薯蔓条运到上海栽种，番薯开始从福建引入长江流域。至 18 世纪中叶，浙江沿海地区种植番薯普遍："今则浙之宁波、温台皆是。"乾隆初年，广东福建的商人将番薯带去湖南平江县种植，江西广信、建昌、赣州、南安等许多地方也开始栽种番薯。乾隆年间，番薯也传入了黄河流域的河南、陕西、山东等地。至 18 世纪中叶，番薯逐渐遍及全国，成为多地重要的作物，改变其作物种植结构。此外，菜豆的引入也冲击了岭南地区园艺作物的种植结构。菜豆在乾隆年间被引入福建泉州地区，至道光年间"遍岭海皆有之"[①]。再次，园艺作物的总体种植结构也发生了重大变化，白菜萝卜成为主要的蔬菜。明以前，我国蔬菜种植中以葵和蔓菁为主，白菜和萝卜虽有种植但比重较小。明清时期，农业文献中对蔬菜的记载中大多只记载白菜和萝卜，葵和蔓菁已经淡出。《本草纲目》中便明确指出，"古者葵为百菜之主，今不复食"，因此，将葵从"菜部"移到"草部"。可

---

① 道光《白云越秀二山合志》。

见，明清时期，葵和蔓菁在蔬菜中的地位已经下降。而白菜和萝卜在明清时期品种不断增多，四季可以种植，因此逐渐成为主要的蔬菜。

明清时期，油料作物中的油菜种植继续发展，花生、向日葵等美洲油料作物的引种和推广对油料作物的种植结构产生了重要的影响。明清以前，我国油料作物以荏、芝麻、芜菁为主导。从明清时期开始，荏、芝麻在油料作物中的主导地位逐渐被油菜、花生所替代。

花生，又名番豆、落花生、长生果等。原产自美洲巴西一带，是我国古代重要的食品和油料作物。大约在15世纪末到16世纪初，花生从南洋群岛传入中国沿海省份。《三农纪》记载："番豆，乃落花生也。始生海外，过洋者移入百越，故因此名。初时为果，今湖田沙上遍植。"据1503年《常熟县志》《上海县志》以及1506年《姑苏县志》对花生种植的记载，可推知明代江苏南部已经有种植。而据《本经逢原》和《广东新语》的记载，清代福建和广东也开始种植花生。17世纪，花生在浙江衢州、山阴、瑞安等都有种植；18世纪以后，进一步发展到江西、湖南、四川等地；清代中期，花生种植已经遍布全国。据《三农纪》记载，花生"炒食可果，可榨油，油色黄浊，饼可肥田"，可知清代花生已经成为重要的油料作物。而随着花生在全国的广泛栽种，花生逐渐成为明清以来我国主要的油料作物。

向日葵，又名西蜀葵、西番葵、转日莲、向阳花等，原产于美洲。16世纪末17世纪初，由南洋群岛经过越南传入我国西南诸省份。明代王象晋《群芳谱》中开始记载向日葵，"西蜀葵，茎如竹，高丈余，叶似蜀葵而大。花托圆二三尺，如莲房而扁。花黄色，子如蓖麻子而扁。"向日葵传入之初，只是零星栽培作观赏所用或药用。向日葵耐风沙干旱，产量较高，其籽含油率达50%，出油率高于大豆。虽然近代以来才成为重要的油料作物，但明清时期向日葵的传入和本土驯化过程亦具有重要意义。

明清时期，烟草的引种和推广是嗜好作物种类结构变化中的重大事件。烟草自明代传入之后，逐渐成为与茶叶地位相当的嗜好作物。烟草，又名淡巴菰、相思草、金丝薰等，原产自美洲。16世纪中后期至17世纪前期，由南北两条线传入中国。南线是由吕宋、琉球经福建、广东、台湾引入内地。明人张介宾所著《景岳全书》最早开始记载烟草："此物自古未闻，近自我明万历时始出闽广之间。自后吴、楚地土皆种之。"《樊榭山房集》记载，烟草"出于明季，自闽海外吕宋国移种中土"。可见，明代烟草经福建、广东传入。据《台湾府志·土产门》记载："淡巴菰原产湾地，明季漳人取种回栽……今名为烟，达天下矣。"由此可知，明代烟草也曾经台湾传入福建漳州，然后再传入内地。烟草传入中国的北线则是由日本经过朝鲜半岛，传入我国东北地区，然后再传入内蒙古等地。明万历年间，烟草从日本传入朝鲜。万历四十七年，明朝与后金的萨尔浒之战爆发，此次战役中既有来自南方烟草产地的明朝士兵，也有朝鲜士兵入东北帮助明朝攻打后金。烟草很可能经此传入东北。明天启初，烟草逐渐传入辽宁地区。明代杨士聪《玉堂荟记》记载："烟酒，古不经见，辽左右事，调用广兵，乃渐有之。自天启年中始也，三十年来北土亦多种之。"据《满文老档》记载，后金天聪四年（明崇祯三年），明军将领刘兴治赠送给后金使者巴吞巴克什的礼物中有"烟五十刀"。这表明东北地区已有人吸烟，烟草还较为贵重。天聪五年皇太极向蒙古王赠送"烟一百刀"，烟草开始向蒙古地区传播。烟草在引入初期，以药用为主，但此后成为一种大众化的嗜好品。从 1639 年明崇祯皇帝颁布"吃烟者死"的禁令开始，虽然明清多次下禁烟令，但烟草的上瘾性及种植烟草的高回报，并未限制住烟草的栽培和传播，甚至达到了"男女大小，莫不吃烟"的地步。种植烟草回报较高，"人家隙地种烟草，为一岁之生计也"，烟草种植迅速推广开来。17 世纪前期，我国烟草"处处有之，不独闽矣"。至迟到 18 世纪，烟草已经传遍全国各省。烟草在引种二百年间，迅速传遍全国各省，并成为主要的嗜好作物之一，不可不谓我国作物引种史上的一大奇观。

明清时期，纤维作物结构也发生了重大变化，棉花地位上升，并逐步取代丝麻成为主要的衣被原料。明清时期，棉花的发展呈现普及与集中并存的趋势。首先，棉花的生产区域在元代的基础上进一步扩展。明清时期，全国各地，无论南北，但凡适宜棉花生长的地方，大都开始种植棉花。明末棉花"其种乃遍布于天下，地无南北皆宜之，人无贫富皆赖之，其利视丝枲盖百倍"[①]。其次，明清棉花的集中产区增多。徐光启在《农政全书》中记载，明末棉花已经形成了三大集中产区，并各有特产的棉花品种。它们是浙江沿海及长江下游地区产"浙花"；山东、河南、北直隶地区所产"北花"；湖广地区所产"江花"。清代前期，这些棉花产区进一步发展，形成了以长江三角洲、山东、河南、直隶、湖北为主棉区，浙江、湖南、江西为次棉区的棉花种植格局。清代前期，在长江三角洲等棉花主产区，棉花种植面积不但大增，而且已经出现了"棉争稻田"的现象。如长江三角洲棉区，雍正三年松江府"沿海一带不种秧稻，止种棉豆"[②]，乾隆间，崇明县"崇地植棉十居六七"[③]。镇洋县农民种植棉

① 《农政全书》卷 35《木棉》。
② 《宫中档雍正朝奏折》第四辑。
③ 乾隆《崇明县志》卷 12。

表 5.1　历史时期经济作物种类简表

历史时期	纤维作物	染料作物	园艺作物	油料作物	糖料作物	嗜好作物
夏商周春秋	大麻、苎麻、蚕桑、葛、棉	蓼蓝	葵、韭、芸、蒜、葱、姜、瓜、瓠、葑、菲、荠、薇、芹、笋、蒲、荷	—	—	茶
战国秦汉	大麻、苎麻、蚕桑、葛、棉	蓼蓝、马蓝、栀子、茜草、地黄	葵、芜菁、瓜、瓠、冬葵、苜蓿、芥、芋、蘘荷、生姜、葱、青葱、大蒜、韭葱、蓼、苏等	荏、芝麻	甘蔗	茶
魏晋隋唐	大麻、苎麻、蚕桑、棉	蓼蓝、马蓝、木蓝、芨赭蓝、红花、紫草、栀子、茜草、地黄	葵、芜菁、甜瓜、葫芦、芋、蒜、薤、葱、韭菜、蜀芥、芸薹、芥子、胡荽、兰香、蓼、姜、蘘荷、芹菜、苦菜、苜蓿、椒、茱萸、芜菁、冬瓜、越瓜、胡瓜、菘、萝卜、泽蒜、紫苏、姜芥、薰柔、藕、芡、胡蔓、紫菜、雍、冬风菜、葙菜、萍、凫茈、芸、莪蒿、人苋、土瓜、苕、藻、菰、鹿豆、薕、蘧蔬、菌、百合、枸杞、莴苣、术、黄菁、决明、牛膝、牛蒡、薯蓣、莙菜(叶用甜菜)等	荏、芝麻、大麻、芜菁	甘蔗	茶、槟榔
宋元	大麻、苎麻、蚕桑、棉	蓼蓝、马蓝、木蓝、芨赭蓝、红花、紫草、栀子、茜草、地黄	葵、蔓菁、白菜(苔心矮菜、矮黄、大白头、小白头、夏菘)、黄芽、芥菜、生菜、菠菜、莴苣、苦荬菜、薤、葱、韭、蒜、姜、紫茄、水茄、梢瓜、黄瓜、葫芦、冬瓜、瓠子、芋、山药、牛蒡、茭白、蕨菜、萝卜、水芹、芦笋、鸡头菜、藕条菜、菌、甜瓜、黄瓜、西瓜、芋、茄子、葡萄、蜀芥、芸薹、芥(青芥、白芥、紫芥)、胡荽、茼蒿、人苋、蓝菜、兰香、香菜、荏、甘露子、莙荙(叶用甜菜)等	芝麻、油菜、荏、大麻、芜菁	甘蔗	茶、槟榔、罂粟
明清	棉、麻、蚕桑	蓝、红花、紫草、栀子、茜草、地黄	白菜(乌菘、夏菘、黄矮菜、瓢儿青、矮青、箭杆白、塌科菜、长梗白、香青菜、矮脚白、苔菜、红白菜)、萝卜、甜瓜、黄瓜、白瓜、王瓜、丝瓜、西瓜、茄、天茄、瓠、芋、香芋、菱、芡、乌芋、慈姑、山药、葵、蜀葵、龙葵、终葵、蔓菁、蒜、菠菜、葱、韭、薤、姜、芸薹、芥、菠菜、藏菜、苋、芹、紫苏、兰香、蓼、蘘荷、蒝菜、菌、茼蒿、甜菜、甘露子、辣椒、西红柿、马铃薯、番薯、菜豆、南瓜、甘蓝、笋瓜、西葫芦、花菜、洋葱、刀豆、豇豆等	油菜、花生、芝麻、荏、大麻等	甘蔗	茶、烟草、槟榔、罂粟

花和水稻的比例“大率花六稻四”[①]，棉田面积胜过稻田。嘉庆道光间，上海县的棉花“种者居七八”，“种稻者十不得一”[②]。嘉庆年间，山东棉区，东昌府的清平县“多种木棉，连顷遍塍，大约所种之地，过于豆麦”[③]。咸丰年间，滨州“地产木棉，种者十八九”[④]。河南棉区，安阳县“正西及西南、西北一带，地处高阜，种棉者十之六七，种麦者十之三四”[⑤]。直隶棉区，“冀、赵、深、定诸州属，农之艺棉者十八九”[⑥]。可见，明清时期，棉花生产的普遍发展，不仅改变了纤维作物和经济作物的种植结构，而且促使局部地区农作物的种植结构也发生重大转变。原来以稻、麦、豆等粮食作物种植为主的地区，逐渐转变成棉花主产区。

5.2　经济作物种植业生产区域的专门化

农业生产区域专门化是农业生产分工深化在空间上的表现，也是农业商品化生产程度加深的重要体现。明清时期，随着商品化程度的加深，经济作物生产在地域上趋于集中。至清初，全国已经形成了华北、江南、华南三大经济作物生产区[⑦]。随着经济作物生产地域分工的进一步细化，在各大经济作物主产区的内部，又形成了以各类经济作物为中心的专门产地。

5.2.1　华北棉烟产区

明清时期，华北地区种植的经济作物有棉花、烟草、蓝靛等，但从史料的记载来看，棉花和烟草的商品化程度较高，已经成为商品生产。明清时期，山东、河北、北直隶成为华北商品棉的主产区。山东成为商品烟的主产区。

5.2.1.1　商品棉集中产地

明清时期，华北地区的棉花生产以山东为最，其次为河南、北直隶。明清时期，

---

① 乾隆《镇洋县志》卷1。

② 嘉庆《法华乡志》卷3，道光《蒲溪小志》。

③ 嘉庆《清平县志》卷8。

④ 咸丰《滨州志》卷六。

⑤ 《河北采风录》卷2。

⑥ 方观承《棉花图》。

⑦ 由于经济作物的种植及其产区的形成与区域气候条件紧密相关，因此参考气象地理学划分，华北地区包括山西、河北、河南、山东；江南地区包括长江至南岭之间的湖北、湖南、江西、浙江、安徽和福建，华南地区则包括广西、广东、海南、台湾。

华北地区的棉花生产商品化程度较高，形成了棉花交易的专门集市。明代华北地区的棉花主要通过商贩销往江南地区，随着清代华北地区棉纺织业的发展，华北地区的棉花在本地销量增多，但仍有大量棉花销往全国各地。棉花种植业逐渐成为华北棉区农民的主要收入来源和农业经济的主导产业。

明末，山东已经成为全国三大棉花品种中的“北花”集中产地，不但亩产量较高，“亩收二三百斤以为常”[①]，而且总产量也较大。嘉靖十二年山东上缴棉花52 450斤，占全国总量的五分之一。[②] 明清时期，山东棉花种植已经普遍。明嘉靖至万历年间，山东六府104州县中，史籍中有记载植棉的州县有四十余个，占总数的40%。至清代，山东植棉的州县不但增加至90多个，占87%，而且棉花种植的专业化、商品化程度更高(许檀，1995)。明清时期，山东的棉花生产已经超越了自给自足式的自然生产，而成为面向市场的商品生产。明清山东六府中，以东昌府的棉花产量最多，其商品化程度也最高。明代，东昌府所产棉花便被贩运至江淮地区，居民以植棉致富。万历《东昌府志》记载，东昌府所属高唐、夏津、恩县、范县种植木棉，“江淮贾客，列肆赍收，居人以此致富”。至清代，东昌府的棉花已经远销全国各地。“棉花六府皆有之，东昌尤多。商人贸于四方，民赖以利。”[③]济南府的临邑县所产棉花质量最佳，当地人民种植棉花出售以交纳官府赋税和维持生计。“木棉之产独甲于他所，充赋治生依办为最”。嘉庆年间，临邑棉花丰收，“境大熟，吉贝以数千万计，狼藉与仓城囷窌衡矣，贩者四方至”[④]。兖州府“地多木棉”，商人贩棉花“转鬻四方，其利颇盛”。郓城县所产棉花为“贾人转鬻于江南，为市肆焉”。因而，当地人已认为“五谷之利，不及其半”[⑤]。清初，山东许多州县已经形成了棉花专业市场，棉花成为诸多州县的主要流通农产品。东昌府夏津县棉花市场的贸易情况已经影响到当地百货的流通。农民年成收入好坏，皆可以从棉花市场的贸易情况反映出来。这表明棉花种植业已经占据当地农业经济的主导地位。乾隆《夏津县志》记载，夏津县“自丁字街又北，直抵北门，皆为棉花市。秋成后，花绒纷集，望之如荼。否则百货不通。年之丰歉，率以为验”[⑥]。东昌府清平县土地适合棉花种植，棉花种植面积超过粮食作物，农村棉花市集发达，商贩云集，棉花交易兴盛。

---

① 《农政全书》卷35《木棉》。

② 《明世宗实录》卷145。

③ 《职方典》卷255《东昌府物产考》。

④ 《来禽馆集》卷18《先侍御府君行状》。

⑤ 万历《兖州府志》卷4《风土志》。

⑥ 乾隆《夏津县志》卷2《街市志》。

嘉庆《清平县志》记载，"清平四野多沙土，人多种木棉，连顷遍塍。大约所种之地，过于豆麦。……俗例，本家三拾之后，听旁人自行拾取，不顾不问。故土人望木棉成熟，过于黍稷。盖有力种者，固可得利；即无力种者，亦可沾余惠也。木棉市集，向来新集最盛，近来王家庄、康家庄、仓上等处亦多买卖。四方贾客云集，每日交易以数千金计"①。

河南也是明清时期华北地区重要的棉花产区，棉花的商品化程度较高。河南八府一州皆产棉花。明代万历年间，"中州沃壤，半植木棉，乃棉花尽归商贩，民间衣服率从贸易"②。清初，河南棉花集中于黄河两岸的洛阳、孟县、偃师、巩县等地。在这些棉花集中产地，种棉收入已经超过种粮收入，成为农民的主要收入来源。巩县农民"恃棉花为业，收花之利，倍于二麦，民食资焉"③。张九钺在《拾棉曲》中描述"三川棉花之利，赢于粟麦"，可见河南黄河、伊水、洛水两岸，农民种棉收益大于种粮收入。明清时期，北直隶逐渐成为华北棉花的一大产区。明代万历年间，北直隶棉花产量已经较高。万历六年，全国实征收棉花 244 130 斤，其中北直隶上缴 103 741 斤，占全国总量的 42.5%。④ 明代北直隶除北部延庆州、保安州外，其他八府皆产棉花，尤其以中部、南部真定府、广平府、大名府为盛(张显清，2008)。清初乾隆年间，直隶棉花种植更为普遍，冀州、赵州、深州、定州成为集中产区，棉花远销四方。方观承在《棉花图》中记载，"冀、赵、深、定诸州属，农之艺棉者十八九"，"三辅种棉之地，约居十之二三。岁恒充羡，输溉四方"。

5.2.1.2　商品烟集中产地

明清时期，华北地区的商品烟草生产主要集中于山东。直隶、山西等地虽也产烟，但烟草生产规模和商品化程度不及山东。据郑昌淦先生对明清十八直省地方志中产烟州县数的统计，山东产烟州县数在全国各直省中最多，达到 25 个(郑昌淦，1989)。从明代至清初的地方志资料中所反映出的烟草种植和销售情况来看，山东的烟草种植已经成为商品生产。济宁州、兖州府、青州府寿光县成为明清时期山东商品烟的生产中心。济宁州明代便开始种植烟草，至清代乾隆年间，济宁州的烟草行销全国。乾隆《济宁直隶州志》记载："若淡巴姑之为物，始于明季，本产遐

① 嘉庆《清平县志》卷 8《户书》。
② 《救荒图说・劝课纺织》。
③ 乾隆《巩县志》卷 7。
④ 《大明会典》卷 25《税粮》。

方,今则遍于天下。而济州之产,甲于诸郡。"[①]种植烟草获利远胜于种植粮食作物,利益驱使农民将肥沃田地种植烟草。"齐民趋利若鹜。无异弃膏腴,以树稂莠。"刘汶所作《种烟行》便感叹:"愚民废农偏种烟,五谷不胜烟值钱。"至道光年间,王培荀在《乡园忆旧》中描述济宁"环城四五里皆种烟草","大约膏腴尽为烟所占,而五谷反皆瘠土"。道光初,济宁已经出现了规模化的专业烟草生产户,不但产销量大,而且出现了雇工经营的烟草生产。包世臣在道光九年所记《闸河日记》中便记载,济宁"出产以烟叶为大宗。业此者六家,每年买卖至白金二百万两,其工人四千余名"[②]。兖州府滋阳县的烟草种植始于顺治年间,"旧无其种,自皇清顺治四年间,城西三十里颜村店、史家庄创种,相习渐广",至康熙年间"每岁京客来贩,收买不绝。各处因添设烟行,稍为民一生息云"[③]。乾隆年间,兖州府肥沃土地也多植烟草。"兖属向不以五谷为重,膏腴之地,概种烟草"[④]。青州府寿光县在康熙年间从济宁引进烟草种植,"烟草寿邑向无是种,自康熙时,有济宁人家于邑西购种种植,获利甚赢"。此后,寿光农民纷纷效仿种植烟草,"不数年而乡村遍植,负贩者往来如织,遂成邑产"[⑤]。

5.2.2 江南棉桑茶蓝产区

明清时期,江南地区商品经济发达,尤其是纺织业的兴盛刺激了相关经济作物的生产。明清时期,长江三角洲地区成为全国重要的商品棉产区,至清代前期,长江三角洲地区的植棉业已成为当地农民的主要收入来源。明清江南地区丝织业的发展,为蚕桑生产提供了市场。明清时期,江南地区不但形成了以湖州为中心的湖苏杭嘉蚕桑产区,而且蚕桑业内部的垂直分工和市场分化更为细化,反映出明清江南蚕桑业商品化程度的提高。明清江南地区纺织业的发达,刺激了以蓝靛为代表的植物染料的商品化生产。明清江南商品蓝靛的生产以福建最为兴盛。明清时期,江南的茶叶生产呈现出名茶品种多、茶叶贸易兴盛的特点,并形成了以福建、浙江为中心的商品茶叶产区。

---

① 乾隆《济宁直隶州志》《物产志》。

② 《安吴四种》卷6《闸河日记》。

③ 康熙《滋阳县志》。

④ 《清高宗实录》卷409。

⑤ 嘉庆《寿光县志》卷9《物产志》。

5.2.2.1　商品棉集中产地

明清时期，江南棉花生产主要集中在长江三角洲地区。元明之际，棉花种植在上海县兴起后，向长江三角洲地区扩展。明代中叶，松江府、太仓州、通州各县沿江地带遍种棉花，已经成为全国最重要的棉花产区（方行，等，2007）。至明代后期，松江、苏州等府沿海沿江的高地上，棉花与水稻面积相当，甚至超过水稻面积而占十之七八（张显清，2008）。至清代前期，长江三角洲地区的植棉业已经成为当地农民的主要收入来源。

明清时期，长江三角洲地区的植棉业以松江府和太仓州最为发达。至明末清初，松江府、太仓州商品棉的种植已经普遍，而其发展主要体现在棉田面积的扩大和植棉户的增多。明末，松江、太仓一带的棉田面积不断扩大，与稻田趋于相当。徐光启在《农政全书》中便记载："海上官民军灶，垦田几二百万亩，大半种棉，当不止百万亩。"[①]明末太仓州"郊原四望，遍地皆棉"，原种稻的农民"皆弃稻袭花"，植棉户大增。[②] 明代松江府、太仓州等植棉业发达的地方，商品棉贸易兴盛，不但农民依赖种植棉花致富，地方财政也因此富饶。吴伟业《木棉吟》中记载，明代隆庆万历年间，"闽商麇至镇洋，采购木棉，州赖以饶。……眼见当初万历间，陈花富户积如山；福州青袜乌言贾，腹下千金过百滩"[③]。万历年间，上海县"邑人藉之，以给衣食"[④]。嘉定县"其民托命于木棉"。万历年间，嘉定县的稻田只占十分之一，棉豆地占十分之九。[⑤] 清代前期，松江府、太仓州的植棉业得到更大发展。部分州县的植棉农户已经超过了种稻农户，棉田面积也逐渐超过了稻田的面积，植棉业成为当地农业经济的主体。叶梦珠在《阅世编》中记载，顺治康熙年间，松江府上海县"地产木棉，行于浙西诸郡，纺绩成布，衣被天下，而民间赋税，公私之费，亦赖以济，故种植之广，与杭稻等"[⑥]。褚华《木棉谱》也记载，乾隆后期，上海县"邑种棉花，自海峤来。初于邑之乌泥泾种之。今遍地皆是。农家赖其利，与稻麦等"。上海县棉花贸易兴盛，既有外来之贩运商人，也有本地棉商。"今邑之贩户，皆自崇明、海门两沙来。土人惟碾去其子，卖与诸处（作棉絮用），以性强紧，不中纺织也。邑产者，另

① 《农政全书》卷35《木棉》。

② 崇祯《太仓州志》卷14《艺文志》，卷15《琐缀志》。

③ 《梅村家藏稿》卷10《木棉吟》。

④ 万历《上海县志》卷1《赋役志》。

⑤ 万历《嘉定县志》卷7《田赋考》。

⑥ 《阅世编》卷7《食货志》。

有行户，晨挂一秤于门，俟买卖揽基户外，乃为之别美恶而贸易焉”。太仓州的棉花则通过海商远销福建、广东。“太仓净花闻于闽广，远商海舶捆载而去，民以殷富。自嘉庆中刘河口塞，专售江右，每岁尚易数万金，故民间殷实之户犹多”[①]。正是由于种植棉花获利远胜过种植水稻，松江、太仓州等地农户改种棉花，至乾隆后期，种棉农户已经超过了种稻农户。如乾隆时南汇县“傍浦种粳稻者十之三，种木棉者十之七”[②]。乾隆四十年两江总督高晋在《奏请海疆禾棉兼种疏》中便记述：“窃照大江以南，……惟松江府、太仓州，海门厅、通州并所属之各县，逼近海滨，率以沙涨之地宜种棉花。是以种花者多，而种稻者少。”同时，高晋还通过实地考察，发现这些地区并非不宜种稻，而是种棉收益比较更高，导致种棉者多过种稻者。“臣从前阅兵，两次往来于松江、太仓、通州地方，留心体察，并询之地方府厅州县，究其种棉而不种稻之故。并非沙土不宜于稻，盖缘种棉费力少而获利多，种稻工本重而获利轻。……以现在各厅州县农田计之，每村庄知务本种稻者，不过十分之二三，图利种棉者，则有十分之七八。”包世臣也在《答族子孟开书》中记载：“松太利在棉花、梭布，较稻田倍徙。”

至清道光十三年，江苏巡抚林则徐在《太仓等州县卫帮续被歉收请缓新赋折》中也论及“太仓所属之镇洋、嘉定、宝山等县，种稻……十仅二三，而木棉居其七八。……今太仓、镇洋、嘉定、宝山四州县，地处海滨，收成本属最迟。每俟立冬以后，始可收割。且向来多种木棉，纺织为业。小民终岁勤动，生计全赖于棉”。可见，至清代前期，松江、太仓等商品棉产区农业种植结构已经转变为以植棉为主，植棉业成为当地农村经济的一大支柱。

5.2.2.2 商品蚕桑集中产地

明清时期，蚕桑业的发展由于受到棉花的挤压而收缩于气候适宜和市场需求旺盛的江南地区。江南蚕桑生产集中在湖州、苏州、杭州、嘉兴四府，其中尤以湖州府最盛。明清时期，江南蚕桑业不但桑蚕生产户增多，而且出现了更为细化的垂直分工和市场分化，体现了明清江南蚕桑业的商品化程度的提高。

早在宋元时期，江南已经成为全国蚕桑业中心。宋代湖州府的蚕桑业已较为发达。吴兴县“山乡以蚕桑为岁计，富室育蚕有至数百箔”[③]。安吉县“惟借蚕桑办

① 光绪《太仓直隶州志》卷1。

② 乾隆《南汇县志》卷1《风俗志》。

③ 嘉泰《吴兴志》卷1《物产》。

生事”①。至明清时期，江南蚕桑业的发展仍以湖州府最为兴盛。明代湖州府的蚕桑已经达到“合郡俱有”的普及程度，所产蚕丝远销全国，“湖丝遍天下”②。明代湖州的蚕桑业已经商品化，蚕桑户种桑养蚕获利可成倍。徐献忠在《吴兴掌故集》中论述到：“蚕桑之利，莫盛于湖。大约良地一亩，可得叶八十个，计其一岁垦锄壅培之费，大约不过二两，而其利倍之，自看蚕之利复稍加赢。”③蚕桑业的丰厚利润，使得湖州府成为浙江最为富庶的地区，“浙十一郡，惟湖最富”④。明代湖州府的蚕桑业以归安、吴兴县最盛，至清代，湖州府蚕桑业进一步发展，德清、乌程等县也成为蚕桑业的生产中心。德清县“穷乡僻壤，无地不桑，季春孟夏时，无人不蚕”⑤。乌程县南浔镇“无不桑之地，无不蚕之家”⑥。清代湖州府蚕桑业之发达，以至农民将各处空地都种满桑树，集约用地，以求最大化的提高蚕桑收入。“其树桑也，自墙下檐隙以及田之畔、池之上，虽惰农无弃地”⑦。明清嘉兴府蚕桑业以桐乡、石门两县最为兴盛。张履祥记载：“地得叶，盛者一亩可养蚕十数筐，少亦四五筐，最下二三筐，米贱丝贵时，则蚕一筐，即可当一亩之息。”农民认识到“蚕桑之利，厚于稼穑”，不愿种水田，更趋于开垦旱地种桑养蚕。据学者统计，从明代万历九年至康熙二十五年，桐乡县的旱地由八百三十四顷增加至八百八十二顷，而石门县的旱地则由万历间的六百二十三顷增长到康熙间的二千零七十顷，翻了两倍多(陈恒力，1958)。苏州府和杭州府也是明清时江南重要的蚕桑产区。苏州府在明洪武初年，“七县栽桑一十五万一千七百株”，至明孝宗弘治十六年，不仅有“农桑二十四万九百三株”，而且产丝万余两上交税。⑧ 吴江县从洪武年间始种桑饲蚕，至宣德七年，已植桑四万四千余株，亦成蚕桑产区。⑨ 杭州府的蚕桑业在清代发展迅速，嘉庆间，余杭、临安县“隙地皆树桑，虽田便小径，树低叶茂，植列成行”。于潜县户户都养蚕，而且“蚕熟丝多，乡人多资其利，出息不亚于嘉湖也”⑩。至光绪年间，杭州府九个县“皆

---

① 《陈旉农书》卷下。
② 《西吴里语》卷 3。
③ 《吴兴掌故集》卷 13《农桑》。
④ 《广志绎》卷 4。
⑤ 康熙《德清县志》卷 4。
⑥ 咸丰《南浔镇志》卷 21。
⑦ 乾隆《湖州府志》卷 37。
⑧ 正德《姑苏志》卷 15《田赋・税课贡役》
⑨ 乾隆《吴江县志》卷 5。
⑩ 嘉庆《于潜县志》卷 10。

养蚕缫丝，岁入不赀，仁和、钱塘、海宁、余杭贸丝尤多”①。江南地区的蚕桑产地由明末的湖州、苏州两府十余县，发展到湖州、嘉兴、苏州、杭州四府共二十余县，逐渐连片成区，成为全国最为重要的蚕桑产区。

明清时期，江南蚕桑业商品化发展的另一突出表现就是蚕桑生产垂直分工的细化及市场的细分。明清时，江南蚕桑业在生产上的专业分工更为细化。蚕桑业由种桑和养蚕两大部门构成。随着明清时期桑树栽培技术和养蚕技术的发展，在种桑和养蚕的内部专业分工又进一步细化。种桑分化为专业化的桑苗育种、栽培、桑叶摘收，养蚕则分化为专业的育蚕种、养蚕、缫丝。在蚕桑业生产专业性分工发展的基础上，形成了相应的商品市场。江南蚕桑市场逐渐分化为桑市和蚕市，桑市和蚕市又进一步细化。首先，桑市细化为桑苗市和桑叶市。明代江南地区植桑业逐渐拓展，产生了对桑苗的需求，部分农民便以培育桑苗为业，桑苗市场开始出现。《蚕经》记载：“有地桑出于南浔，有条桑出于杭之临平。其鬻之时，以正月之上旬。”这表明明代江南地区桑苗市场不但已经出现，而且形成了以南浔地桑、临平条桑为代表的桑苗品种产地。清代前期，湖州府蚕桑业兴盛，有大量的桑苗需求，促进了当地桑苗市场的发展。康熙时，湖州长兴县桃城不但出现了桑苗培育专业户，而且商人还设有桑苗行经营桑树苗。“树桑有秧，往多来自桃城。春分后捆载而至，投行发卖。”培育桑苗利润可观，成为部分农民的本业。“育桑秧，一亩可得五千余本，本售三厘，亩可十五六金，乡民多效之，几无虚地，亦本业也”②。明清时期，江南蚕桑业种桑和养蚕两大部门在局部地区开始分化。在种桑养蚕分离的地方，养蚕户需要通过购买桑叶来养蚕；而种桑养蚕尚未分离的地方，养蚕户因桑叶不足也会产生对桑叶的需求。江南地区的桑叶市场便应运而生。明代乌程县养蚕业发达，“叶不足，又贩于桐乡、洞庭”③。清代濮院镇的蚕桑业便出现了分离，街巷养蚕户，需要通过市场购买桑叶。清代濮院人杨树本描绘当地养蚕户买桑叶时的景象：“四月中旬，青叶盛开。自晓至辰，放叶接叶，踵接肩摩”④。南浔“载桑地狭，所产仅足饲小蚕”，当地养蚕户也需要从外地购入桑叶。清代湖州府桑叶买卖已经出现了赊购、预买等方式。“预立约以定价，而俟蚕毕贸丝以偿者，曰赊稍。有先时预值，俟叶大而采之，或临期以有易无，胥曰现稍”。《西吴蚕略》记载，桑叶已有专业的经纪

① 光绪《杭州府志》卷80。

② 康熙《长兴县志》卷3。

③ 《涌幢小品》。

④ 《濮院琐志》卷6。

人和桑叶行来经营,“蚕向大眠,桑叶始有市。有经纪主之,名青桑叶行,无牙帖牙税。市价早晚迥别。至贵每十个钱至四五缗,至贱不值一饱”。可见,当时桑叶市场发展不但趋于完备,而且桑叶价格遵循市场价值规律,随市场需求变化而起落。其次,明清江南的蚕市细化为蚕种市、成蚕市和蚕茧市。明末清初,蚕种生产已经从家庭自留种逐渐演变成专业的种茧蚕和丝茧蚕,专门的制蚕种业也开始出现(梁家勉,1989)。清嘉庆时期,余杭蚕种较优良,便有农民专门制蚕种出售,商人贩运转售。“于收茧后,以厚桑皮纸生蚕子其上,携卖海盐、桐乡等处,其价自四五百文一张至千余文不等,获利甚厚。且有开行收买以转售者”①。可见,当时余杭地区专业制蚕种和蚕种市的兴盛。明清江南地区亦有养蚕户购买成蚕饲养,成蚕市开始出现。嘉庆时,余杭农民养蚕出售,“乡人牟利,趋之若鹜,每当蚕将二眠之际,各乡买蚕之船,衔尾而至”②。嘉庆道光间,吴县亦有农民“畏护种出火辛苦,往往于立夏后,买现成三眠蚕于太湖以南之诸乡村”③。由于蚕茧一般在一周左右便会化蛾而出,缫丝便要求在较短的时间内完成,缫丝效率低的养蚕户只能将多余的蚕茧出售,而缫丝技术高的农户则可买茧缫丝。明代南浔镇缫丝技术较高,“看缫丝之人,南浔镇为善”④,至清代道光间,南浔镇开始出现了买茧缫丝的专业生产者。“四五月间,居民竞相营治,或从外方买茧谓之,或有将茧鬻与镇者”⑤。可见,至清代前期,茧市也开始从蚕市中细分出来了。

5.2.2.3　商品蓝靛集中产地

明清江南地区纺织业的发达,为植物染料提供了巨大的市场。明清时期,百姓衣服多以蓝色为主,因而染蓝色所用的蓝靛便成为纺织染色所需的一大原料。明清时期,福建、江西、浙江均有蓝靛出产,但蓝靛的商品性生产则以福建最为兴盛。福建蓝靛主要面向江南地区的棉布染坊生产,商品化程度最高。江西、浙江的蓝靛生产皆由福建引入,商品性的生产直到清代后期才有所发展。

明代福建的蓝靛生产便闻名全国,“福州而南,蓝甲天下”⑥。万历间,福建蓝靛已被称作“福建青”,“靛出山谷中,种马蓝草为之。利布四方,谓之福建青”⑦。

---

① 嘉庆《余杭县志》卷38。

② 嘉庆《余杭县志》引崔应榴《蚕事统纪》。

③ 《清嘉录》卷4。

④ 《蚕经》。

⑤ 道光《南浔镇志》卷3。

⑥ 《闽部疏》。

⑦ 万历《闽大记》卷11《食货考》。

明代福建山区之地皆以蓝草为主要经济作物。“闽人种山皆茶蓝,其数倍于诸蓝,山中结箬篓,输入舟航”①。万历年间,福州府永福县地处万山之中,漳州、泉州、延平、汀州等府之民皆流聚于此种菁。“引水不及至处,则漳、泉、延、汀之民种菁种蔗,伐山采木,其利倍于田”②。至清代,由于蓝靛生产获利较大,福建的蓝靛生产由山区扩展至平原地区。如霞浦县,“西区平原之农常种靛,清乾嘉间最盛。其货能通于浙温,乡民有以贩靛而致巨富者”③。明清时期,福建蓝靛生产的兴盛以及江南对蓝靛需求市场的广阔,推动了专门贩卖蓝靛商人的发展。明代贩运蓝靛以洞庭商人规模最大(李贵民,2004)。清代乾隆年间,福建靛商则建成了行业会馆,靛青贸易街也相应形成。乾隆四十年福建汀州商人何元瑞建立鄞江会馆,俗名靛青会馆,靛商皆聚集于此。在靛青会馆旁便形成了靛青街,街南至西洋场,东至参将署,“俱系青园,客伙房及靛青行家多在其处”④。嘉道以前,福建上杭县外出经商者“以靛青业为最著”。乾隆《宁都县志》记载,宁都县“西乡八都,菁客盈千”。专营蓝靛的靛商之多,反映出福建蓝靛贸易之盛。江西的吉安府万羊山,明隆庆年间,便开始种蓝,“四方商民,种蓝其间”⑤。明代成化末年,福建蓝靛传入泰和县,“成化末年,有自福汀贩买蓝子至者,于是洲居之民,皆得而种之”。此后发展迅速,“不数年,蓝靛之出,与汀州无异,商贩亦皆集焉”⑥。清代前期,江西的蓝靛生产已经逐渐从山区贫瘠之地向富饶土地拓展。康熙《赣州府志》记载,康熙年间,赣州府“虔惟耕山者种此,而赣县山谷间尤多”。乾隆《新城县志》描述建昌新城县“田之硗薄者种蓝”。乾隆嘉庆年间,广信府、饶州府“近时江西广饶不可耕之地皆种蓝”⑦。至清代中叶,江西蓝靛的商品化程度大为提高。江西东乡县形成了近千人的蓝靛墟市,“东北源里多蓝靛,比户皆种,八月中旬,县城墟期市场,常集至千人”⑧。乐平县的蓝靛更运销外省,“往来吴楚市场”⑨。

5.2.2.4 商品茶叶集中产地

明清时期,虽然江南地区的福建、浙江、江西、安徽、湖南等地皆出产茶叶,但福

① 《天工开物》卷上《彰施》。
② 万历《永福县志》卷1《风俗》。
③ 民国《霞浦县志》卷18《实业志》。
④ 道光《乍浦备志》卷3《城池》。
⑤ 《明史》卷210《张翀传》。
⑥ 同治《泰和县志》卷11。
⑦ 《植物名实图考》卷10。
⑧ 同治《东乡县志》卷8《风土志》。
⑨ 同治《乐平县志》卷1《风俗》。

建、浙江的植茶业和茶叶贸易相对较为发达，江西、安徽和湖南的茶业直到清代中叶以后才有所发展。明清时期，江南的商品茶叶产区主要以福建和浙江为中心。

明清时期，福建以武夷山的茶叶最为著名。武夷山下居民“数百家，皆以种茶为业，岁产数十万斤”①。福建武夷茶不但销往福州、厦门、香港、汕头等地，而且还出口到国外。武夷茶的驰名，也带动了福建其他各地茶叶的生产，“而凡建属之产，尽冒武夷，于是有山无不种茶”②。清代，武夷山地区已经形成了茶叶集散市场，梁章钜在《归田琐记》中描述道：“武夷九曲之末为星村，鬻茶者骈集交易于此。多有贩他处所产，学其焙法，以赝充者，即武夷山下人亦不能辨也。”此外，福建安溪的茶叶也较为有名，商品化程度较高。明代嘉靖《安溪县志》记载：“安溪茶产常乐、崇善等里，货卖甚多。”③乾隆年间，武夷人用先进工艺加工安溪茶叶，使得安溪茶叶出口西洋。清阮旻锡《安溪茶歌》记载：“安溪之山郁嵯峨，其阴长湿生丛茶。居人清明采嫩叶，为价甚贱供万家。迩来武夷漳人制，紫白二毫粟粒芽。西洋番舶岁来买，王钱不论凭官牙。溪茶遂仿岩茶样，先炒后焙不争差。”除了武夷、安溪这两大名茶产地外，明清时福建其他县的茶业也有所发展，部分地区茶业以成为主导产业。福宁府“茶，郡治俱有。佳者福鼎白琳、福安松萝，以宁德支提为最”④。乾隆《上杭县志》载：“杭、凡山皆种茶。多而且佳者，惟金山为最。”宁德县“于今西乡未尝种桑麻，而所产之利，固几倍于桑麻也。其地山陂泊附近民居旷地，遍植茶树，高冈之上，多培修竹。计茶所收，有春夏二季，年获息不让桑麻”⑤。南平县“新兴、梅西、峡阳、梅南之地多产茶，民以茶为业”⑥。

明清时期，浙江的产茶县也较多，所形成的名茶品种也较丰富。据汪孟鋗《龙井见闻录》记载，乾隆年间，浙江著名的茶叶已有“龙井茶、垂云茶、天目茶、径山茶、昌化茶”。浙江产茶的州县以杭州府、湖州府最盛。明代杭州西湖“南北两山及外七县皆产茶”⑦。至光绪年间，杭州也形成了名茶富阳茶。“杭州之特产而良者曰富阳茶”，富阳每年丝茶的收入就达到十万多金，“丝茶两项，约有十余万金”⑧。杭

① 《古今图书集成·山川典》卷184。
② 《雅歌堂文集》卷7。
③ 嘉靖《安溪县志》卷1《土产志》。
④ 乾隆《福宁府志》卷1《物产志》。
⑤ 乾隆《宁德县志》卷1《物产志》。
⑥ 嘉庆《南平县志·生业志》。
⑦ 嘉靖《浙江通志》引咸淳志。
⑧ 光绪《富阳县志》《物产志》。

州府于潜县茶业也兴盛。乾隆时期,于潜县农民以茶叶为主要收入来源,“民之仰食于茶者十之七”①。至嘉庆年间,于潜县各山都产茶,所产茶叶“盛行于关东”。当地农民依赖茶叶生存,“乡人大半赖以资生”②。明清时期,湖州府长兴、安吉、孝丰、武康四县山区植茶业发达。湖州府所产茶,被称为本山茶。“凡湖地所出,概称本山茶。”湖州所产本山茶品质较好,市场销路好。“本山茶色绿味薄。立夏前后,竞贩新茶转鬻。捆用布缚。售论缚,不论斤,每缚约二百两”③。此外,宁波府和温州府亦有茶叶生产出售。宁波府下属慈谿、奉化、象山、南田各县及定海厅均产茶,作为货物出售。据明万历《温州府志》记载,温州府五县皆产茶,“茶,五县俱有。乐清雁山龙湫背者为上。瑞安胡岭、平阳蔡家山产者亦佳”。明代,温州府雁山茶叶已经出名,“浙东多茶品,而雁山者称最”④。清乾隆时期,《雨航杂记》所记雁山五珍中便以雁山茶为首。明清时期,安徽茶叶集中于庐州、池州、徽州、安庆等,安徽以六安州所产六安茶最为有名。湖南的茶叶生产主要在南部州府,尤其以安化和新化有名。“楚南产茶之区,尽属西境。长郡之安化,宝庆之新化为尤著”⑤。江西、湖南茶叶的商品化发展主要在清代中叶以后,清初茶叶产量尚小,商品化程度不及福建和浙江。

5.2.3 华南甘蔗、槟榔产区

甘蔗和槟榔均为典型的亚热带和热带作物,其生产对气候的要求较高。华南地区的自然条件适合甘蔗和槟榔的生产,加之华南地区对槟榔和蔗糖有着较大的消费需求。明清时期,华南地区的海南、广东、台湾等地逐渐成为商品甘蔗和槟榔的主产区,不但提供本地消费,还销往外地,出口至越南、柬埔寨等东南亚国家。

5.2.3.1 商品甘蔗集中产地

明清时期,商品甘蔗产地以广东和台湾为主。虽然在明代广东和福建的甘蔗产量最大,“他方合并得其十一而已”⑥。但至清代,由于福建烟草和茶叶种植与甘蔗争地,广东的甘蔗生产已超过福建,成为首要产区。明代广东已经形成了若干蔗

① 乾隆《杭州府志》卷53引《于潜县志》。

② 嘉庆《于潜县志》。

③ 同治《湖州府志》引《菱湖志》。

④ 乾隆《温州府志》《物产志》引《雁山志》。

⑤ 嘉庆《攸县志》卷29。

⑥ 《天工开物》卷6。

糖的生产中心。《广东新语》记载:“糖之利最溥,粤人开糖房者,多以致富。盖番禺、东莞、增城糖居十之四,阳春糖居十之六。”[①]可见,广东的阳春、番禺、东莞、增城已成蔗糖的生产中心。清代前期,广东的甘蔗种植和制糖发展迅速,潮州府成为新的蔗糖生产中心,并超过阳春成为广东的蔗糖生产之首,“广东产糖,以潮州为盛”。此外,清代福建的烟草和茶叶种植与甘蔗争地,福建的甘蔗种植已经落后于广东。乾隆年间,“按粤东蔗糖行四方,始于闽人,今则利于闽矣”[②]。清代前期,台湾也发展成为蔗糖的主产区。清初康熙平定台湾之后,随着内地移民的涌入,台湾的甘蔗种植增多。康熙三十年,台湾“旧岁种蔗已三倍于往夕,今岁种蔗竟十倍于旧年”。乾嘉年间,台湾也形成了三大蔗糖的生产中心。台湾、凤山、诸罗产糖最多,“及至乾嘉之际,贸易绝盛。北至京津,东贩日本,几为独揽”[③]。

5.2.3.2 商品槟榔集中产地

槟榔在魏晋南北朝时期已经成功引种至我国海南、广州等地,逐渐成为我国南方地区一种重要的嗜好作物。槟榔是典型的热带作物,适宜生长在热带地区。《齐民要术》中便记载,槟榔“性不耐霜,不得北植,必当遐树海南”。明清时期,海南、台湾成为我国槟榔的主产区。海南岛是槟榔的传统种植区,唐宋元时期,槟榔集中于海南东部,明清以后扩展至中西部。清代雍正年间,海南岛内形成了“东部槟榔,西边米”的作物布局[④],槟榔种植集中于海南东部地区。清代海南安定县南部的岭门、船埠、石壁以及乐会县,出产槟榔最多(郭声波,2009)。时人已经对海南各地所产槟榔进行质量区分,以会同为最佳。《广东新语》记载:“槟榔产琼州,以会同为上,乐会次之,儋、崖、万、文昌、澄迈、安定、临高、陵水又次之。”明清时期,海南槟榔种植业发达,商人往来贩运获利,槟榔税收成为地方政府重要的财政收入。明《岭外代答》记载:“海商贩之,琼管收其征,岁计居什之五。广州税务收槟榔税,岁数万缗。”[⑤]清代海南槟榔种植进一步发展,槟榔种植成为东部各县的主导产业。据《广东新语》记载,海南农民“多种槟榔以资输纳”,“诸州县皆以槟榔为业”。清代海南槟榔已经出口至越南、柬埔寨等国,销量甚至超过了国内市场。“岁售于东西两粤

① 《广东新语》卷27《草语》。
② 乾隆《广州府志》卷47。
③ 《台湾通史》卷27《农业志》
④ 雍正《广东通志》卷92《舆地略》。
⑤ 《岭外代答》卷8《花木门》。

者十之三,于交趾、扶南十之七”①。明末清初,台湾居民已广泛嚼食槟榔,槟榔业已种植。清初,随着掌握槟榔种植技术的移民迁入和槟榔需求量的增加,台湾的槟榔种植发展迅速,成为槟榔的一大主产区。康熙年间,诸罗县“舍前后左右多植槟榔,新港、萧垅、麻豆、目加溜湾四社为最”②。至乾隆年间,台湾府属三县“园中多种槟榔。新港、萧垅、麻豆、目加溜湾最多,尤佳”③。清初,台湾北部槟榔产量远胜于南部,“槟榔之产,盛于北路,次于南路,邑所产者十之一耳”。台中的槟榔产量虽小,但消费量较大,成为台湾槟榔的交易中心,“但南北路之槟榔,皆鬻于邑中”④。

5.3 经济作物种植业生产的商品化趋势

明清时期,借贷资本以预押借贷的形式渗透到蚕桑业、甘蔗、茶、烟等经济作物的生产过程中。在经济作物专业化和商品化生产程度较高的地区,借贷资本更为活跃。经济作物种植户将资金投入购买生产工具、肥料等经济作物的生产环节。明清时期,经济作物种植的规模化趋势,促使种植户产生对农业劳动力的需求。商品化的雇佣劳动关系在规模化程度较高的蚕桑、棉花等经济作物生产地区开始出现。明清时期,经济作物种植业的土地投入的增长可以区分为显性增长和隐性增长。土地投入的显性增长表现为直接购买和租赁土地投入经济作物生产中。而土地投入的隐性增长则是以“桑争稻田”“棉争粮田”等现象为代表,将粮食作物耕地改为经济作物生产用地。明清时期,商品化的资本、劳动力和土地投入经济作物种植业中,体现了农业生产的商品化趋势。

5.3.1 资本对经济作物生产的渗透

随着我国古代农业商品经济和手工业经济的发展,经济作物种植业商品化程度的加深,经济作物种植业相对粮食作物种植业的比较收益优势逐渐趋于明显。然而,农民放弃粮食作物种植而从事经济作物种植业的投资较大,农户为进行持续的经济作物生产,必然会产生借贷资本的需求。此外,农户专门从事经济作物生产的风险较高,一旦经济作物收益受损,基本的生存便难以保障,只能举债。譬如养

① 《广东新语》卷25《木语》。
② 康熙《诸罗县志》卷8《风俗志》。
③ 乾隆《重修台湾府志》卷18《物产》。
④ 康熙《台湾县志》卷1《风俗》。

蚕户"盖全家恃蚕以为耕耘之资,蚕荒则田芜,揭债鬻子,惨不免矣"[①]。因此,从事经济作物种植的农户一般具有较强的借贷需求。经济作物种植业商品率高、获利性相对稳定的生产特征对借贷资本有较强的吸引力。明清时期,借贷资本在经济作物种植业中尤其活跃。借贷资本对经济作物生产环节的渗透主要体现在放贷者以预押农产品的形式向生产者放贷生息。

明代后期,江南地区蚕桑业中已经开始出现通过借贷资本来进行生产的情况。明代万历年间,浙江杭州府余杭县的养蚕农户"乏卒岁之储,缫丝成,贸迁辐辏,质贷家浚其膏"[②]。可见,养蚕农户缺乏养蚕资本,只能以将产出蚕丝预押借贷,待蚕丝售卖完后,先要偿还本息,放贷者"浚其膏",由此获利。浙江崇德县的蚕农也是采用预借资本的形式生产,蚕丝出售后便要偿还借贷资本。"凡借贷契券必期蚕毕相偿"[③]。清乾隆年间,浙江海宁县养蚕农民借债养蚕卖丝获银钱数十两,遗失在商店,店主藏而不还,蚕农求诉"我所遗丝银,系揭债典衣,拮据养蚕而得者"[④]。道光年间,浙江湖州府"蚕时,贫者贷钱于富户,至蚕毕,每千偿息百钱,谓之加一钱。富家实渔利,而农民亦赖以济蚕事,故以为便焉"[⑤]。明清时期,养蚕农户借贷资本主要用于蚕业生产工具的制备和桑叶的购买。明代万历年间,崇德县"育蚕作茧岂徒手博者,饔餐器具皆从质贷,而终岁辛勤,眼昏头白,迨丝缫成,谓卒岁公私取偿,丝市之利,不得独啬"。至清康熙年间,崇德县的蚕农生产所用之工具还是通过借贷购置,"饔餐器具皆从质贷"[⑥]。此外,当养蚕农户所处地区桑叶产量较低或桑叶价格上涨时,养蚕户需要借贷来购买桑叶饲蚕。浙江嘉兴海盐、石门等县"蚕多叶少,谓之空头,俟蚕长,必买叶饲之。轻舫飞棹四出远买,虽百里外一昼夜必达,迟则叶蒸而烂,不堪喂蚕矣"[⑦]。湖州长兴县"如值桑叶涌贵,典衣鬻钗,不遗余力"[⑧]。虽然一般养蚕农户借贷资本进行生产,基本能够偿还本息,但也具有较高的投资风险,"倘或育蚕失利,未免折栖变产抵偿"[⑨]。

---

① 道光《嘉兴府志》卷11《农桑》。
② 万历《余杭县志》卷2《物产》。
③ 《天下郡国利病书》卷84。
④ 《见闻近录》卷3。
⑤ 同治《湖州府志》卷30。
⑥ 康熙《石门县志》卷2《物产》。
⑦ 道光《嘉兴府志》卷11《农桑》。
⑧ 同治《长兴县志》卷2《蚕桑贷钱》。
⑨ 康熙《德清县志》卷4《食货考》。

清代时，借贷资本也渗入甘蔗、茶叶、烟草等经济作物的生产过程中。广东、四川等地收购蔗糖的商人便向蔗农放贷种蔗资本，康熙《德清县志》记载，在德清的糖商"春以糖本分与种蔗之家，冬而收其糖利，旧糖未销，新糖复积"。广东澄海县"邑之富商大贾，当糖盛熟时，……持重资往各乡买糖，或先放账糖寮，至期收之"①。据光绪《叙州府志》记载，富顺县农户为种蔗而向糖坊借贷现象已普遍，"种蔗者皆以春初贷钱霜户"。江西大庾县农民种甘蔗"至冬至收，贫民急不能待，多借贷奸贾，名曰糖钱，利重而价廉"②。清代在安徽、湖南、江西、云南等地茶叶和烟草生产中也存在农民向商人以未收获农产品作抵押借贷的情况。乾隆年间，安徽霍山县"近城百里尽茶山，估客腰缠到此间。新谷新丝权子母，露芽摘尽泪潸潸"③。至光绪年间，霍山县"土人不辨茶味，唯燕、齐、豫、楚需此日用，每隔岁，经千里挟资而来，投行预质，牙狯负诸贾子母，每刻削茶户以偿之"④。云南普洱"夷民恃此御饥寒，贾客谁教半干没，冬前给本春收茶，利重逋多同干没"⑤。可见，商人通过放贷茶农，获利颇丰。嘉庆年间，湖南湘潭的烟草商人"预给值于种淹之户，谓之定山，秋成后成捆发行"⑥。江西新城县，农民种植烟叶所需肥料量大，不得不借债购买。嘉庆以来，"粪艟拥挤河下，皆时烟家借债屯肥，竟以昂价长年搬运"⑦。此外，在苎麻和棉花生产中亦有借贷资本的渗入。江西赣州府"苎布各邑俱有，多植山谷园圃间，闽贾于二月时放苎钱，至夏秋收苎以归"⑧。张春华《沪城岁时衢歌》中所载"木棉未登场，已有下壅之费，益以终年食用，非贷于人，即典质衣物"，便反映了木棉生产中借贷资本的渗入。

明清时期，在我国局部地区的蚕桑业、甘蔗、烟草、茶叶等经济作物种植业中，已经出现了资本向经济作物生产过程的渗透。这种渗透主要以借贷资本的形式出现，尤其以商业资本为主，在具体方式上往往采取以尚未收获的经济作物作为预先抵押物来放贷给农民。农民将所借来的资金主要用于经济作物的生产过程，具体包括购买生产工具、肥料等。在地域上，借贷资本在经济作物专业化和商品化生产程度较高的地区更为活跃。资本向经济作物生产环节的渗入，表明经济作物种植

---

① 嘉庆《澄海县志》卷8。
② 同治《大庾县志》卷2《土产》。
③ 乾隆《霍山县志》卷8《艺文志》。
④ 光绪《霍山县志》卷2《地理志》。
⑤ 光绪《普洱府志》卷48引许廷勋《普茶吟》。
⑥ 嘉庆《湘潭县志》卷7《风俗》。
⑦ 同治《新城县志》卷1。
⑧ 乾隆《赣州府志》卷2《物产》。

业商品化程度的加深。在市场供需变化和自然灾害的双重因素下，通过借贷资本来进行经济作物生产的小农家庭，面临着更大的投资风险。不过，在小农应对投资风险的调整过程中，也孕育着更为理性和专业化的商品化的农业生产经营方式。

5.3.2　经济作物生产过程中雇佣劳动力的投入

明清时期，经济作物种植业中也开始出现了雇佣劳动生产关系。经济作物种植具有技术含量较高、劳动力投入较大的特点，尤其是在某些经济作物的特定生产环节需要投入大量的劳动力。明清时期，经济作物种植业趋于规模化，种植户的家庭劳动力在某些生产环节难以满足需求，种植户便需要通过雇佣劳动力来完成生产。明清时期，在蚕桑业，棉花种植业以及烟、茶、蔗生产过程中都出现了商品化的雇佣劳动关系。

在蚕桑业生产中，种桑养蚕具有较高的技术含量，刚开始投入蚕桑业者便需要通过雇佣熟练的技术工人，才能生产出高质量的丝。清代光绪年间，南丰县人赵从佐"由苏浙带来桑种，聘请蚕工种桑养蚕，出丝甚佳"①。同治时，江苏南汇县知县罗嘉杰为发展蚕桑业，不但购桑买地，而且还"就嘉、湖等处雇工二名，栽植培剪"。蚕桑生产中，蚕月最为繁忙，"三四月谓之蚕月，家家闭户，不相往来"②。蚕月的劳动力投入最大，家庭中妇女儿童都要参与到采桑养蚕中来，"春日，蚕事起，妇孺奔走，采桑布箔，昕夕靡皇"③。养蚕规模较大的农户，家庭劳动力难以应付，便需要雇佣劳动力采桑饲蚕。光绪初，江苏六合县"每至蚕月，包桑饲蚕，有至数里外，雇人采土桑者，而四乡育蚕者亦复不少。新集有桑叶行，晨起即有担桑叶赴集售者，络绎不绝"④。在棉花生产过程中，大规模的棉花种植在棉花成熟的季节，既要投入大量的人力来看管棉花，又要投入劳动力来摘收棉花。清代光绪年间，江苏上海、南汇、奉贤等县的"木棉，早晚不同，十月候寒，游手之徒连群攫取，名曰捉落花，于是田户雇人防守，曰赶捉落花，有相斗致伤人命者"⑤。直隶正定府新乐县则在棉花丰收之时，需要雇佣劳动力摘棉花，按所收棉花的重量来发放工钱。"近多种棉，熟时，妇人、孺子，盈襭盈筐，计斤受雇值，不为无裨生计"⑥。在烟、茶、蔗的生

① 民国《南丰县志》卷1《物产》。
② 光绪《苏州府志》卷3《风俗》。
③ 光绪《淮安府志》卷2《物产》。
④ 民国《六合县续志稿》卷14《实业志》。
⑤ 光绪《松江府续志》卷5《风俗》。
⑥ 光绪《重修新乐县志》卷6《风俗》。

产过程中,也出现了雇佣劳动关系。光绪年间,安徽六安霍山的茶商"就地收买,倩女工捡提分配花色,装以大篓"①。包世臣在其《闸河日记》中记载,道光九年,水陆码头济宁"出产以烟叶为大宗。业此者六家,每年买卖至白金二百万两,其工人四千余名"②。而同治年间,新城县出现了专靠赁田栽烟的"莳烟家",他们租赁大片土地种植烟草,"合家老幼尽力于烟",并且还需要雇佣劳动力,由于报酬相对较高,使得当地"佣工者竞趋烟地而弃禾田"③。大规模的甘蔗生产也需要雇佣劳动力。四川内江县种蔗专业农户,雇佣工人大规模种植甘蔗,"平日聚夫力作,家辄数十百人"④。清代台湾规模化的种蔗专业户在熬制蔗糖时,亦需要雇佣劳动力,并进行分工协作,以完成制糖。《台海使槎录》记载:"廍中人工糖师二人、火工二人(煮蔗汁者)、车工二人(将蔗入石车硖汁)、牛婆二(鞭牛硖蔗)、剥蔗七人(园中砍蔗、去尾、去箨)、采蔗尾一人(采以饲牛)、看牛一人(看守各牛)、工价逐月六七十金"。

5.3.2 经济作物生产过程中土地投入的增加

明清时期,经济作物生产过程中土地的投入趋于增多,大体可以分为显性投入和隐性投入。显性的土地投入即通过土地市场直接购买或租赁土地来开展经济作物的生产。虽然,明清时期,土地市场秩序的完善为土地的买卖提供了前提,但从史料的记载来看,购买或租赁土地来投入经济作物生产的情况并不多见。更多是隐性的土地投入:一是开发山地和荒地来种植经济作物;二是经济作物种植逐渐由山区向平原发展,与粮食作物争地,使原来种植粮食作物的土地转而生产经济作物。

明清时期的蚕桑业和甘蔗种植业已出现直接购买或租赁土地来开展生产的情况。江苏的昆山和新阳县,"光绪初年,邑令王安定、廖纶捐俸购地,教民树桑育蚕,荒地日辟"⑤。江苏南汇县同治年间的知县罗嘉杰为发展当地的蚕桑业,也曾经买地种桑。"置买田四亩有奇,插槿为篱,种桑数百株,就嘉、湖等处雇工二名,栽植培剪,俾四乡知所则效焉"⑥。清代前期,山东人将柞蚕放养传入辽宁,他们在辽宁租赁山地放养柞蚕以收茧获利。乾隆年间,《塔子沟纪略》中便详细记载了山东人在

① 光绪《霍山县志》卷2《地理志》

② 《安吴四种》卷6《闸河日记》。

③ 同治《新城县志》。

④ 道光《内江县志要》卷1。

⑤ 民国《昆新两县续补合志》卷1《风俗》。

⑥ 光绪《南汇县志》卷3《桑局》。

朝阳塔子沟地区先是占山放蚕获利与当地人产生纠纷，后受当地官方调解，山东人租山放蚕，方平息争讼。“塔属各旗境内高山之中，多产篗篓，其叶大如掌，可饲山蚕，余无他用。先是山东种地人自伊本省携带蚕种出口试养，以后人争效之。至今放蚕者众。茧成之后捻线织细，名曰山细，与内地茧细无异。丰年茧多丝贱，每匹市价不过二两四五钱，可为袍服二。歉岁茧少丝贵，每匹市价二两七八钱有差。东民常欲占蒙古山场自专其放蚕之利，以致构讼无已。后经地方官定义收茧之时，令民人将所得十分之一给与山主为租价，近始相安无讼焉。”[①]由此可见，在山东人将放养柞蚕技术传入塔子沟地区前，该地区农民对山地尚未开发利用，亦不知山中篗篓养蚕的价值。而当本地农民学会放养柞蚕技术后，便认识到山地的价值所在，因而“东民常欲占蒙古山场自专其放蚕之利，以致构讼无已”。外来山东人只能通过租赁山地的方式即“将所得十分之一给与山主为租价”来发展柞蚕。随着放养柞蚕技术在辽宁的推广，逐渐出现了本地人租赁大面积山地以做蚕场。光绪年间，奉天辽阳州“野蚕饲以柞叶，山村僻地如城南兴隆沟、吉洞峪、浪子山以南，城东牛棚沟、茨沟一带，土人设场养蚕，资为农家之副业，输出额近日渐增，曰岁出茧七十万两”[②]。清代前期，江西的甘蔗种植由福建人传入，福建人在江西也是通过租地来种蔗的。康熙年间，赣州府雩都县“濒江数处，一望深青，种之皆闽人”[③]。南安府南康县“糖蔗悉系闽人赁土耕种”[④]。

明清经济作物种植业中土地的隐性投入，主要体现在山地的开发和将粮食作物用地转种经济作物。明清时期，“棚民”是山地资源开发的主力军，他们主要通过种植经济作物来开发利用山区的土地资源。明代万历年间，福建山区便出现了以开发山地种植经济作物为生的外来移民。福州府永福县山区“引水不及之处，则漳、泉、延、汀之民种菁种蔗，伐山采木，其利倍于田”[⑤]。明末清初，福建、江西、浙江等省山区也陆续出现种植经济作物的“棚民”。“江西、浙江、福建三省各山县内，向有民人搭棚居住，种麻种菁……谓之棚民”[⑥]。至清代中期，他们已经在中部和南部山区广泛存在（谢宏维，2004）。明清时期，“棚民”大多以种植经济作物来开发山地资源。清初，浙江的“棚民”“皆以种麻、种菁、载烟、烧炭、造纸张、作香菇等务

---

① 乾隆《塔子沟纪略》卷 9《土产》。

② 光绪《辽阳乡土志》《物产》。

③ 康熙《雩都县志》卷 1。

④ 康熙《南康县志》卷 2。

⑤ 万历《永福县志》卷 1《风俗》。

⑥ 《清朝文献通考》卷 19《户口》。

为业"[①]。江西袁州府的"棚民"则以种苎麻为业,"剥麻如山召估客,一金坐致十石黍",可见他们种麻之多,获利之大。至清代中期,已经出现了富裕的"棚民"投资租山来专门经营经济作物种植业。嘉庆六年,汪、凌、胡、黄四大家族协商后同意将山租给潜山人陈敦仁和福建人三茂用以种植生姜和青靛。[②] 清代,除了"棚民"对山地资源的开发之外,还有移民通过开发荒地来种植经济作物。清初,广东博罗县"蔗产于荒区,闽人辟草莱而莳之"[③]。钦州"雍正初,地尚荒而不治,自乾隆以后,外府州县人迁居钦者,五倍土著。人力既集,百利俱兴。山原陵谷皆垦辟种植甘蔗"[④]。明清时期,"棚民"和移民对山地和荒地的开发,极大地增加了可供农业生产利用的土地资源。而增加的这部分土地资源又大部分重新投入经济作物种植业中,促进了经济作物种植业的发展。

明清时期,经济作物的生产用地呈现由山区向平原推进的趋势,"棉争粮田""桑争稻田"等经济作物与粮食作物争地现象的出现,表明在经济利益驱使下,农民开始自主地调整农业生产结构以增加对经济作物的土地投入。明末清初,江南地区开始出现"棉争粮田"和"桑争稻田"的现象,大量原本种植粮食作物的土地被转而种植经济作物。明末清初,松江府、太仓州的耕地在总体上已经形成了稻田和棉田各占一半的格局(方行,等,2007),部分县的棉田面积超过了稻田面积。明代天启年间,松江府耕地"大半植棉"[⑤]。清初,乾隆《嘉定县志》记载,嘉定县以棉田为主,"稻田十仅得二三"[⑥]。崇明县"崇地植棉十居六七"[⑦],镇洋县"大率花六稻四"[⑧]。雍正《南汇县志》记载,南汇县耕地多种棉花,"地鲜稻",至道光年间,《川沙抚民厅志》描述川沙厅"木棉多于秔稻"。清代,华北棉区也出现了"棉争粮田"的情况。嘉庆《清平县志》记载,山东东昌府清平县木棉"所种之地,过于麦豆"。徐宗干在《斯未信斋文编》中描述高唐州"种花地多,种谷地少"。钟化民也在《救荒图说》中描述河南中州肥沃土地"半植木棉"。安阳县"正西及西南、西北一带,地处高阜,种棉者

---

① 《宫中档雍正朝奏折》第八辑,台北故宫博物院,1978。

② 嘉庆二十二年.《祁门凌氏敦义堂祠合同文约誊契簿》,中国社会科学院历史研究所藏。

③ 乾隆《博罗县志》卷 9。

④ 道光《钦州志》卷 1。

⑤ 徐光启《农政全书》卷 35《木棉》。

⑥ 乾隆《嘉定县志》8。

⑦ 乾隆《崇明县志》卷 12。

⑧ 乾隆《镇洋县志》卷 1。

十之六七，种麦者十之三四”①。明清时期，我国蚕桑产区又出现了“桑争稻田”的情况。明代，浙江西部蚕桑生产由山区推向平原。明代中叶，在相对较高的收益刺激下，太湖南岸的农民为种植桑树，发展蚕桑业，开始改田为地，填低地为高地，使得粮食作物耕地大量减少，而蚕桑用地逐渐增加。其间，嘉兴府至少减少了 1 354 顷田，增加了 1 560 顷地（景国华，2006）。乾隆时期，珠江三角洲地区桑基鱼塘生产发展，当地人“弃田筑塘，废稻树桑”。乾隆嘉庆年间以后，南海县的九江乡农民“多改业桑鱼，树艺之夫，百不得一”，“一乡之中，塘居其八，田居其二”②。此外，明清时期，在烟草、甘蔗的产地，也出现了与粮食作物争地的情况。明代，泉州“其地为稻利薄，蔗利厚”，“往往有改稻田种蔗者”③。乾隆年间，福建龙岩“种蔗及烟草，获利数倍，故多夺五谷之地以予之。田渐少，而粟弥匮乏”④。福建局部地区农民“种蔗煮糖，利较田倍，多夺五谷之地以植之”⑤。江西南安府大庾县“水深土亦厚，田地皆肥美。种蔗不种麦，效尤在在是”⑥。嘉庆道光以来，江西南康县甘蔗“种植繁多，埒与禾稼”，“种植日广，始于荦确，终及膏腴”⑦。福建漳州府，农民将肥沃的耕地改种烟草，“闽地二千余里……今则烟草之植，十之六七……所种秔稻菽麦亦寥寥耳”⑧。

① 《河北采风录》卷 2。
② 光绪《九江儒林乡志》卷 3，卷 5。
③ 陈懋仁.《泉南杂志》卷上。
④ 乾隆《龙岩州志》卷 10
⑤ 乾隆《福建续志》。
⑥ 乾隆《南安府志》卷 21，余光壁《勘灾道中诗》。
⑦ 同治《南康县志》卷 1。
⑧ 《皇明经世文编》卷 36《论闽省务本节用书》。

第六章　粮食的商品化及其影响

粮食生产是我国古代农业生产的主要内容。粮食是我国古代农业生产过程中最基本和最大宗的农产品。粮食的商品化是农业商品化发展的重要表现,也是农业内部产业分化近乎完成的重要标志(樊志民,2006)。我国古代农业生产水平的提高和粮食产量的增长是粮食商品化的基本前提。只有当粮食的生产水平能够满足社会基本生活需求的前提下,才可能有剩余粮食进入市场流通成为商品。我国古代社会分工的发展必然会使一部分人从农业中脱离出来从事其他行业,其所需的粮食便需要从市场购买。因此,从粮食供需的角度,对我国古代粮食生产水平、消费群体、粮食市场以及粮食的运销进行宏观的考察和分析,进而探究我国古代粮食商品化的驱动因素及其影响,有助于加深对我国古代农业商品化的认识。

6.1　我国古代农业生产水平的提高与粮食的商品化

在我国古代,农业生产水平的提高,尤其是粮食产量的增长是粮食商品化的基本前提。我国古代农业生产的首要目标在于满足社会对粮食的基本需求。因此,在正常的生产条件下,只有当农业生产水平能够提供社会基本的粮食需求量并有所节余,才可能有粮食进入市场流通成为商品。从战国秦汉时期开始,我国古代农业进入传统农业的发展阶段,以精耕细作为代表的农业生产技术体系不断被完善,农业生产水平虽然随着朝代的更替而有所起伏,但总体上呈现提升的态势。我国农业生产水平的提高,突出表现在粮食亩产量的增长上。粮食亩产量的增长,使为社会提供的粮食总量和剩余粮食量也趋于增加。随着粮食贸易的发展,粮食逐渐成为市场中的大宗商品,至清代中期,进入市场的商品粮总量至少已经占粮食总量的十分之一,粮食的商品化程度达到历史峰值。

6.1.1 战国秦汉精耕细作技术体系的初成与粮食生产水平的提高

战国秦汉时期是我国传统农业的奠基时期。铁器和牛耕在农业生产中的使用,极大地提高了农业生产效率。大量农田水利工程的修建为区域农业开发和生产提供了有利条件。传统农业科学的发展和精耕细作农业技术体系的形成,极大地推动了农业生产水平的提高。有学者认为秦时的农业劳动生产率约为西周时的3倍,粮食亩产量比西周时期提高约20%(郑绍昌,1985)。

粮食亩产量是衡量农业生产水平的重要指标。我国史料中关于粮食亩产量的记载始于战国时期,学界对战国秦汉时期的粮食亩产量的估算颇多,存在较大的分歧。但随着研究的深入,战国秦汉时的粮食亩产量趋于明朗。杜文凯将汉代粮食产量估算为每小亩1.5石,合140斤每亩(杜文凯,1957)。宁可估计汉代正常年份,一般田地每亩产粟140斤,产麦约150斤(宁可,1979)。张泽咸、郭松义则认为战国秦汉时代一般亩产在100斤上下(张泽咸和郭松义,1980)。余也非估算汉代的粮食亩产量为96.48斤(余也非,1980)。胡戟估计为每亩产粟约117斤,麦125斤(胡戟,1983)。吴慧认为战国中晚期粮食平均亩产量为216斤,汉代为264斤(吴慧,1985)。赵冈通过分析战国时期魏国和齐国粮食亩产量,认为战国时期平均亩产量接近85斤,汉代的平均亩产量在100～120斤(赵冈,2000)。吴宾通过分析对比吴慧、余也非、赵冈等人的研究成果后认为汉代粮食亩产量约为110斤(吴宾,2007)。黄今言则考虑了汉代不同地区农业生产水平的差异,对不同区域粮食亩产量进行了估算,南方农区平均亩产量1.37石,合128斤;中部平均亩产量1.5石,合140斤;西北屯垦地区亩产0.4石,合37.4斤(黄今言,2006)。樊志民的研究表明战国秦汉时期北方地区中等田地的粮食亩产约为2石,合187斤左右(张波和樊志民,2007)。可见,学界对战国秦汉时期粮食亩产量的估算差距较大,最低的仅为每亩0.4石,约37.4斤,最高则达每亩3石,约264斤。这是由于不同学者对文献中战国秦汉时期亩制和量制等问题的理解差异而造成的。但随着研究的深入和对相关数据的不断修正,可以看出战国时期的平均亩产量为85～100斤;秦汉时期,平均粮食亩产量在1～2石,约合93.5～187斤之间。

从对战国秦汉时期粮食亩产量的分析来看,这一时期粮食生产水平无疑有了极大的提高,但是战国秦汉时期的粮食生产水平能否满足社会基本生活的需求,是否在满足社会消费需求之后还有剩余粮食流入市场?赵冈曾对这一问题进行了初步探讨,他认为战国初期魏国农村粮食的余粮率,若不计租税,达到33.3%。他还提出由于战国时期城市中的非农业人口占总人口的比重不超过15%，无法消费农村的30%～40%余粮，从而造成了商品粮过多的问题（赵冈，2000）。战国秦汉时期，农村的余粮率能否达到如此高的比例，值得商榷。现以汉代为例，分别从单个农民和农户的角度来分析粮食的生产水平能否满足基本生活消费支出，并估算出汉代的余粮率。

首先，从单个农民的粮食生产能力与基本生活消费支出的对比来看，汉代一个农民一年所生产的粮食量能否满足其自身需求。学界一般认为汉代平均粮食亩产量在1.1～3石之间。然而这只是一个综合性的估算，应该考虑汉代不同地区土壤肥沃程度、耕作制度的差异，对各地粮食亩产量造成的差距。在一年一熟的耕作制度下，汉代南方农区一个农民年人均垦田23小亩，平均亩产量1.37石，年产粮32石；中部农区，人均垦田30小亩，平均亩产量1.5石，年产粮45石；西北屯垦地区，一个屯田卒员，人均垦田74小亩，平均亩产量0.4石，年产粮29石（黄今言，2006）。可见，西北地区是汉代单个农民粮食产量最低的地区。因此，可以西北地区为例来考察单个农民粮食年产量能否满足其自身需求。

汉代单个农民的消费支出主要包括基本口粮和赋税支出。汉代口粮最高的是军队，骑兵日食粗米8升，步兵6～7升，其次为丁男，日食米6升；自耕农全家平均口粮日食粗米5升（吴慧，1985）。由此可算出，汉代丁男月消费粮食1.8石，年消费粮食21.6石。汉代西北屯田卒月粮配额常量为2石左右（朱奎泽，2007），年消费粮食24石。汉代单个农民的年赋税支出，包括国家租税和算赋。按汉代“十五税一”或“三十税一”的税率交税，以西北地区为例，则需缴纳1.93石或0.97石粮食。汉高祖时算赋为120钱每人[①]，此后变化不大。汉代粮食价格变动较大，低至1石5钱，高则达1石万钱，汉代人多认为，谷价30钱为均价，但根据温乐平对汉代粮价资料的综合考察认为，汉代粮食常价为1石100钱左右，边郡可达200钱左右（温乐平，2008）。汉代，西北地区粮食价格应高于常价，姑且以汉代粮食常价为1石100钱来折算，西北单个农民需缴纳算赋相当于1.2石粮。由此可知，西北地区汉代单个农民的年赋税总支出为3.13石或2.17石。西北地区单个农民垦田74小亩，年产粮29石，除去一年基本消费21.6石和赋税支出3.13石或2.17石还余4.27石或5.23石粮食。即使按照西北屯田卒月粮配额常量为2石左右来计算，年消费24石粮，除去赋税支出还能余1.87石或2.83石粮食。由此，可推算出汉代

① 《汉书》卷1《高帝纪》注引《汉仪注》：“民年十五以上至五十六，出赋钱，人百二十为一算。”

西北地区单个农民的余粮率在 6.4%～9.8%之间。在汉代西北地区单个农民年粮食生产能力完全能够应对其基本消费需要以及赋税支出，而且还能有剩余粮食用于再生产或出售。汉代南方和中部地区单个农民的粮食生产水平远高于西北地区，农民一年能有更多的剩余粮食。因此，正常年景，一年一熟的耕作制度下汉代单个农民的所产粮食量不仅可以满足自身所需，而且还有剩余粮食。这为粮食进入市场进行交换提供了可能。

其次，从“五口之家”农户的粮食收成与生活基本支出的角度来考察农户一年粮食产量能否满足全家一年基本生活支出的需要。在探讨战国秦汉时的农户粮食生产能力时，学界通常以“一夫挟五口，治田百亩”为例，然而至汉代，由于人口的增加和地域的差异，全国各地一般农户所占耕地户均已难以达到百亩。从江陵凤凰山十号汉墓出土的郑里廪簿竹简材料可知，西汉初年，每户平均占有耕地 24.83 大亩，合小亩 59.6 亩(李根蟠，2004)。因此，以 60 亩的中等自耕农户(3 个大人，2 个小孩)为例，来考察汉代农户年产粮量能否满足全家基本需求可能更为符合史实。汉代粮食亩产量我们采用樊志民对战国秦汉时的中等田地亩产量为 2 石左右的估算。“五口之家”的农户耕种 60 亩，一年可收粮食 120 石左右。汉代自耕农家庭多为耕织结合，全家衣着所需布匹便可以通过妇女纺织自给，家庭支出主要包括口粮、食盐、国家租赋。按汉代自耕农全家平均口粮日食粗米 5 升计算，一月全家口粮 7.5 石，全年口粮 90 石。食用盐年需 1.8 石，计 900 钱(黄今言，2005)。按汉代粮食常价 1 石 100 钱计算，折合粮食 9 石。汉代成年男女算赋为 1.2 石粮一人，3 个成年人则需 3.6 石。汉代“民年七岁至十四岁出口钱，人二十，以供天子[①]”，按汉代粮食常价 1 石 100 钱计算，口赋 20 钱相当于粮食 0.2 石。2 个小孩需缴纳口赋粮食 0.4 石。汉代国家田租，若以“十五税一”计，农户年收粮 120 石则需缴纳粮食 8 石，若以“三十税一”计则纳粮 4 石。因此，汉代国家田租率为“十五税一”的时期，农户的全年基本支出用粮 90＋9＋3.6＋0.4＋8＝111 石，农户全年可余粮 9 石。而当汉代国家田租率为“三十税一”的时期，农户全年可余粮 13 石。由此，可算得汉代农户余粮率在7.5%～10.8%之间。

综合前文分析可知，战国秦汉时期，农民的粮食生产水平完全能够满足自身的需求，而且还有剩余粮食向市场出售。而至汉代，农户的余粮率大约在 7.5%～10.8%之间，若农户将余粮全部出售，那么汉代的粮食的商品率也大致在此区间。

① 《汉书》卷 8《宣帝纪》注引《汉仪注》。

可见,战国秦汉时期,粮食生产水平的提高为粮食成为商品提供了前提。战国秦汉时期商品经济的发展,加强了农民与市场的关系,农民通过出售剩余粮食来购买其他生活与生产资料。于是,粮食成为商品,进入市场流通。历史文献和考古遗存中所保留的关于这一时期粮食价格的资料则进一步证实了粮食的商品化发展(参见表 6.1)。

表 6.1 战国秦汉时期粮食价格史料表①

年代	粮食种类	资料	出处
战国	谷	中岁之谷,粜石十钱;凶岁谷贵,粜石三十钱	《管子·国蓄》
战国	粟	石钱三十	《汉书》卷 24《食货志》
战国	粟	石卅钱	云梦秦简《司空律》
秦始皇	米	关中大索二十日,米石千六百钱	《史记》卷 6《始皇本纪》
楚汉战争	米	楚汉相距荥阳也,民不得耕种,米石至万钱	《史记》卷 129《货殖列传》
汉高帝	米	关中大饥,米斛万钱,人相食	《汉书》卷 1《高帝纪》
汉高帝	米	民失作业,而大饥馑,凡米石五千	《汉书》卷 24《食货志》
汉高帝	米	不轨逐利之民,蓄积余赢,以稽市物,痛腾跃,米至石万钱	《汉书》卷 24《食货志》
汉文帝	粟	天下殷富,粟至十余钱	《史记》卷 25《律书》
汉文帝	谷	故致充实殷富,泽加黎庶,谷至石数十钱	《太平御览》卷 35 引桓谭《新论》
汉宣帝	谷	金城、湟中谷斛八钱,吾谓耿中丞,籴二百万斛谷,羌人不敢动矣	《汉书》卷 69《赵充国传》
汉宣帝	粟	今张掖以东粟石百余,刍槁束数十	《汉书》卷 69《赵充国传》
汉宣帝	谷	比年丰,谷石五钱	《汉书》卷 9《宣帝纪》
汉元帝	谷	二年,齐地饥,谷石三百余	《汉书》卷 24《食货志》

① 因年代或地点不明,未将《居延汉简》和《九章算术》中诸多汉代粮食价格史料列入。

续表

年代	粮食种类	资料	出处
汉元帝	谷	是时，岁比不登，京师谷石二百余，边郡四百，关东五百	《汉书》卷79《冯奉世传》
王莽	米	今雒(洛)阳以东，米石二千	《汉书》卷99《王莽传》
王莽	粱米	粱米八斗，直百六十 米三石，直百六十	《居延汉简》《劳边使者过界中费》
东汉光武帝	粟	初，王莽末，天下旱蝗，黄金一斤易粟一斛	《后汉书》卷1《光武帝纪》
东汉光武帝	谷	直谷一石，石三千	《建武三年侯粟君所责寇恩事》，《文物》，1978(1)
东汉明帝	粟	是岁，天下安平，人无徭役，岁比登稔，百姓殷富，粟斛三十，牛羊被野	《后汉书》卷2《明帝纪》
东汉章帝	米	建初中，南阳大饥，米石千余	《后汉书》卷43《朱晖传》
东汉安帝	米	时州郡大饥，米石二千，人相食，老弱相弃道路	《后汉书》卷5《安帝传》引《古今注》
东汉安帝	米	诩始到，谷石千，盐石八千，见户万三千。视事三岁，米石八十，盐石四百，流人还归，郡户数万，人足家给，一郡无事	《后汉书》卷58《虞诩传》
东汉安帝	谷	国界大丰，谷斗三钱，民无疾苦，永保其年	《金石萃编》卷6《祀三公山碑》
东汉安帝	粟	湟中诸县粟石万钱，百姓死亡不可胜数	《后汉书》卷87《西羌传》
东汉顺帝	粟	迁张掖太守。岁饥，粟石数千，访乃开仓赈给以救其敝	《后汉书》卷75《循吏列传》
东汉灵帝	米	毅初到郡，米斛万钱，渐以仁恩，少年闲，米至数十云	《后汉书》卷86《南蛮西南夷列传》
东汉献帝	谷、豆、麦	是时谷一斛五十万，豆麦一斛二十万，人相食啖，白骨委积	《后汉书》卷9《献帝纪》
东汉献帝	谷	故货贱物贵，谷石数万	《后汉书》卷72《董卓传》
东汉献帝	谷	民悦年登，谷石三十	《后汉书》卷73《刘虞传》

6.1.2 魏晋隋唐时期农业生产的恢复与发展

魏晋南北朝时期的长期战乱，给农业生产造成了重大的破坏，农业经济甚至出现了局部的衰退。至唐代，随着政局的稳定和国家重农政策的刺激，农业生产逐渐从战乱中恢复和发展起来。战国秦汉时期形成的农业生产技术在魏晋隋唐时期被进一步完善，北方的旱作技术体系逐渐成熟，南方水稻的生产技术也有较大发展。魏晋隋唐时期，农业生产技术取得较大的进步，从而促进了农业生产的发展。首先，魏晋隋唐时期牛耕逐渐推广，农业生产工具也有新的发展。《齐民要术》中记载的农具便有二十多种，其中不少是汉代所未有。魏晋时期，北方旱作的农业生产工具已经形成了完整的系列(梁家勉，1989)。隋唐时期，南方水田农具的发展突出表现在曲辕犁的改进和各种水田整地工具的出现。其次，从农业生产技术的角度来看，魏晋隋唐时期，北方已经形成了以耕—耙—耢为代表的整地技术，选育良种、作物轮种、田间管理等方面也进一步精细化。再次，魏晋隋唐时期，兴建农田水利设施推动了灌溉农业的发展。魏晋南北朝时期，各地方政权对区域性的农田水利工程进行了修理和整治，如南朝宋元嘉时，雍州刺史张邵在襄阳"筑长围，修立堤堰，开田数千顷，郡人赖之富裕赡"①。梁时，夏侯夔"帅军人于仓陵立堰，溉田千余顷，岁收谷百余万石"②。唐代，北方农田水利的兴建表现在河曲地区引黄灌溉成功和关中农田灌溉水利的恢复。唐代中期以后，南方农田水利发展迅速。江南太湖地区灌溉水利系统的初步形成，钱塘灌区的开辟以及塘浦圩田的发展推动了江南地区农业生产的发展(梁家勉，1989)。

魏晋隋唐时期，农业生产技术的进步和水利工程的修建，推动了农业生产水平的恢复和发展，粮食的亩产量也有所提高。学界对魏晋隋唐时期的粮食亩产量的研究颇多。魏晋南北朝时粮食平均亩产量的估算最低为 94.92 斤(余也非，1980)，最高的达 281 斤(吴慧，1985)。唐代粮食平均亩产量最低为 85.8 斤(曹贯一，1989)，最高为 334 斤(吴慧，1985)。赵冈、吴存浩和吴宾的估算则居中，他们认为魏晋时期粮食平均亩产量在 120 斤左右，唐代为 154 斤(吴宾，2007)。此外，学者还对这一时期南方的水稻亩产量进行了估算，余也非认为魏晋时南方水稻亩产量为 94.92 斤，隋唐时上升到 136.32 斤(余也非，1980)。吴存浩认为南方水稻亩产

① 《宋书》卷 46《张邵传》。

② 《梁书》卷 28《夏侯亶传》。

量在唐代达到了368斤(吴存浩,1996)。虽然各位学者对魏晋隋唐时期粮食亩产量的估算差距颇大,但从总体来看,与战国秦汉时期相比较,基本能够判断出魏晋隋唐时期在战乱之后,粮食的亩产量逐步恢复到汉代水平,并且在唐代有所提高。从人均占有粮食量的变化来看,吴慧的研究认为秦汉时期人均粮食占有量为963斤,而唐代为1 256斤。赵冈认为两汉时期人均占有原粮量为574斤,唐代为716斤。虽然两者的估算差距较大,但他们基本都认可由秦汉至唐代,人均占有的粮食量已经有了较大幅度的提升。魏晋隋唐时期粮食亩产量的恢复,人均占有原粮量的增加,意味着农业生产提供的剩余粮食数量的增加,有更多的粮食可以进入市场流通。魏晋南北朝时期,粮食已成为主要的大宗商品之一,粮食贸易范围遍布城乡各级市场(操晓理,2008)。至唐代,唐朝政府对粮食贸易相对开放的政策,使官方和民间的粮食贸易都得到较大的发展(李维才,2011)。无论从粮食的商品性生产,还是从粮食的流通运销上来看,唐代粮食的商品化已经达到了相当高的程度和规模(刘玉峰,2004)。

6.1.3　宋元时期农业生产水平的提升与粮食长距离运销的出现

宋元时期农业生产工具的进步,以及畜力、水力和风力等农业动力的普遍利用极大地推动了农业生产技术的发展。宋元时农业生产工具的进步表现在农具生产原料的改进、农具种类的增多和型制的创新。宋代沈括《梦溪笔谈》中记载了将生铁加工成钢材的灌钢法:“世间锻铁所谓钢铁者,用柔铁盘屈之,乃以生铁陷其间,封泥炼之,锻炼相入,谓之团钢,亦谓之灌钢。”①宋元时期,随着灌钢冶炼法的流行,原来以铸铁为原料的农具逐渐被钢刃熟铁农具所代替,提高了农具的硬度和利度。宋代出现了我国农书中的农具专书《农器谱》,而元代王祯《农书》中亦有“农器图谱”的专篇,其中记载了近百种的农具。这充分表明宋元时农业生产工具的种类繁多。宋元时期的农具在型制上也有新的发展,如在唐代曲辕犁的基础上,宋元时期的耕犁增加了钩环和犁刀,增加了犁的灵活性和破土性能。钩环和犁刀的应用是我国传统耕犁发展过程中的重大革新,传统耕犁至此定型(梁家勉,1989)。宋元时期还出现了耖、耥等新式水田耕作农具,南方水田耕作的全套农具趋于完备。南方逐渐形成了“耕—耙—耖—耘—耥”的水田耕作技术。因此,至宋元时期,我国北方旱作农具和南方水田农具都已完整配套,传统农具发展成熟。北方形成了“耕—

① 《梦溪笔谈》卷3。

耙—耢”为代表的旱地耕作技术,南方形成了“耕—耙—耖—耘—耥”为代表的水田耕作技术,我国南北两大耕作技术体系也趋于成熟。

在农业生产技术提高的前提下,宋元时期,为了解决南方人多地少的问题,变革种植制度,提高复种指数以增加粮食产量。宋元时期粮食种植制度的变革表现在长江流域稻麦两熟制的形成和双季稻种植区域的扩大。虽然早在唐代,江南地区已经产生了稻麦复种制度(李伯重,1990),但直至宋代,“刈麦种禾,一岁再熟”的稻麦复种制度才在长江流域形成一种相对广泛而稳定的耕作制度(李根蟠,2002)。长江流域稻麦两熟制的形成和推广为提高南方土地的利用效率,增加粮食产量发挥了重要作用。宋元时期,水稻品种已经形成了早、中、晚稻齐全的局面,南方双季稻种植得到较大的发展。宋代,占城稻从福建传入长江流域,为长江流域的水稻进行两季种植提供了优良稻种。“江东西田分早晚,早田者种占早米,晚田种晚大禾”①。宋代,双季稻的种植从两广岭南地区向北推进到了福建和贵州(梁家勉,1989)。宋元时期,双季稻种植区域的扩大,增加了南方稻田的复种指数,从而提高了水稻的年产量。

宋元时期农业生产技术的提高,南方水田复种指数的增加以及粮食种植面积的扩大促进了宋元粮食产量的增长。宋元时期粮食平均亩产量比隋唐时期有了较大的提高。虽然学者对宋元时期粮食平均亩产量的估算不一,但宋元时期粮食平均亩产量均明显高于隋唐时期。吴慧对历代粮食平均亩产量的估算中,唐代的粮食平均亩产量为 334 斤,而元代为 338 斤。余也非的研究结果则表明元代粮食平均亩产量比隋唐时期增长了 27.3%。赵冈估算唐代的粮食平均亩产量为 125 斤,宋代为 183 斤,宋代时粮食平均亩产量比唐代增加了 46%,人均占有原粮量则增长了 26.5%。吴存浩认为唐代粮食平均亩产量为 124 斤,宋代则达到 142 斤,增长了 14.5%,尤其是宋代南方稻区的粮食平均亩产量增幅较大,从唐代的 368 斤增加到 688 斤,增长了 87%。

宋元时期,南方稻麦两熟制的发展,逐渐拉大了南北方粮食亩产量的差距。宋代,南方粮食的亩产量普遍高于北方,南方水田 1 亩产量相当于北方旱地 3 亩(漆侠,2007)。元代,南北粮食亩产量差距更大,南方估计平均在 1～1.5 石,北方则仅为 1～5 斗(陈高华和史卫民,2000)。随着宋元时期粮食产量的地域差异的日趋明显,全国逐渐形成了长江三角洲地区为代表的商品粮集中产区。这些粮食产区的

① 《象山文集》卷 16《与章德茂书》。

生产能力不仅可以满足本地粮食需求，而且还可以为外地供应粮食。宋代两浙路"湖、苏、秀三州号为产米去处，丰年大抵舟车四出"①，宋代便有"苏湖熟，天下足"的谚语。江南西路产粮不仅"岁漕以供京师"，而且商人通过水陆交通将大量粮食贩运他处，"春夏之间，淮甸荆湖，新陈不续，小民艰食，豪商巨贾，水陆浮运，通此饶而阜彼乏者，不知其几千亿万计"②。元代江浙行省"苏、湖、常诸郡，土壤肥沃，民务细作，岁赋租米数百万石，漕海以供京师"③。宋元时期，地区间粮食产量差距的拉大，促使长距离贩运的粮食贸易发展起来。宋代，建康府来自江西和湖南的竹木商人在回程时贩运稻米，"客人多自江西、湖南搬运斗竹木前来建康府，往往算请盐钞并籴米以回"④。南宋时杭州城市人口众多，所需粮食"赖苏、湖、秀、淮、广等处客米到来"⑤。可见，南宋时广南米谷已运销至杭州。元代政府鼓励商人贩运粮食至上都与和林(陈贤春，1993)，以满足元代上都、和林所驻扎军队和工匠的粮食需求。元定都大都后，每年有大量的商人通过漕运和海运将粮食由中原和江南贩卖至大都，"大都里每年百姓食用的粮食，多一半是客人从迤南御河里搬将这里来卖有"⑥。扬州盛产稻米，商人将稻米载以舟船沿长江而上，"远及长沙"⑦。此外，宋代两浙路粮食甚至已经通过杭州、泉州等港口远销至海外(方如金，1991)。宋元时期，长距离粮食贸易的发展表明粮食的贸易已经超出了区域内部粮食盈余调剂的范围，粮食的商品化程度进一步加深。

6.1.4 明清时期土地利用率的提高与商品粮总量的增长

明清时期，人口大量增加，耕地面积虽然有所扩展但难以满足人口增长的需要，人均耕地面积逐渐减少。明洪武二十四年，全国人均耕地面积为 14.56 亩，至道光时，人均耕地面积仅为 1.35 亩，人多地少的矛盾突出(梁家勉，1989)。正是在人均耕地不足 2 亩的条件下，明清时期的农业生产水平满足了 4 亿人口的粮食需求，说明这一时期的农业生产水平有了很大的发展。明清时期，农业生产工具已经基本定型，农业生产工具只是有所改进和提高，并没有显著提高农业生产力的新农

① 《双溪文集》卷 11《上赵丞相书》。

② 《禾谱序》。

③ 《滋溪文稿》卷 3《常州路新修庙学记》。

④ 《宋会要辑稿·食货一七》。

⑤ 《梦粱录》卷 16《米铺》。

⑥ 《通制条格》卷 27《拘滞车船》。

⑦ 《至顺镇江志》卷 4《土产》。

具的出现。明清时期的农业生产技术在原有基础上进一步精细和完善，也并无重大突破。明清时期农业生产的发展集中体现在提高土地利用率上，耕地轮作复种制的发展和美洲高产粮食作物的传入对粮食产量的增加起到了重要的作用。

宋元时期，南方稻麦两熟制已经形成，北方依然是一年一熟制。明清时期，不仅南方的耕作制度有所发展，而且北方土地的复种指数也有所增加。明清时期，长江流域的稻麦两熟制进一步推广到安徽、四川等地，安徽来安"种则夏麦秋稻，岁率两收"①，四川天全州"芒种前后，锄田插秧，农乃登麦"②。明清时期，双季稻的种植地域从广东、福建等地拓展至广西、江西和四川等地。清代时，台湾出现了三季稻，"台湾百余年以前，种稻岁只一熟，自民食日众，地利日兴，今则三种而三收"③。此外，南方水田地区轮作的作物种类也有所扩展，除了稻麦轮作外，还发展出水稻和大豆、油菜、蚕豆、荞麦等作物的轮作。清代中叶以后，北方的土地复种指数有所增加，山东、陕西、河北等地已经发展出三年四熟或二年三熟的耕作制度。明清时期，南北方的农业生产者通过变革耕作制度，增加土地的复种指数和轮作的作物种类，提高了土地的利用效率，最大化了土地的产出，增加了粮食的产量。明代中期以后，我国从海外引进了大量的美洲作物，其中玉米、番薯和马铃薯的传入和推广，对我国土地利用率的提高和粮食作物的构成都产生了重要的影响。玉米、番薯和马铃薯的适应性强，可以在不宜种稻、麦的山地上种植，而且产量较高，因此在引入之后，迅速推广开来，成为山区农民重要的粮食作物。明代贵州绥阳县"平地居民只知种稻，山间民只知种秋禾、玉米，粱、稗、菽、豆、大麦等物"④。清代时，福建、浙江等地山区农民种植番薯为粮，"一亩可收千斤，故高山海泊无不种之，闽浙贫民以此为粮之半"⑤。四川城口厅，"洋芋，厅境嘉庆十二三年开始有，贫民悉以为食"⑥。奉节县自乾嘉时期便种植玉米、马铃薯和番薯，至光绪年间"栽种遍野，农民之食，全恃此矣"⑦。清代，玉米、番薯和马铃薯的种植面积不断扩大，引发了我国古代粮食作物结构的变化，玉米逐渐取代谷子和高粱在粮食作物中的地位。明清时期，美洲高产粮食作物的传入和推广，对开发山地资源，提高土地利用效率和增加粮食总

---

① 道光《来安县志》。

② 咸丰《天全州志》。

③ 《江南催耕课稻篇·再熟之稻》。

④ 道光《遵义府志》引明代《利民条例》。

⑤ 《畿辅见闻录》。

⑥ 道光《城口厅志》。

⑦ 光绪《奉节县志》卷 15。

产量产生了重要影响。

明清时期，农业生产的发展，使得粮食亩产量和粮食总产量都有所增加，进入市场流通的商品粮总量也大幅增长。在对明清粮食亩产量的研究上，吴慧的估算最高，他认为明朝的粮食亩产量为 343 市斤。清朝前中期，将玉米、甘薯的产量都加入，粮食平均亩产量则达到了 367 市斤(吴慧，1985)。吴存浩和余也非的估算则最低，他们认为明清的粮食平均亩产量在 155 市斤左右(吴存浩，1996)。赵冈的估算则居中，他认为清代中叶的粮食平均亩产量为 296 市斤(赵冈，2000)。虽然他们的估算彼此之间差距较大，但与宋元时期相比，明清时期亩产量的增加是无异议的。从粮食总产量上来看，明清时期也有较大增长，宋元时期的粮食总产量约为 1 749.45 亿斤，明代(1600 年)粮食总产量上升到 2 385.88 亿斤，至清代中期(1840 年)则达到了 3 122.32 亿斤(吴宾，2007)，为我国古代历朝粮食总产量的最高值。明清时期，粮食亩产量和粮食总产量的提升，反映了这时期农业生产水平的提高。据统计，明清时期的口粮需求在社会粮食总需求中的比例约为 83%(吴宾，2007)。明清时期，农业生产水平不仅能够满足社会基本的口粮需求，而且还能有余粮进入市场流通。明清时期，进入市场流通的商品量总量也大幅增长。明代后期，仅长距离的粮食运销量便在 1 000 万石左右(许涤新和吴承明，2003)，如果加上各区域内部的粮食交易量，则高于 1 000 万石。清前期，粮食的运销规模有所扩大。清前期，粮食的商品量为 536.6 亿斤，占粮食总产量的 17.26%(吴慧，2008)。至清代中期，粮食贸易更为兴盛，形成了长江沿线、南北运河线、珠江沿线、海上线等十条粮食运销线路，郭松义的统计认为，这些线路上年总运粮食量在 36 000 余石，除去官粮的运量，商品粮约为 3 000 万石，是明代后期的 3 倍，在总商品粮量中占 20%左右。清代中前期的全国中长途商品粮流通量约为 4 650 万～5 750 万石。清代商品粮总数大概占粮食总产量的 10%～15%，约为 104 751 千万～157 126 千万石(郭松义，1994)。到鸦片战争前夕，全国粮食流通量约占总产量的 10.5%，占国内市场商品流通总量的 42%，居第一位(周明生，1989)。吴承明认为清代粮食的商品率，1840 年约为 10%，1894 年约为 16%，1919 年增至 22%左右(吴承明，1985)。因此，至清代中期，粮食已经成为国内市场中流通量最大宗的商品，粮食总产量中至少有十分之一已经成为商品，清代粮食的商品率至少达到了 10%。

6.2 粮食消费群体的多样化与粮食市场的层级化

在我国古代,粮食是人们生存和发展的必需品。然而,并非所有的人都需要通过直接生产而获得粮食,随着我国古代社会经济的发展,逐渐形成了大量需要通过市场购买粮食的消费群体。首先,随着社会分工的扩大,体脑劳动的分离,促使一部分生产者从农业中脱离出来,从事非农业的社会活动。其次,我国古代农业商品化的发展,会刺激部分农民调整生产内容,从粮食生产中脱离出来而从事收益相对较高的经济作物生产。再者,我国古代地区间粮食生产水平和生产条件的差异,人口分布的不均,也会造成粮食产量和需求的地区差距,从而形成余粮区和缺粮区的差别。因此,我国古代粮食消费群体的构成中,既有从事非农业生产的政府官员、军队、城市居民和工商业者等,又有从事农业生产的经济作物种植户和缺粮地区的农民。我国古代粮食消费群体的多样化,对粮食市场的层级化发展有重要的意义。粮食商人可以针对不同消费群体的需求特征来进行经营,从而形成层次鲜明、各具特色的城乡粮食市场。

6.2.1 不同消费群体的商品粮需求

我国古代的粮食消费群体呈现出多样性,既包括脱离农业生产领域的政府官员、军队、城市居民和手工业者,还包括经济作物种植户和缺粮地区的农民。我国古代政府对粮食的消费主要用于国家仓储、军队和官员食俸,政府对粮食的需求主要通过税粮收入来满足,在特殊条件下则向民间征购,如始于北魏时的“和籴”。然而,城市居民、手工业者、缺粮地区的农民主要是通过粮食市场来购买所需要的粮食,他们与粮食市场联系更为紧密。这些消费群体的存在和扩大,极大地推动了粮食的商品化。因此,重点分析我国古代城市居民、以酿酒业为代表的手工业生产以及缺粮农民的商品粮需求,有助于更深入理解我国古代粮食的商品化。

我国古代城市居民的构成随着社会分工的扩大和城市经济的发展而发生变化,总体而言,农民所占比重逐渐下降,非农人口数量逐渐增多。战国秦汉时期,城市居民虽然有了“士、农、工、商”之分,但依然以农民为主体(宋仁桃,2006)。至唐宋时期,城市居民以非农人口为主体,城市社会逐步从士人社会向市民社会转型(宁欣,2009)。我国古代城市居民构成的非农化趋势,造成了城市居民对粮食的大量需求,也形成了数量巨大的粮食消费群体,进而促进了粮食的商品化。唐代前期，长安城居民在50万左右，一年总需粮食量约390万石，其中包括军粮和政府用粮263万石，长安城普通居民一年所需粮食量127万石。至唐代中期，长安城人口增加到90万人，一年所需粮食量增加到737万石，除去军粮和政府用粮，长安城普通居民一年所需粮食量约为337万石（徐宏件，2007）。唐代长安城军粮和政府用粮可以通过国家行为的税赋征收来满足，而普通居民的粮食需求则只能通过粮食市场购买而得到满足。唐长安城普通居民的日常粮食消费主要依靠米行、麦行的谷物商人来提供（赵建勇，2008）。宋代的城市不仅数量大为增长，而且城市类型多元化，宋以前城市多以中央和地方政府驻地的政治型城市为主，宋代则发展起来诸多因工商业、手工业兴盛而形成的经济型城市。随着城市数量的增长，城市人口急速膨胀。南宋中后期，临安城内外人口约有150万～160万人，建康城内外约有80万～90万人。南宋末，平江府城总人口70万人以上。南宋乾道末年，成都府的人口50万～60万人（陈国灿，2009）。据学者统计，宋代10万以上人口的城市便有40座，此外还有大量人口过万的镇（吴存浩，1996）。宋代城市人口的急速膨胀，使得需要通过市场购买的粮食数量大为增长。如宋代都城开封和临安“每日街市食米，除府第、官舍、富室及诸司有该俸人外，细民所食，每日城内外不下一二千石，皆需之铺家”①。秀州的魏塘镇“整日得米数十石，每一百石，舟运至杭、至秀、至南浔、至姑苏粜钱，复买物归售”②。元代大都人口，据陈高华的估计约为40万～50万人（陈高华，1983），世祖末期，仅大都居民口粮数量至少需要182.5万石。至明清时期，全国行政中心城市网基本形成，大中小城市等级规模结构趋于均衡。南京、北京、苏州成为人口超过100万的特大型城市，人口规模在50万～100万的大城市大约有9个，人口在20万～50万的中等城市达到100多个，小城市及镇则超过2 000个（顾朝林，1999）。明清时期，城市人口的大幅增长，使得全国对商品粮的需求量更大，从而使粮食商品率提高和商品粮总量增加。

我国古代酿酒业是手工业生产中消费粮食最多的行业。酿酒所需粮食，尤其是民间酒坊所需粮食，多从市场购买，推动了粮食的商品化。汉代粮食酿酒“一酿用粗米二斛，曲一斛，得成酒六斛六斗”③，可见，汉代用1斗米酿酒可以得3.3升，出酒率为1∶3.3。至宋代，酿酒技术有了很大提高，“今酒之至醴者，每秫一斛不

① 《梦粱录》卷16《米铺》。

② 《续古今考》。

③ 《汉书》卷24《食货志》。

过成酒一斛五斗,若如汉法则粗有酒气而已"[①]。宋代酿造度数最低的酒的粮食出酒率降到了 1∶1.5,而宋代一般性的粮食出酒率已经下降至 1∶1。可见,随着酿酒技术的进步,酿酒过程中酒中的水分含量降低,酒精度提高,出酒率逐渐降低,酿造等量的酒需要消耗的粮食数量则更多。此外,随着我国古代酿酒业由官方垄断向民间的普及,各地因酿酒而消费的粮食量也不断增长。宋代熙宁九年,东京"在京酒户,岁用糯米三十万石"[②]。据李华瑞的研究,宋代乾兴元年,杭州酿酒用粮 1 万~3 万石,绍兴初年,杭州酿酒用粮达到 25 万石米。四川地区在绍兴元年酿酒耗费 230 万斛米。绍兴三十二年,舒州酿酒耗粮为 5 900 硕米。嘉定十六年,潭州酿酒消费 11.5 万石米。宝庆三年,庆元府酿酒用 14 722.8 硕糯米。宋神宗熙宁十年,全国酿造商品酒约用粮食 1 600 万石米(李华瑞,1995)。元代饮酒之风盛行,消费量大刺激了酒的生产,所需粮食颇多。仅以元代大都为例,至元二十二年,若以"大都酒课,日用米千石"[③]来计算,当年,大都仅酿酒消耗粮食 36 万石。至元十四年,大都糟房"列肆数百,日酿有多至二三百石者,月已耗谷万石,百肆计之不可胜算"[④]。至元代中期,至大三年,大都酿酒一年便要消耗粮食 49 万多石(默书民,2004)。元末元顺帝时,大臣马扎儿台"于通州置塌坊开酒馆糟房,日至万石"[⑤]。明代的酿酒业也较为发达,明代初期,明太祖下令在南京建造酒楼,鼓励民间开设酒肆。洪武二十七年八月,"新建京都酒楼城,先是上以海内太平思欲与民皆乐,乃命工部作十楼于江东诸门之外,令民设酒肆其间以接四方宾旅。……既而又增作五楼,至是皆成"[⑥]。明初,仅南京便至少有十五家酒楼,每日所消耗酒量颇大,酿酒所需粮食也较多。至明代中期,北京的酿酒业发达,城郊各地已遍布酿酒作坊(廖建智,2005)。清代酿酒业更为发达,已形成了"糟坊酤于市,士庶酿于家"的局面。在北方,酿酒以直隶、河南、山东、陕西、山西五省最盛,"北五省向多开烧锅,以酒为业"。乾隆年间,方苞估计黄河流域五省每年酿酒用粮便需要一千几百万石。[⑦] 乾隆年间,北方五省造酒所需酒曲,多产自河南。富商大贾购买大量粮食,开坊造曲牟利。"豫省产粮,惟二麦为最广,而耗费麦粮者,莫如踩曲为甚。凡直隶

---

① 《梦溪笔谈》卷 3《辨证》。

② 《宋会要辑稿》食货二〇之九。

③ 《元史》卷 205《卢世荣传》。

④ 《牧庵集》卷 15《中书左丞姚文献公神道碑》。

⑤ 《庚申外史》卷上,丛书集成本。

⑥ 《明实录》卷 234《大政纪》。

⑦ 《请定经制劄子》。

山陕等省，需用酒曲，皆取资于豫，故每年二麦登场后，富商巨贾在水陆码头，有名集镇，广收麦石，开坊踩曲，耗麦奚啻数千万石"[①]。陕西咸阳、朝邑亦有人开设曲坊，将酒曲向外省出售。"每年晋豫客商预先持银来陕定造，盈千累万，骡负船装，每年耗费之麦，不下数十万石"[②]。北方其他省份酿酒所需粮食亦不少。如康熙年间，山东济南已有酒坊百余家，商人收麦制作酒曲造酒"多可数千石，少亦不下几百石"[③]。据嘉庆《禹城县志》记载，嘉庆年间，禹城县已有酿酒烧锅 40 多所，每年酿酒所需"米麦高粱不下数千石"。清代南方浙江、江苏、安徽和四川等省酿酒业较为发达，每年需要大量粮食用于酿酒。嘉庆时期，苏州造酒用粮每年超过数百万石。两江地区"酿酒数千家，获利既重。为业日多。约计岁耗糯米数百万石，踩曲小麦又数百万石"[④]。嘉庆时，湖南善化县酿酒"每日用谷约千余石"[⑤]。江苏镇江、淮安、徐州，安徽凤阳等处为酒曲的著名产地，每年麦收之时，富商"挟持重资，赴各处大镇，多买麦石，广为造曲。而地方嗜利之人，亦多买麦石，广造以货卖"[⑥]。湖北襄阳"向有富商大户，挟其重资，囤买麦石，踹曲取利"[⑦]。可见，清代前期，在局部地区的酿酒业中踩曲与造酒不仅已经分离，而且商人资本开始支配酒曲的生产。酒曲的制造需要消费大量的麦，而造酒则需要消费大量的高粱和谷米，商人开设曲坊和酒坊，便需要从市场上购买大量的粮食作为生产原料。无疑，酿酒业的发展在很大程度上促进了粮食的商品化发展。

我国古代粮食消费群体除了政府官员、城市居民、手工业者等脱离农业生产的群体外，还有部分缺粮地区农民和经济作物种植户也需要从市场购买粮食来维持生存。农业生产条件的地域差异以及局部地区人地比例的不均衡，必然会造成部分地区的粮食产量难以满足当地农民的需求，从而形成缺粮地区。以宋代为例，宋代福建、浙东、湖北、两淮地区便为缺粮地区，所需粮食需要从浙西、两广、四川、湖

① 《署理河南巡抚尹会一为请严禁开坊广踹(同"踩"，下同)贩曲事奏折》(乾隆二年七月十七日)，参见叶志如. 乾隆年间江北数省行禁踹曲烧酒史料. 历史档案，1987(3)：27－35.

② 《川陕总督查郎阿为曲坊之禁实有裨民事奏折》(乾隆三年十月十一日)，参见叶志如. 乾隆年间江北数省行禁踹曲烧酒史料. 历史档案，1987(3)：27－35.

③ 康熙《续修汶上县志》卷六《艺文志》。

④ 《清高宗实录》卷 319，乾隆十三年七月。

⑤ 光绪《善化县志》卷 16。

⑥ 《两江总督那苏图为恭谢圣训从严办理曲禁情形奏折》《署理苏州巡抚许容为陈严禁贩曲宜宽民用事奏折》。参见叶志如. 乾隆年间江南数省行禁踹曲烧酒史料. 历史档案，1987(1)：13－20.

⑦ 《湖北巡抚范璨为襄阳曲禁应照豫省之例一体奉行事奏折》(乾隆六年九月十七日)参见叶志如. 乾隆年间江南数省行禁踹曲烧酒史料. 历史档案，1987(1)：13－20.

南等粮食产区输入(全汉昇,1969)。宋人真德秀曾指出"福、兴、漳、泉四州,全仰广米,以给衣食"①。宋代缺粮地区的农民基本可以分为以下三类:一是由于该地区的生产条件不适宜进行粮食生产,而从事其他生产的农民。如宋代湖州和明州,沿湖、沿海地区的渔民"专以捕鱼为生"②,所需粮食只能通过市场供应,"率仰米浙西,浙西歉,则上下皇皇。劝分之令不行,州郡至取米于广"③。二是由于该地区土地贫瘠且人多地少,所产粮食不足,而需要向外地购买的农民。宋代浙江富阳县土地贫瘠,且人多地少,粮食产量较低,只能通过购买外地粮食来满足口粮需求,"地狭而人稠,土瘠而收薄,通县计之,仅支半岁,半岁所食,悉仰客贩"④。三是以种植经济作物为生的农民。宋代太湖地区"地方共几百里,多种柑桔桑麻,糊口之物,尽仰商贩"⑤。至明清时期,随着商品性农业的发展,更多的农民从粮食生产中脱离出来,专门从事经济作物生产。在经济作物的集中产区,大部分土地被用于种植棉、烟、蔗、茶等经济作物,粮食作物的种植面积较小,棉农、烟农、蔗农、茶农便需要通过市场购买粮食。乾隆年间,嘉定县"嘉邑之男,以棉花为生,嘉邑之女,以棉花为务。植花以始之,成布以终之。然后贸易钱米,以资食用"⑥。直隶栾城农民以种植棉花为主,"民竭终岁之力,售其佳者以易粟"⑦。江西瑞金"缘乡比户往往以种烟为务",烟农"卖烟得钱,即可易米"⑧。四川什邡农民以种茶为业,"衣食所靠,皆在于茶"⑨福建龙溪县"邑地瘠卤,恒仰食于他郡。火耕水耨之夫,终岁勤劬犹苦贫,惟种蔗及烟草,其获利倍,故多夺五谷之地以与之。田渐少而粟弥匮乏"⑩。

6.2.2 城乡粮食市场的发育

我国古代农村粮食市场最初寄生于农村集市之中,随着农村集市的发展而逐步壮大。宋代以后,农村粮食市场呈现出粮食集市与粮食专业市镇并行发展的局面。宋清间发展起来的粮食专业市镇是农村粮食市场的高级形态。粮食专业市镇

---

① 《西山真文忠公文集》卷15。
② 《嘉泰吴兴志》卷20《物产》。
③ 《宝庆四明志》卷4《叙产》。
④ 《洺水集》卷19《壬申富阳劝农文》。
⑤ 《鸡肋编》卷中。
⑥ 《嘉定县志·风俗志》。
⑦ 道光《栾城县志·物产》。
⑧ 道光《瑞金县志》卷2。
⑨ 嘉庆《什邡县志》卷29。
⑩ 乾隆《龙溪县志·风俗志》。

的形成和发展打破了农村粮食集市局限于农村的封闭性，拓宽了农村粮食市场的贸易范围。粮食专业市镇既是乡村粮食贸易的中心集散地，也是连接农村和城市粮食流通的关键节点，在推动农村剩余粮食进入市场成为商品粮上发挥了重要的作用。

我国古代农村粮食市场最初存在于农村集市之中，是粮食市场发展过程中最为初级的市场形态。农村集市是农民与市场联系不断加强的产物，由最初的时间、地点变化不定发展至有固定时间、固定场所进行集聚以实现农民之间的供需交易。农民和商人是农村粮食市场上的主要市场主体，缺粮农民和经济作物专业种植户是农村粮食市场上的主要消费者。战国秦汉时期，我国已经出现了农村集市(李根蟠，1995)。战国秦汉时期，农村粮食市场上交易的主要是口粮和粮种。《管子》中便记载商人倒卖口粮“秋籴以五，春粜以束”。粮种的买卖，如韩昭侯时“黍种常贵甚，昭侯令人覆廪，廪吏果窃黍种而粜之甚多”[①]。白圭也曾指出“长斗石，取上种”[②]。然而，受战国秦汉时期农业生产水平的制约，农村粮食市场的交易量随着收成的好坏而变化不定，时有时无，农村粮食市场只能以摊点的形式存在。至魏晋南北朝时期，农村粮食市集在南北方都有所分布(操晓理，2008)。北周泉企“在州五年，每于乡里运米以自给”[③]。南方有的农村还出现了专业的粮食商人和固定的粮食店铺。刘宋元徽末年，会稽郡永兴县丁氏的村庄因为大雪阻断交通，“商旅断，村里比屋饥饿。丁自出盐米，计口分赋”。由此可知，该村村民的粮食多依赖商人供应，其时已有专业贩运粮食的商人。南朝宋时，郭原平“为人作匠，取散夫价”，家中没有粮食，只能等到“日暮作毕，受直归家，于里中买糴，然后举爨”[④]。可见，当时的农村里市中应已存在固定的粮食店铺。唐代农村粮食市场更为普遍，不仅存在于“百货咸集”的“草市”中，而且还出现了专门的“米市”。杜甫诗中便有“小市常争米，孤城早闭门”的记载。《茅亭客话》中也记载成都南有米市，“蜀成都南米市”。唐代农村粮食市场的贸易范围打破了农村集市的封闭性，开始向城市拓展。唐代农民、地主及商人将粮食贩运至州县城市的现象已属普遍(龙登高，1997)。如灵池县农民“将豆麦入城货卖，收市盐酪”[⑤]。洪州胡姓地主用船将剩余粮食运销至州

① 《韩非子·内储说下·六征》。

② 《史记》卷129《货殖列传》。

③ 《周书》卷44《泉企传》。

④ 《宋书》卷91《孝义传》。

⑤ 《茅亭客话》卷3。

郡城市中，“船载麦，溯流诣州市”[①]。唐宪宗时，宣州、歙州粮食缺乏，“商人舟米以来者相望”[②]。宋代的粮食贸易，打破了“千里不贩籴”的限制，长距离的粮食贩运较为普遍。在此背景下，农村粮食市场不但继续以定期集市的形态存在于各地乡村中，而且在部分粮食主产地和粮食贸易发达的地区，农村集市发展成为粮食专业市镇，成为农村粮食经济的中心地。南宋江南地区以粮食贸易而发展起来的典型市镇便有嘉兴府华亭县的魏塘镇、嘉兴府溧水县孔镇、平江府常熟县的直塘市、吴县的横金市、宣州宣城县的水阳镇、太平州当涂县的黄池镇、常德府龙阳县的查市、汀州长汀县的何田市等(陈国灿，2009)。明清时期，农村粮食市场更为繁盛，商品粮数量增加，集市数量和集日增多，粮食专业集市趋于普遍。江南、长江中游地区、长江三角洲等地区都有不少粮食专业市镇分布(冯天瑜，2004)。如长江三角洲地区以苏州枫桥米市最盛，“大都湖广之米，辏集于苏郡之枫桥”[③]，其次是长安镇“江南、川楚之米无不毕集”[④]，平望镇“米及豆麦尤多，千艘万舸，远近毕集”，“里中多以贩米为业”[⑤]。乾隆以前，南浔镇“米市最盛”[⑥]。明清时期，农村粮食市场数量和专业市镇的增多，促使整个粮食市场的商品流通量大为增长。

我国古代城市粮食市场主要是指县级以上的城市中的粮食市场。城市粮食市场是为了满足城市居民对粮食需求而形成的贸易场所。城市粮食市场中的交易主体包括粮食商人、地主、城市居民和农民。城市居民是城市粮食市场的消费主体。城市粮食市场是我国古代粮食市场网络中相对较高级的市场形态。我国古代城市粮食市场的发展伴随着城市规模的扩展而逐步形成了不同的层级。至明清时期，城市粮食市场基本形成了由县城、大中城市和区域中心城市所构成的三级市场结构。

明清时期，州县的人口构成中，虽然非农人口大多只占10%左右(郑昌淦，1989)，但这部分非农人口大多住在县城中。除了地主之外，他们都需要通过城中的粮食市场来购买粮食。因此，明清时期的州县城一般都会形成不同形式的粮食市场，构成了城市粮食市场结构的初级层次。明清州县城粮食市场的存在形式，主要包括两种：一是城郭周边的定期粮食集市。如清代康熙年间，据《邹平县志·街

① 《太平广记》卷374。

② 《全唐文》卷640《卢公行状》。

③ 乾隆《苏州府志》卷19《乡都市镇》。

④ 同治《修川小志》卷上《河道》。

⑤ 乾隆《吴江县志》卷4《镇市村》。

⑥ 咸丰《南浔镇志》卷4《衢巷》。

市志》记载，山东济南府邹平县“县东西北三关，近城门皆立市，南关厢市稍远。月则六期轮集贸易，盖所以便民均钱谷，通有无”。乾隆年间，陕西韩城县“大集之在县者，米粮杂货，每关一月，俱集城外”①。光绪年间，直隶永平府临榆县“城集只卖粮米，村镇集则诸凡交易毕聚矣”②。二是位于城中街道、城隍庙等处的米市、粮市、籴粜市等粮食专营市场。明代江南地区因经济作物种植业的发展，种粮户减少，粮食需要从湖广等粮食主产区购入。弘治年间，苏州吴江县“冬初输粮之际，千艘万舸远近毕集。其北门内外，两仓场米廪如南山之笥，何其盛也”③。嘉定县“县不产米，仰食四方，夏麦方熟，秋禾既登，商人载米而来者，舳舻相衔也。中人之家，朝炊夕爨，负米而入者，项背相望也”④。隆庆年间，仪征县城外东关便有专门的粮食市场“米市”⑤。清代州县城中粮食专营市场的存在便更为普遍。康熙《济宁州志》记载山东济宁州城中有“杂粮市”。山西汾西县县治前东西长街建肆立市，粜籴贸易”⑥。康熙《汝宁府志·村市志》记载罗山县有米市。康熙《镇江府志·坊市志》中记载丹徒县城中有米市。乾隆年间，河南嵩县“城关，柴米百货日有市”⑦。陕西凤翔府《陇州志·市镇志》记载州城中有东街市、西街市、南街市，“在城三市，粜买粮石”。乾隆《同官县志·市镇志》记载县治前明远街上有粮店。乾隆《甘泉县志·疆域志》中也记载甘泉县城内有“米行街”。重庆府合州城中“米市有二，一在齐家巷，一在城隍庙”⑧。江宁府句容县“米市在城隍庙东”⑨。乾隆《西宁府志·街市志》记载西宁府西宁县城中有“粮面市”，碾伯县有“米粮市集”，贵德县有“粮食市”。乾隆《甘州府志·街衢志》记载张掖县的正东街、正南街、正西街均有米粮市，县城东有“乐市，米薪食货量集”。嘉庆年间，湖南郴州居民所需粮食皆从码头运来，“米码头，则米贩泊船之所，朝夕给应，郴人赖之”⑩。嘉庆《衡阳县志·风俗志》描述衡阳县城的贸易情况，“蒸河草舢，所运菽粟布帛，自足城乡之用。故土著逐末者，大半布越本邑市井”，可见衡阳县城中应有粮食市场。嘉庆《峨眉县志·街市

① 乾隆《韩城县志》卷1《市镇志》。
② 光绪《临榆县志·市集志》。
③ 弘治《吴江县志》。
④ 顾炎武《天下郡国利病书》卷20《苏松》。
⑤ 隆庆《仪真县志》卷3《镇市志》。
⑥ 康熙《汾西县志·市镇志》。
⑦ 乾隆《嵩县志·市镇志》。
⑧ 乾隆《合州志·街市志》。
⑨ 乾隆《句容县志·市镇志》。
⑩ 嘉庆《郴州直隶州志·风俗志》。

志》记载峨眉县的饭米市、豆子市、包谷市，都在正东街，而酒米市在育贤街。嘉庆《云霄厅志·街市志》记载福建云霄厅“米市街在南门城外”。嘉庆《东台县志·都里志》记述城内有米市。嘉庆《高邮州志·风俗志》描述高邮州“至工贸易，开籴粜行者，不下百家”。道光《武城县志·街市镇集志》载：“弦歌街，粮食市、果子市在焉。”道光《中江县新志·场市志》记载县城大四街有米市、杂粮市，大南街亦有米市。道光《江阴县志》记载江阴县城四门皆有米行，在东城外市肆中还有“米牙”。

明清时期，州县一级的粮食市场主要以集市和米市的形态存在。粮食集市多位于城门或城郭附近，便于农民与城市居民、商人往来交易。县城的粮食集市虽然还带有农村市集的色彩，但无论从消费者来源和粮食需求上来看，县城的粮食集市面向的对象主要是城市居民，是应城市居民的粮食需求而生的。县城粮食集市是县城与周边农村进行粮食贸易的重要场所，是连接城乡经济的重要节点。各地县城中大量米市、粮市的存在则是县城粮食专营市场形成的突出表现。县城粮食专营市场的普遍存在，表明粮食贸易在县城中已经成为影响城市居民日常经济生活的重要行为。而部分县城中所出现的类似于粮食行业协会的“米行”和粮食贸易经纪人的“米牙”，则进一步反映出粮食商品化程度的加深和粮食贸易的专业化发展。

我国古代以都城和省城为代表的大中城市粮食市场，多以粮食专营市场的形式存在。与州县城相比，都城和省城中的居民“不耕而食”者更多，所需要的粮食量更大。因此大中城市中的粮食专营市场出现得更早，发育更为成熟。东汉明帝于永平五年在洛阳“立粟市于城东”①。从左思《魏都赋》中可看出魏晋邺城中有出售“故安之粟”，“清流之稻”的粮食市场。西晋洛阳城中也有“五谷市”，南朝建康城中有“谷市”（操晓理，2008）。唐代长安城商业繁盛的东、西两市中便有米行、麸行。唐代长安城中的米行、麦行不仅为城内居民供应口粮，而且为东、西两市中大量酒肆和食肆提供粮食（赵建勇，2008）。据《东京梦华录》《梦粱录》和《武林旧事》的记载，北宋都城汴梁和南宋都城临安商业繁华，城内牙行、米市众多。元大都城中集市林立，其中有粮行、米市，米市多分布于宫城的四周（尹钧科，2002）。元大都酿酒业发达，需要消耗大量粮食，“京师列肆数百，日酿有多至三百石者，月耗谷万石”。元代大都中的粮行、米市也是酿酒粮食的主要提供者。明代南京成为粮食的集散地和漕运中心，多个粮食市场建在中华门。清代中后期，南京“需用食米甚多”，长干桥成为运粮进入南京的主要米船码头，并在码头附近形成了米行大街（后文洙和

① 《晋书》卷26《食货志》。

崔书玖,1999)。明清省府城市中也多有粮食专营市场。清代康熙年间,山东济南"粮市,西关丁字街,辎辆云集,贸易无虚日。南东门外,皆逊西市"①。乾隆时,河南省会开封府城中有西门杂粮市、南门杂粮市、曹门杂粮市和北门杂粮市②。据道光《阳曲县志》中《风俗志》和《街巷图》的记载,山西太原府城阳曲城内有西米市街、东米市街等粮食专营街市。康熙年间,湖北省会武昌府治江夏县,"江邑当省会冲,租税所入,不足以备一年之储,仰给者皆湖南、沔、汉所输运",所需粮食多贩自湖南、汉口等处,城中不仅有米市,而且"廪肆牙侩,鱼米市魁,……率多外籍"③。此外,清代江西南昌、湖南长沙、四川的成都和华阳、福建福州、贵州贵阳、云南昆明等城市中都建有粮食专营市场,成为城市居民、商人买卖粮食的主要场所。

明清时期,随着粮食商品化程度的提高和粮食远距离贸易的发展,在水陆交通便利和粮食贸易发达的地区形成了以粮食贸易为特色的区域中心城市。明清时期,长江三角洲地区从粮食盈余地区转变成为粮食需求地区,宋元"苏湖熟,天下足"的谚语也变成了"湖广熟,天下足"。长江三角洲地区的粮食仰给于长江中游的湖南、江西、安徽以及广东等粮食产区。明清长江流域繁盛的粮食贸易催生了苏州、汉口、湘潭、长沙、芜湖、九江等区域粮食流通中心城市。苏州是清代长江三角洲地区最大的粮食集散地,来自湖广的商品粮通过苏州的枫桥、平望等专业粮食市镇转运至江浙和福建等地。雍正年间,"大都湖广之米,辏集于苏郡之枫桥,而枫桥之米,间由上海、乍浦以往福建"④。"苏郡米粮聚集之所惟枫桥、平望二处,浙省杭嘉湖宁绍各郡客贩赴买运回者络绎不绝"⑤。在苏州转运的商品粮数量巨大,"湖广之米日至苏州者不可胜数"⑥。据郭松义的测算,清代前期,每年运到苏州的粮食至少有400万～1 000万石,其中苏州消费不过百余万石,大部分的粮食贩运至周边缺粮市镇以及浙江、福建等省(郭松义,1994)。长江中游的汉口交通便利,有"九省通衢"之称,又位于湖南、湖北两大产粮区,具有粮食贸易独特的地理优势。清代前期,汉口已经成为长江中游地区最大的商品粮流通中心。乾隆时期,汉口粮食贸易兴盛,"粮食之行,不舍昼夜"。每年约有数百万石的湖北、湖南、四川米谷经过汉口转运至南京、杭州等地。此外还有来自陕南的"谷、包谷,大小麦、小米、黄豆、绿

---

① 康熙《历城县志·衢市志》。

② 乾隆《祥符县志·市集志》。

③ 同治《江夏县志·风俗志》引康熙五十九年修潘志。

④ 《皇明经世文编》卷44《与浙江黄抚军请开米禁书》。

⑤ 《陈文肃公年谱》。

⑥ 《宫中档雍正朝奏折》第6辑。

豆、红豆、饭豆”等粮食在此转运。据郭松义的统计，汉口米粮的年运销量应在千万石以上(郭松义，1994)。汉口以外，湖南的湘潭和长沙、安徽的芜湖、江西的九江在清代已经成为长江中游地区重要的粮食市场。吴慧先生认为清代江西和安徽运往江浙的米共计570万石，芜湖、九江两大米市由此形成(吴慧，2008)。华北地区的天津位于河运与海运交接处，又属于“三辅要区”，交通发达，商业繁盛。明清时期，天津逐渐成为华北地区粮食贸易的重要集散地。天津粮食商人将从东北和南方运来的粮食贩运至北京等消费市场。据康熙《天津卫志》记载，明末天津西北烟河一带粮店颇多，“商贾贩粮百万，资运京通”。至清代，粮店发展到河东“商贾贩粮通济河一带村庄”。天津每年转运的粮食，除去漕粮，仅商品粮便有数百万石。明清时期，长江三角洲地区的苏州，长江中游的汉口以及华北地区的天津等区域性粮食贸易中心城市的形成，表明粮食区域市场的发达。这些粮食区域市场所承担的主要是粮食的大规模转运和集散，所面向的不是个体消费者，而是面向粮食供给和需求地区的粮食商人。粮食区域市场中心在粮食市场网络中处于较高的层级，再向上发展便是全国性的中心市场。明清时期，苏州、汉口、天津、湘潭、长沙、芜湖、九江等区域粮食贸易中心城市的发展，为近代全国四大米市的形成奠定了基础。

6.2.3 明清时期粮食商帮的形成与粮食的运销

粮食商人是粮食运销过程中重要的市场主体，也是粮食流通市场网络中的连接者。粮食商人群体的壮大，对商品粮的运销以及粮食市场网络的完善有着重要的影响。我国古代，早在战国秦汉时期，已经出现了白圭、任氏、桥姚、师史等经营粮食贸易的商人。随着粮食商品化程度的加深和粮食市场的发育，粮食商人群体也不断扩大。至明清时期，逐步形成了以商人籍贯和经营地域相区分的晋陕、广东、洞庭、徽州四大粮食商帮。明清时期，粮食商帮在各大粮食运销线路和区域间的活动，促进了粮食在余粮区和缺粮区之间的流通，推动了粮食的大量、长距离、跨区域的买卖。明清时期，粮食商帮的活跃对商品粮数量的大幅增长和粮食市场的发育产生了积极影响。

明清晋陕粮食商帮主要由山西和陕西籍的商人组成，他们主要活跃在山西、陕西以及西北边境地区。明代洪武年间开始，政府为了解决北部边镇军队粮食供应的问题，实行了“召商输粮而与之盐”的“开中法”，促使大量山西、陕西商人贩运粮食至辽东、大同、宁夏、延绥、甘肃等边镇。至正统年间，政府将实物边饷改为银钱，北部边镇粮食交易市场更为繁盛，晋商根据政府驻军对粮食的需求，大量贩运粮食至边境。明人谢肇淛描述“三晋富家，藏粟数百万石，皆窖而封之；及开，则市者坌至，如赶集然。常有藏十数年不腐者”[①]。清代晋商继续将粮食贸易作为主营业务。在四川、陕西、河南等商品粮基地和销售地区，均有晋商经营粮食。一般而言，晋商贩运粮食多经大运河向北运至北京、陕西、山西等地(张海鹏和张海瀛，1993)。山西粮商亢百万在北京开设规模巨大的粮店，自称“三年不下雨，陈粮有万石”。明代开始，陕西商人也在延绥、宁夏、甘肃三边地区采用商屯、就地买粮、内地贩粮等方式将粮食出售给边镇驻军，以换取盐引赚取利润。明代嘉靖隆庆年间，富平粮商李朝观从关中贩运粮食“数千万石”至延安柳树涧，“供安边、定边、安塞军数万人”。明代中叶盐法改革后，导致陕西商人在边境“积粟无用”，经营粮食者减少。至清代，陕西商人的主营业务转变为盐、茶、布等。

明清时期，珠江三角洲地区商品经济发展迅速，农业商品化程度加深，经济作物种植面积不断扩大，粮食种植面积日益缩减。因此，广东逐渐成为缺粮地区，粮食需要从外省输入，巨大的粮食市场需求，促使广东粮食商帮的形成。广东粮食商帮主要从广西、湖南等粮食产地收购米谷贩运至省内销售。康熙六十一年，曾有六百多名广东商人到广西平南县大乌圩贩运粮食。乾隆五十七年，南海县粮商刘懿彰、周魁国，高要县商人陈廷标等，一起到广西梧州、桂平等地贩买米谷(广西侗族自治区通志馆，1962)。广西苍梧县城戎圩，成为明清时广东粮食商人转运粮食的集散地。据《乾隆五十三年重建戎圩粤东会馆碑记》记载，乾隆年间在戎圩贩运粮食的广东商户达 518 家。广东粮食商帮从广西贩运的商品粮数量巨大。乾隆年间，广东商人从广西苍梧县贩运的粮食每天达到 20 万～30 万斤(广西侗族自治区通志馆，1962)。而据吴承明的统计，清代广东商帮每年从广西贩运至广东的粮食约为 180 万石，占当时全国长途粮食贩运量的 6%(吴承明，1985)。广东粮食商人将大量的粮食贩运至广东佛山等地进行分发销售，佛山逐渐成为广东省内的粮食集散地。在佛山形成了专门的粮食街市，佛山贵县街、华丰街“俱卖糙米”，白米街“俱卖上米”[②]。

明清时期，洞庭粮食商帮主要由来自太湖洞庭西山的商人组成，他们主要将湖广地区的粮食贩运至江南缺粮地区，然后又将江南的丝织品和棉布运至湖广地区，“上水则绸布帛，下水惟米而已”[③]。洞庭粮食商人集中活动在长江沿岸的粮食运

---

① 《五杂组》卷 3《地部》。

② 《粤东省例新纂》卷 3。

③ 《林屋民风》卷 7《民风》。

销路线。如明代的洞庭西山粮食商人孙炳便从湖广贩运大量米谷,清代的高赞少年时就在湖广贩卖粮食。在长江沿岸的主要粮食贸易城市都有大量洞庭粮食商人进行粮食贸易。在长江三角洲地区,苏州最大的粮食市镇枫桥镇,洞庭商人占大部分。“枫桥米艘日以百数,皆洞庭人也”①。长江中游的粮食集散地汉口“朱楼三十里,一半洞庭商”②。湖南粮食重镇湘潭“江苏客商最多”③。洞庭商人在荆楚之多,以至有“荆湘之地竟为吾乡之都会”的说法。④ 清代江南地区粮食需求增长迅速,洞庭商人不仅贩运湖广粮食,而且也将四川的米谷沿江而下运至江南。清代长江一线东下的川楚米谷一年约 1 800 万石,主要是由洞庭商人和徽商贩运经营(吴慧,2008)。

徽州地处山区,“田少民稠”,缺粮情况严重,“耕获三不赡一”⑤。明清徽州人多外出经商,“商贾居十之七”,其中不少人经营粮食贸易,形成了徽州粮食商帮。徽州粮食商帮的活动范围遍及全国,但以长江流域的四川、江西、苏浙和湖广地区为主要经营地域(李琳琦,1988)。徽州当地粮食需求旺盛,徽州粮食商人从江西、浙江等地贩运粮食回乡销售。明清时期,徽州粮食仰给江西、浙江等地。据明天启《赋役官解全书》记载,“徽郡(稻米)仰给江、浙,旧例买稻俱派水商”。清代祁门“时逢荒歉,皆取给于江西之饶河”⑥。黟县“米谷一宗,每年所收,仅出数月之粮”,不足之粮,仰给江西。⑦ 康熙《徽州府志》中记载从外地输入徽州的米谷主要有两条通道,“一从饶州鄱、浮,一从浙省杭、严”;通过这两处输入的粮食“小舟如叶,鱼贯尾衔,昼夜不息”,可见运量之大。明清江南地区是粮食的巨大需求地,徽州粮食商人从四川、江西、湖广等地收购粮食沿长江而下,贩卖至江南地区。明万历年间,“南畿,浙江大祲,诏禁邻境闭籴,商舟皆集江西,徽人尤众”⑧。清代婺源商人程承谕“曾贩籴江西”。徽州商人在江西开设米号进行经营,如黟县人余蕴章、余飞骑所创“源源米号”(曹庆生,1988)。嘉庆《休宁县志》记载徽州粮商吴鹏翔,从四川贩运粮食至汉口,“汉阳荐馑,鹏翔适运川米数万石至,计之可获利数倍,悉减值平粜,民

① 《林屋民风》卷 7《民风》。
② 《汉口丛谈》卷 5。
③ 乾隆《湘潭县志》卷 14《风俗》。
④ 《林屋民风》卷 7《民风》。
⑤ 康熙《休宁县志》。
⑥ 《祁门倪氏族谱》续卷。
⑦ 《黟县乡土志》。
⑧ 《明史》卷 224《陈有年传》。

赖以安”。汉口是明清时期长江米谷贸易的一大集散地，亦有徽州粮商在此设仓屯米转运。明代程存正“随父于楚之通羊创囷仓数十间，主邸客簿，藉以广其道”[①]。徽州粮商将粮食转运至江南后，在粮食市镇中开设大量粮米店售卖。明代徽州人程封便在新市镇设米店经营粮食贸易（陈学文，1993）。光绪初年，在米市“不亚于平望诸镇”的盛泽镇上，米业字号44家中，仅徽州汪姓字号的米市便有11家（江苏省博物馆，1959）。

6.3　我国古代粮食商品化的驱动因素及其影响

我国古代农业生产水平的提升和粮食产量的增长是粮食商品化的基本前提。社会有剩余粮食，但并不意味着粮食将进入市场成为商品。我国古代粮食商品化发展的驱动因素多种多样，在不同的历史阶段所发挥的作用程度也不一样。总体而言，推动我国古代粮食商品化发展的因素主要包括粮食生产的地域差异与人地比例的失衡、商品经济的发展与农业赋税的货币化、农业生产的区域分工、手工业经济和城镇的发展等。粮食的商品化对我国古代农业商品化的发展产生了深刻的影响。粮食的商品化不仅加速了农业内部各生产部门的分化，而且推动了商业资本向农业生产资本的转化。可以说，粮食的商品化是农业产业分化接近完成的重要标志，也是农业商品化程度进一步加深的重要表现。

6.3.1　粮食商品化的驱动因素

在我国古代，粮食生产的地域差异与人地比例的失衡是粮食商品化发展的基本动因。农业生产是人类活动与自然条件综合作用的过程。不同的粮食作物对土地、光、热、水等自然条件的要求不同，不同地区自然条件的差异对粮食作物的种类和产量产生较大的影响。总体而言，在我国古代粮食生产中，北方农区以麦、豆等旱地作物为主，在南方则以水稻为主要粮食作物。即使是在同一气候类型的区域内部，由于地形和水热分布的不同，区域内部粮食作物的种类和产量也会产生较大差异。据韩茂莉的研究，北宋时期同属于暖温带的黄河中下游地区，各地间的小麦生产便存在差异。河北和河南路以平原为主，水热条件适宜冬小麦种植，而河东和陕西路因地处黄土高原，冬季寒冷，不利于冬小麦过冬，只能种植春小麦。此外，粟

① 《大鄣山人集》卷36《程存正传》。

等杂粮的适应性比小麦更强,因此在黄河中下游地区成为分布面积最广的作物。元丰年间,粟等杂粮的产量占该地区粮食总产量的 75%,而小麦仅占 25%(韩茂莉,1999)。正是粮食生产的地域性差异,造成了粮食产量在不同地区间的差别,从而促使粮食在不同地区间进行流通调剂。此外,我国古代各地区人地比例的不均衡性,推动了粮食的商品化。在人多地少,粮食产量低的地区容易成为缺粮区。而人少地多,粮食产量高的地区则多为余粮区。缺粮区人口对粮食的需求和粮食贸易的利润驱使,必然促使商人将粮食从余粮区贩卖至缺粮区。如康熙年间,池州府石埭县,不仅人地比例失衡,"人稠地狭",而且自然条件不利于粮食生产,"处万山之中……厥田高高下下,无十亩五亩方珪圆璧者"。因此,只能从外地购入粮食,"故耕耨不足以给,多贩籴外境"①。

商品经济的发展与农业赋税的货币化是促使农民将粮食送入市场的巨大推力。我国古代虽然长期以自给自足的自然经济居主导地位,但随着社会分工的扩大,以商品生产和商品交换为主要内容的商品经济也获得了长足的发展(冷鹏飞,2002)。商品经济的发展,不但推动了农业领域商品生产的发展,加强了农民同市场的联系,而且对国家赋税制度产生了重要影响。隋唐以前的农业税收以实物为主,唐宋商品货币经济的发达促使农业赋税的货币化发展。唐代"两税法"后,农业税收的货币化以直接征收现钱和钱额折纳两种方式登上历史舞台,宋代农业货币税的征收范围进一步扩大(程艳,2006)。此后,经明代"一条鞭法"和清代"摊丁入亩"的赋税改革,我国古代农业赋税的货币化趋于完成。农业赋税的货币化,促使农民必须将粮食等农产品向市场出售以转换成货币,尤其是在赋税缴纳期限的限制下,农民更急于将粮食等农产品出售,以至"谷一始熟,腰镰未解而日输于市焉"。然而,农民将粮食出售后,遇到缺粮的时候,又需要从市场购买粮食以维持生产生活,"土将生成而或无种也,耒将执而或无食也,于是乎日取于市焉"②。

我国古代经济作物种植业的发展,促使我国农业生产逐渐在地域上形成了粮食作物种植和经济作物种植区的分化,推动了长距离粮食贸易的发展。唐宋时期,茶叶生产已形成集中产地,茶叶的区域化、专业化生产程度较高。在茶叶集中产区,茶农只能通过市场购买粮食来满足生存所需。如宋代四川地区"蜀之茶园,皆

① 康熙《石埭县志》。

② 《直讲李先生文集》卷 16《富国策第六》。

民两税地，不殖五谷，惟宜种茶”①，所以茶农“采茶货卖，以充衣食”②。至明清时期，全国形成了华北、江南、华南三大经济作物集中产区。湖广、江西、四川等地则成为粮食集中产区。在农业生产地域结构上，已经开始形成了粮食作物和经济作物种植区的分化。在经济作物集中产区，经济作物排挤粮食作物，粮食作物的种植面积缩小，产量不足以供当地所需。明清时的经济作物集中产区的粮食需求，基本依赖商人从粮食主产区的贩卖输入。明清时期，江南地区经济作物种植业发达，土地多用于种植经济作物，粮食作物种植面积较小。江南地区的粮食需求基本依赖于长江中上游地区的湖南、湖北、江西、四川等地输入，从而促使长江沿线成为了明清粮食贸易中运销量最大的路线。据学者估计，清代长江沿线的年粮食运输量在 1 750 万石～2 350 万石之间(郭松义，1994)。因此，随着经济作物种植业专业化程度的加深，造成了经济作物种植区和粮食作物种植区的分化。而经济作物种植区对粮食的大量需求，必然刺激粮食在这两大种植区之间的贸易和流通，从而推动了粮食的商品化发展。

我国古代手工业的发展为粮食市场提供了巨大的消费需求。手工业从农业中的分离，是人类社会的第二次大分工。在我国古代社会，手工业是仅次于农业的生产部门。清代以前，官营手工业一直在手工业经济中占据主导地位，民间手工业长期以农民家庭副业的形式存在。清代前期，官营手工业开始走向衰落，民间手工业获得发展。在少数手工业经济发达的地区，专业化的生产开始出现，已有农民家庭脱离农业，成为专业的手工业生产户(李绍强和徐建青，2004)。手工业生产的专业化，为粮食市场创造了大量的需求。首先，随着手工业经济的发展，大量的手工业生产者逐渐从农业生产中分离出来，从而产生了对商品粮的需求。以明代官营手工业者为例，明永乐年间，由南京迁往北京的住坐民匠共有 2.7 万户。明代嘉靖四十一年，仅北京公布的班匠便有 12.248 6 万名(李绍强和徐建青，2004)。明代前期，政府一般从财政收入中为官营工匠支付月粮，隆庆以后工匠的月粮改为支付银钱。明代官营手工业者便需要通过市场来购买粮食维持生存。此外，还有大量民间手工业者，也需要从市场购买粮食，这在明清时期的江南丝织业中心体现得尤为明显。其次，粮食加工业对粮食的大量需求，加速了粮食的商品化。酿酒业和粮食碾磨业是我国古代最主要的两大粮食加工业。我国古代酿酒业主要是以粮食为原

① 《宋史》卷 184《食货志》。

② 《净德集》卷 1《奏具置场买茶施行出卖远方不便事状》。

材料，酿酒业对粮食消耗量之大，前文已有论述。粮食碾磨加工是通过将带壳谷物脱壳成米或碾磨成面，然后向市场出售米或面粉。因此，粮食碾磨业既需要从市场购买粮食，加工后又向市场出售粮食，通过转换粮食的物理形态推动粮食的商品化。早在魏晋南北朝时期，我国已经出现了利用水力和牛力的粮食加工机械，极大提高了粮食碾磨效率(魏明孔，2004)。当时已有世族地主经营粮食碾磨业，将粮食加工后出售营利。晋时石崇"水碓三十余区，仓头八百余人"[①]，北周杨素经营粮食碾磨业，"邸店水硙田宅以千百数"[②]。至清代前期，粮食碾磨加工已经发展成为一个行业。在湖南、江苏、安徽等重要的粮食产区粮食碾坊集中，粮食碾磨业发达。这些粮食碾坊加工的粮食不仅供应当地，而且也运往外地销售。嘉庆年间，湖南醴陵县"惟碓户米坊，城乡皆有，渌市更多，客商于秋冬间，贩谷赴渌市及湘潭粜买"[③]。清前期，市场上出售的米面粮食，尤其是大中城市中的商品米面粮食，主要来自粮食碾磨业的生产(李绍强和徐建青，2004)。粮食碾磨业的发展，在推动粮食由自产自用向加工出售的商品化过程中发挥了重要的作用。

我国古代城镇的发展，城镇人口数量的增加，进一步促进了粮食在城乡市场间的流通。我国古代城镇人口数量随着社会治乱更替而起伏，但在总体上呈增长趋势。我国古代城镇人口的数量，随着城镇数量的增长而趋于增多。据不完全统计，秦代较大的城市约有 250 多座，汉代有 670 余个，盛唐时城市总数在 1000 个左右(戴均良，1992)。宋代新增了约 80 个城镇，元代新设了 72 个县城。明代全国的大中城市有 100 个，小城镇 2 000 个，农村集镇 4 000～6 000 个(郑宗寒，1983)。清代在东北、新疆、台湾等地区新设了 208 个县城，还出现了北京和杭州两个人口超过百万的特大城市。我国古代城镇人口占总人口的比例，从汉代至明代都曾长期保持在 10%左右，(胡焕庸，1984)在世界上长期处于领先地位。我国古代城镇人口的波动幅度较大，下降较快，而增长缓慢。在我国古代城镇人口的增长过程中，明代中后期是转折期，明中期以前，城镇人口增长相对缓慢，此后，城镇人口快速增长(张显清，2008)。至清代，城镇人口总数超过了以往历代，但由于清代总人口数量激增，城镇人口占总人口的比重趋于下降(胡焕庸，1984)。据施坚雅的统计，清代 1843 年，全国有人口在 2 000 人以上的城镇共 1 653 个，城镇人口 2 072 万人，占总人口的 5.1%(施坚雅，2000)。实际上，施坚雅的统计中并未包括东北、新疆、青

① 《晋书》卷 33《石崇传》。
② 《北史》卷 14《杨素传》。
③ 嘉庆《醴陵县志》卷 24。

海、西藏和台湾的城镇人口，如果加上这些地区的城镇人口，1843 年城镇人口数量应超过 2 072 万人。我国古代城镇的发展和城镇人口的增多，实际上是社会分工进一步扩大的结果，引发更多的农民脱离农业生产而进入城市从事其他行业。非农人口的增加，对粮食消费需求的增长，为粮食的商品化和城乡粮食市场的发育产生了巨大的推力。

6.3.2 粮食商品化对农业商品化的影响

粮食生产是我国古代农业生产最为重要的生产内容，粮食种植也是农业各生产部门中占主导地位的生产部门。粮食的商品化对我国古代农业商品化的发展产生了深刻的影响。粮食的商品化，不仅使粮食种植的牟利性增强，而且也为经济作物种植业、畜牧业等非粮食生产部门的独立发展创造了条件，从而加速了农业的部门分化。粮食商品化程度的加深，使粮食生产和贸易有利可图，吸引商业资本向粮食生产渗透，对农业生产经营方式产生了重要影响。粮食是农业生产中最为大宗的产品，粮食的商品化和商业资本向粮食生产的渗透，进一步加深了农业商品化的程度。

粮食的商品化发展加速了农业内部各生产部门的分化。在我国古代农业发展进程中，粮食生产水平的提高和粮食产量的增长是农业发展的突出表现。粮食的商品化也是建立在粮食生产水平提高的基础之上，只有当粮食的生产水平能满足人们的基本需求并有盈余的情况下，才有剩余粮食进入市场，成为商品。粮食作为人类生存的必需品，具有较强的流通性。粮食的商品化促使粮食生产目的从自给向牟利转变，粮食生产的牟利性倾向增强。粮食生产牟利性的增长，促使粮食生产作为一个相对独立的生产部门从农业中逐步分离出来。同时，粮食的商品化为经济作物种植业、畜牧业等非粮食生产部门的独立发展提供了前提。由于粮食可以通过市场交易而获得，从事经济作物种植业、畜牧业、林业、渔业等非粮食生产部门的农业生产者便可以完全从粮食生产中脱离出来，而集中进行经济作物种植或牲畜饲养，从而提高经济作物种植业和畜牧业等生产部门的专业化程度。随着粮食商品化程度的不断加深和粮食市场的完善，非粮食生产者通过市场购买粮食日趋方便。随着农业领域商品经济的发展，农业内部的经济作物种植业、畜牧业、林业、渔业等生产部门逐渐从农业中分离出来，成为相对独立的生产部门。粮食的商品化，则进一步加速了农业内部的这种部门分化。

粮食的商品化吸引商人将资本投入粮食生产，推动了商业资本向农业生产资本的转化。随着我国古代的粮食生产水平的增长，虽然粮食的总产量不断增加，但由于人口增长迅速，人均占有粮食量增长缓慢，因此，粮食市场经常出现供不应求的情况。粮食的供不应求，引发粮食价格的上涨，商人出于追逐利益的目的而将资本投入粮食生产中。我国古代商业资本主要流向土地，既是因为土地的保值性，也与商人经营土地可以收获粮食牟利密不可分。明代正统年间，中山大商人何图源致富后，在小榄镇购置良田二万余亩，将田出租后，收取租谷成千成万石计。何图源将收来的租谷贩运到福建出售盈利。① 尤其是在粮价上涨，粮食生产获利可观时，商人投资粮食生产的热情高涨。明代的晋陕粮食商帮在明代“以粮食换盐引”的巨大利益刺激下，在边镇投资粮食生产，“各边开中商人招民垦种”，形成了一定规模的商屯。明人霍韬记述在巨大利益驱使下，明代富商在三边地区，投资租地雇佣游民，开荒种粮。“太宗皇帝之供边也，悉以盐利……是故富商大贾，悉于三边自出财力，自招游民，自垦边地，自艺菽粟，自筑墩台，自立堡伍。岁时屡丰，菽粟屡盈”②。可见，粮食的商品化可以刺激商业资本投向粮食生产，从而推动了商业资本向农业生产资本的转化。这在我国古代商业资本向生产资本转化过程中具有重要的意义。

① 《小榄何族发家史》。

② 《皇明经世文编》卷186《霍文敏公集》。

第七章　我国古代农业商品化的宏观审视与现实启示

7.1　我国古代农业商品化的突破与历史局限

我国古代社会经济形态以自然经济为主导，商品经济虽然有所发展但依然处于从属地位。在农业领域，自给自足的农业生产一直占据着主体地位，农业的商品化处于自然经济的包围之下。随着社会分工的扩大和农业领域商品经济的发展，农业生产要素市场得到发育，商品性农业也有所发展。但是，在我国古代以自然经济为基础的制度禁锢下，传统农业的商品化无法实现生产要素的自由流动与合理配置，终究难以冲破制度的壁垒，完成向商品农业的转变。

7.1.1　农业要素市场的有限发育推动农业商品化发展

土地是我国古代农业生产最基本的要素。由于土地在我国古代具有特殊的经济和政治属性，土地的商品化随着土地私有制与土地国有制的竞争而时起时落，在国家政权的强势干预下，土地市场的发育极为不完全。在土地商品化的曲折演进历程中，唐以前的土地买卖停留在土地价值实现不充分上，土地作为生产资料的那部分溢出价值没有得到实现。平民出卖土地多出于生活所迫，而商人买卖土地，多在于向地主的转化，并未因此而直接投资获利。权贵买土地，在于综合土地的经济性和政治性，将地权和政权相结合。可以说，在国家政权的强势干预下，完全自由的土地市场并不存在。唐中叶至清前期，随着均田制的废除，土地商品化进入“不立田制”的时期，国家土地制度体系调整的重点转移到私有土地阶层间的经济关系上，土地法令与规定不再是简单地阐明土地是否可以买卖，而是致力于将土地买卖行为规范化和合法化。土地商品化在相对宽松的制度背景下得以推进，土地市场的发育也呈现出新的特征，土地市场的主体构成和资金来源都发生重大变化。权贵地主在土地市场的强势主导地位逐渐减弱,庶民地主逐步崛起,农民在土地交易中的自由度提升,至明清时代,土地交易的自由化趋势已成为主流。明清间商业资本大量进入土地市场,改变了传统土地市场以官僚资本为主的局面。明清时代,土地商品化程度的提升,土地市场的新变化在很大程度上促进了明清时期商品性农业的发展。在明清经济作物种植业中,土地的投入明显增加了。商人和地主购买土地不再是简单地保值追求,他们在土地上进行的多种经营,推动了市场导向农业经营方式的出现和发展。

我国古代农业雇佣关系的发展总体上呈现出主雇双方地位不平等,农村劳动力出雇受经济胁迫和政治强制双重约束的基本特征。不过,在农业雇佣关系的演变进程中主雇之间的依附关系总体上呈现松解的趋势。这是农村劳动力的商品化在封建等级制度的约束下取得的一大突破。我国古代农业雇佣关系的发展演变大致可以划分为三个阶段:战国秦汉至唐宋是农业雇佣关系的衍生与民间自由发展时期;元朝以"和雇"为代表的国家雇佣行为的常态化是农业雇佣关系的国家干预与法制化肇始时期;明清时期是农业雇佣关系普遍化和趋向市场化的时期。至清代,农业雇工市场已有所发育。清代农业雇工市场呈现出以下特点:第一,受雇者以短工为主体。第二,雇工市场大多在乡镇的集场或墟市上,地点固定,雇主以本地人较多。第三,雇工市场供需关系受季节和农业丰歉年份影响大。第四,雇工市场的地域分布上,北方雇工市场比南方普遍,华北地区的雇工市场尤为普遍。虽然从总体上看,清代农业雇工市场的发展并不完善,但雇工专门市场较为普遍地在各地出现,表明这一时期农业领域对劳动力的需求量在增加,农村劳动力的商品化程度在加深。明清时期,农村劳动力市场的发育,为经济作物种植业中商品化劳动力的投入提供了条件。明清时期,在蚕桑业,棉花种植业以及烟、茶、蔗生产过程中都出现了商品化的雇佣劳动关系。

我国古代国家农贷的基本目标在于维护以小农为基础的农业再生产的持续开展,从而为其政权的存在提供物质基础。我国古代国家农贷的存在为农民应对农业生产的风险提供支持,在保障基本的农业再生产方面发挥了重要的作用。农业商品化发展最为基本的前提条件便是农业生产的持续性,如果农业再生产过程被破坏,农民大量破产,农业商品化就无从谈起,因此,虽然国家农贷的主观目标并不是为了促进农业的商品化发展,但是维护和保障农业生产持续性的客观效果却为农业商品化发展提供了最基本的前提条件。而在国家农贷的执行过程中,地方政府与国家的利益分化与目标偏离,却为商人、地主以及富裕农民进行商品化的农业生产提供了非正常的融资渠道，也正是这种非正常的融资渠道为我国古代民间农业资本市场的发展提供了契机。我国古代民间农业资本市场的发展呈现出以下趋势：放贷主体多元化，民间农贷的高利贷化，货币借贷和生产性借贷趋于增长。民间农贷的利率并不长期维持在高利贷的水平上，货币借贷的利率水平在总体上呈下降的趋势。民间农贷市场的发展对我国古代农业商品化发展产生了重要的影响。民间农贷为我国古代农民获取基本的农业生产生活资料，以维持农业再生产提供了筹集资金的渠道。民间农贷发展过程中货币借贷和生产性借贷的逐渐增多，推动了农业生产过程中商品经济因素的增长。在我国古代，除了地主、商人等投资主体直接以购买土地、雇佣劳动力等方式自主经营农业以外，民间资本通过向农业生产者放贷，以利息的形式间接获取农业生产的经济收益，进而推动了农业生产的商品化。

7.1.2　自然经济与封建制度双重制约下传统农业商品化发展的限度

我国古代农业商品化的发展长期处于以自然经济为基础的封建制度的约束之下，虽然在农业要素市场的发育上取得了一定突破，但是农业生产要素依然难以相对自由地流动和合理地配置，商品化的农业生产经营方式难以形成。在重重制度约束下，我国古代农业商品化的发展始终难以冲破自然经济的束缚，商品性农业虽然有所发展，也并未在封建社会后期占据主体地位。在封建制度体系下，传统农业虽然出现了商品化的趋势，但并不可能完成向商品农业的转变。

在我国古代社会，土地私有制度的完全确立是土地商品化和土地市场发展的基本制度前提。虽然早在战国秦汉时期，我国土地私有制已经确立，但是国家政权的强势干预，使得土地私有制在国有制和大地主所有制的夹缝中生长，完全的土地私有制在我国古代社会难以发展。因此，土地的商品化和土地市场的发育受到了国家制度的制约而难以获得大的突破。在宋元明清国家制度调整下，私有土地占据了绝对的优势地位，土地私有制居于主导地位。至清代初期，土地买卖的法规趋于完善，土地市场的秩序得以逐步建立，土地商品化程度进一步提高。总之，在封建制度体系下，土地私有制难以得到完全的确立，农民的土地产权难以得到制度的真正保护，土地市场的发育难以达到为农业商品化发展市场化配置土地要素的效果。

在我国古代封建制度体系下，地主与农民间的等级关系以及农民对地主的依附性，严重地阻碍了农业自由雇佣关系的发展。由此，我国古代农村劳动力的商品化始终处于前资本主义商品经济时代,相对自由、平等和市场化的农业雇佣关系并未在劳动经济关系领域占据主导地位。我国古代的农业雇佣关系早在战国时期就已经出现,战国秦汉至唐宋是农业雇佣关系的民间发展阶段,雇佣关系源自雇佣双方的现实需求。虽然国家政权的干预较少,但农业雇佣关系受到了封建等级制度的影响,主雇双方在政治地位上的不平等,尤其是在以官僚地主和国家为雇主的雇佣关系中,雇主占有相对优势地位,受雇者明显处于弱势地位。源自政权的超经济强制所形成的较强的封建依附关系阻碍了农业自由雇佣关系的发展,不利于农业劳动的商品化。从元代开始,国家以律法规定的形式干预农业雇佣行为,农业雇佣关系趋于法制化。在封建的法律调整下,至明清时期,农业雇工的法律地位逐步得以提升。在实际雇佣行为中主雇双方的地位趋于平等,农业雇工的身份趋于自由。然而,主雇双方的地位并未发生根本的改变,主雇双方的人身依附关系并未完全解除。自由的农村劳动力市场在封建制度体系下不可能形成。

在我国古代社会,农业生产者获取生产所需的资金既可以通过国家农贷也可以通过民间借贷市场得到。然而我国古代国家农贷的目的在于维护自给自足的农业生产,而非为农业商品化发展提供资金供给。在国家农贷的具体执行过程中,国家农贷的基本目的由于国家、地主和农民的利益分化,往往产生偏差,真正需要资金来恢复和发展农业生产的农民却难以获得国家农贷。因此,在农业资本借贷市场上国家农贷的有限供给,难以满足农业生产者发展商品性农业的资金需求。农业生产者只能进入民间借贷市场,采取多种借贷形式来获得所需的资金。在我国民间借贷市场的发展过程中,至明清时期,农业领域生产性借贷的逐渐增多,尤其是经济作物种植业中各种形式的生产性借贷普遍存在,推动了农业生产过程中商品经济因素的增长。但是,民间借贷的高利贷倾向不利于农业生产资金的商品化,反而增加了对农业生产者的负担,不利于农业商品化生产的顺利开展。

7.2 农业商品化对传统农业发展的影响

7.2.1 推动农业功能演化与农业经营的多元化

在我国古代社会,农业的基本功能是为人们提供生存所需的基本物质资料。自给自足的农业生产在社会生产中占据着主要地位,随着农业商品化的发展,农业由自给自足的基本功能演化出多种功能。在战国秦汉农业商品化趋势刚出现时,农业的多重功能便为当时的思想家所认识，农业在自给自足的基本功能之外，还具有经营致富、维护社会稳定、教化、技术传承等功能，并由此确定了农业在封建国家的主导地位(谭光万，2013)。农业商品化的发展推动了农业多重功能的实现。在以经济作物种植业为核心的商品性农业的发展中，农业的致富功能和为手工业生产提供原料功能体现得尤其充分。在农业商品化发展的推动下，农业致富功能为农业生产者所倚重，从而刺激农业生产者将农业生产由单一的粮食作物生产经营向多元经营的方向转变，农业生产结构也随之发生变化。我国古代农业商品化趋势是随着农业生产力的进步而不断推进，对传统农业功能的演化以及农业经营方式的变化，乃至农业生产结构的调整都产生了重要的影响。

7.2.2 促使农业的部门分化与农业裂变式发展

我国古代农业商品化趋势是在生产力进步，社会分工扩大的前提下所产生的，而农业商品化发展又进一步促使农业内部产生部门分化，孕育出不同的农业生产部门，使得我国古代农业呈现裂变式的发展。在自给自足的基本功能诉求下，农业的生产以粮食作物种植为主，而随着农业商品化的发展，农业专业化程度逐渐提高，农业内部的分工进一步细化，经济作物种植业、畜牧业、渔业等相对独立的生产部门开始从农业内部分化出来。农业生产的内涵也由单一的粮食作物生产部门扩充为囊括粮食作物种植业、经济作物种植业、林业、畜牧业、渔业等不同生产部门的综合性产业。因此，我国古代农业商品化发展在一定程度上促使我国传统农业的部门分化与裂变式发展。

7.3 农业商品化对以农产品为原料的近代民族工业发展的影响

7.3.1 粮食商品化为近代民族工业的形成提供物质前提

我国古代粮食的商品化是在农业生产水平提高和粮食总产量增长的前提下逐步推进的。至清代，粮食成为国内市场中流通量最大的商品，粮食的商品率程度达到了历史最高值。清代 1840 年粮食的商品率为 10%，1894 年约为 16%，1919 年达到了 22%左右(吴承明，1985)。在保障粮食需求的前提下，我国古代民间手工业生产长期与农业生产相结合，农民家庭手工业作坊是手工业生产主要的经营形式。随着粮食商品化程度的提高，市场上商品粮总量的增长，手工业生产者可以通过市场购买的粮食量增多,手工业生产的专业化程度和独立性增强,手工作坊逐渐向手工工场发展。粮食的商品化,也为以粮食为原料的粮食加工业的发展提供了条件。清同治二年(1863),洪盛机器碾米厂在上海成立,这是近代民族资本投资创办的第一家粮食加工工厂。清同治十一年(1872),陈启沅在广东南海创办继昌隆缫丝厂,标志着近代民族工业的发生。至辛亥革命前,民族资本创办了已涉及纺织业、粮食加工业、船舶制造业等行业的各种工厂 500 多家(陈真和姚洛,1957)。近代民族工业逐步形成,并且在近代经济发展中占据了重要地位。粮食总产量的增长和商品化程度的大幅提高,为近代民族工业的形成提供了物质条件。

7.3.2 经济作物种植业的发展为近代民族工业提供原料支持

我国古代经济作物种植业的商品化发展在明清时期达到了高峰,全国形成了三大商品化的经济作物专业种植区。经济作物种植业的专业化发展,为近代以农产品为原料的民族工业的发展提供了大量的原料,从而促进了近代民族工业的发生和发展。据统计,至辛亥革命前,民族资本创办经营的工厂约有 536 家,其中以农产品为原料的工厂有 319 家,占 59.5%(陈真和姚洛,1957)。可以说,在近代民族工业中以农产品为原料的工厂占主要地位。在这些以农产品为原料的工厂中,纺织业的工厂为 233 家,粮食加工业为 42 家,榨油业为 29 家,烟、茶、糖、酒工厂为 15 家(陈真和姚洛,1957)。这些以农产品为原料的工厂大多分布在经济作物种植业商品化程度较高的长江三角洲和珠江三角洲地区,便于原材料的采购,以节省运输成本。经济作物种植业的商品化,为近代民族工业提供了大量的原材料,尤其是为以农产品为原料的民族工业的发展奠定了基础。

7.4 现实启示

7.4.1 因地制宜发展农村商品经济,逐步降低自然经济在农业生产中比重

在我国古代农业商品化进程中,由于不同地区农业生产条件和商品经济发展水平的差异,各地区间的农业商品化程度存在着较大的差异。明清时期,长江三角洲和珠江三角洲地区的农业商品化程度相对高于其他地区。在不同地区的农业商

品化进程中，农业生产条件的差异也引发了农业生产地域的分工。明清时期，全国已经形成粮食集中产区和经济作物集中产区的地域分化。因此，在推进现代农业商品化进程中，需要充分考虑农业生产的历史和现实条件，因地制宜地来调整农业生产布局。在适合进行粮食生产的地区，集中发展粮食生产，形成全国性的商品粮基地。在适宜进行经济作物生产的地区，则以经济作物生产作为该地区农业生产的主体，逐步形成区域性或全国性的以棉、麻、茶、烟、蔗等为特色的经济作物生产基地。通过建立商品性农作物生产基地的方式来发展农村商品经济，逐步降低自给自足的农业生产方式在农业生产中的比重。

7.4.2　有序推进农村经济制度改革，为农业商品化创造良好的制度环境

我国古代农业商品化发展始终处于以自然经济为基础的封建经济制度约束之下，农业生产要素市场发育不完全，农业商品化程度不高。尽管农业商品化发展取得了一些突破，商品性农业有所发展，但是传统农业无法在封建制度体系的约束下实现向商品农业的转化。由此启发我们在改造传统农业向现代农业转变的过程中要注意创造良好的制度环境以推动农业的商品化发展。在坚持社会主义基本经济制度的前提下，深入改革农村的经济制度，建立和健全有利于农业基本生产要素市场化流动和合理配置的经济制度。

7.4.3　鼓励原料农业的发展，积极推动农业与关联产业的链接

我国古代农业商品化进程中，农业为手工业提供原料的功能逐渐凸显。在近代民族工业的发展过程中，农业的商品化发展满足了以农产品为原料的民族工业对大量原材料的需求。随着现代商品经济的发展，农业生产与工业生产的关系密切。农业中许多部门为纺织业、酿酒业、制糖业、制茶业等关联产业直接提供原料，逐步发展成为原料农业。原料农业已经逐步成为许多关联产业生产链条中的上游产业，原料农业的发展有助于解决农产品生产与市场需求的失衡问题，保障农业生产者的收益。因此，在推动传统农业向现代农业转变的过程中，应鼓励发展原料农业，可以采取订单农业生产的方式积极推动相关的农业生产部门实现与关联产业的对接。

7.4.4 发掘农业的多功能,防止农业生产的唯利化发展

当前,我国经济社会发展正处于向工业化国家转型的关键时期,农业在国民经济中的比重已经下降到较低水平,社会对农业的功能需求不再是传统的物质资料供给。在传统农业向现代农业的转变过程中,借鉴我国古代农业商品化的历史经验,深入发掘和拓展农业的多种功能,以更好地满足社会的多元需求。农业生产具有商品生产和非商品生产并存的重要特征。在现代社会,农业既可以为社会提供商品化的农产品,也可以为社会其他生产部门提供原料、劳动力、资本乃至消费市场。农业还具有改善环境、维护生物多样性、保留农业文化遗产等公益性功能。因此,在推动我国农业商品化发展进程中,不能完全以市场为导向,以追求利润为唯一目的,将农业生产简单的规模化和企业化,而应该注重发掘农业在环境保护、文化传承和休闲观光等方面的功能,通过农业政策的引导,发展具有公益性质的休闲农业、观光农业等新型的农业经营形态。

参考文献

中文文献:

[1] 白寿彝. 中国通史[M]. 上海:上海人民出版社,1999.

[2] 柏桦,刘立松. 清代借贷与规制"违禁取利"研究[J]. 南开经济研究,2009(2).

[3] 包伟民. 宋代的粮食贸易[J]. 中国社会科学,1991(2).

[4] 步德茂,张人则. 从传家宝到商品:乾隆年代广东省土地商品化与土地产权演化的过程[A]//文贯中. 中国当代土地制度论文集[C]. 长沙:湖南科学技术出版社,1994.

[5] 蔡华. 北宋义仓制度述论[J]. 甘肃理论学刊,1993(5).

[6] 操晓理. 魏晋南北朝时期的粮食贸易[J]. 史学月刊,2008(9).

[7] 曹贯一. 中国农业经济史[M]. 北京:中国社会科学出版社,1989.

[8] 曹庆生. 明清时期江西的徽商[J]. 江西师范大学学报,1988(1).

[9] 柴荣. 明清时期土地交易的立法与实践[J]. 甘肃社会科学,2008(1).

[10] 常平凡,等. 浅谈晋商与粮食贸易[J]. 山西农业大学学报(社会科学版),2005,4(1).

[11] 陈安仁. 中国农业经济史[M]. 上海:商务印书馆,1948.

[12] 陈椽. 茶业通史[M]. 北京:农业出版社,1984.

[13] 陈春声. 市场机制与社会变迁——18世纪广东米价分析[M]. 广州:中山大学出版社,1992.

[14] 陈高华,史卫民. 中国经济通史:元代经济卷[M]. 北京:经济日报出版社,2000.

[15] 陈高华. 元大都[M]. 北京:北京出版社,1983.

[16] 陈国灿. 南宋城镇史[M]. 北京:人民出版社,2009.

[17] 陈国生. 清代贵州农作物的地域分布[J]. 中国历史地理论丛,1994(3).

[18] 陈恒力. 补农书研究[M]. 北京:中华书局,1958.

[19] 陈伟明. 从《异物志》看汉代岭南经济作物的种植与利用[J]. 农业考古,1995(3).

[20] 陈文华. 中国农业通史:夏商周春秋卷[M]. 北京:中国农业出版社,2007.

[21] 陈贤春. 元代粮食商品化的研究[J]. 湖北大学学报(哲学社会科学版),1993(1).

[22] 陈学文. 明清时期杭嘉湖市镇史研究[M]. 北京:群言出版社,1993.

[23] 陈学文. 清代土地所有权转移的法制化[J]. 中国社会经济史研究,2006(4).

[24] 陈真,姚洛. 中国近代工业史资料. 第1辑[M]. 北京:生活·读书·新知三联书店,1957.

[25] 陈宗懋. 中国茶叶大辞典[M]. 北京:中国轻工业出版社,2001.

[26] 成文章. 唐宋土地买卖研究[D]. 昆明:云南大学博士学位论文,2007.

[27] 程应林,等. 江西贵溪崖墓发掘简报[J]. 文物,1980(11).

[28] 程艳. 唐宋之际农业税收货币化对江南农村经济的影响[D]. 西安:陕西师范大学硕士学位论文,2006.

[29] 戴均良. 中国城市发展史[M]. 哈尔滨:黑龙江人民出版社,1992.

[30] 邓玉娜. 清代河南的粮食贸易及其对城镇化的影响[D]. 西安:陕西师范大学硕士学位论文,2003.

[31] 杜文凯. 谈西汉亩产量[N]. 光明日报,1957-3-28.

[32] 杜文玉. 论五代十国时期农业经济作物的发展趋势[J]. 陕西师范大学学报(哲学社会科学版),2009(7).

[33] 樊树志. 明清长江三角洲的粮食业[J]. 市镇与米市,1990(12).

[34] 樊志民. 问稼轩农史文集[C]. 杨凌:西北农林科技大学出版社,2006.

[35] 方健. 唐宋茶产地和产量考[J]. 中国经济史研究,1993(2).

[36] 方如金. 宋代浙江的粮食商品化述评[J]. 浙江师范大学学报(社会科学版),1991(3).

[37] 方行,经君健,魏金玉. 中国经济通史:清代经济卷[M]. 北京:经济日报出版社,2000.

[38] 方行,经君健,魏金玉. 中国经济通史:清代经济卷[M]. 北京:中国社会

科学出版社,2007.

[39] 方行.清代前期的土地产权交易[J].中国经济史研究,2009(6).

[40] 方行.清代山东农村的劳动力市场[J]//方行.吴承明教授九十华诞纪念文集[C].北京:中国社会科学出版社,2006.

[41] 方行.中国封建社会的土地市场[J].中国经济史研究,2001(2).

[42] 冯天瑜.中华文化史[M].上海:上海世纪出版集团,2005.

[43] 福建省崇安县文化馆,厦门大学历史系考古专业.福建崇安县架壑船棺调查简报[J].厦门大学学报(哲学社会科学版),1978(4).

[44] 傅允生.制度变迁与经济发展:王安石青苗法与免役法再评价[J].中国经济史研究,2004(2).

[45] 傅筑夫.中国封建社会经济史[M].北京:人民出版社,1981.

[46] 甘肃文物考古研究所.敦煌汉简释文[M].兰州:甘肃人民出版社,1991.

[47] 高汉玉,王裕中.崇安武夷山船棺出土纺织品的研究[J].民族学研究第四辑,1982.

[48] 高敏.试论汉代的雇佣劳动者[A]//高敏.秦汉史论集[C].郑州:中州书画社,1982.

[49] 高敏.魏晋南北朝经济史[M].上海:上海人民出版社,1996.

[50] 高敏.中国经济通史.魏晋南北朝经济卷[M].北京:经济日报出版社,2000.

[51] 高石钢.高利贷在中国古代的起源与发展问题探析[J].宁夏大学学报(人文社会科学版),2010(5).

[52] 高天麟,张岱海.山西襄汾陶寺遗址发掘简报[J].考古,1980(1).

[53] 葛金芳."农商社会"的过去、现在和未来——宋以降(11—20世纪)江南区域社会经济变迁[J].安徽师范大学学报(人文社会科学版),2009(9).

[54] 顾朝林.中国城市地理[M].北京:商务印书馆,1999.

[55] 顾全芳.青苗法研究[J].西南师范大学学报,1990(3).

[56] 关履权.宋代广东历史发展趋向与农业商品化[J].广东社会科学,1991(1).

[57] 广西僮族自治区通志馆.太平天国革命在广西调查资料汇编[M].南宁:广西僮族自治区人民出版社,1962.

[58] 郭华.地域社会结构与明清江南商品农业的发展——以太湖流域为考察

中心[D]. 南京:南京农业大学硕士学位论文,2008.

[59] 郭声波. 历史时期四川手工业原料作物的分布[J]. 中国历史地理论丛,1990(3).

[60] 郭声波. 四川历史农业地理[M]. 成都:四川人民出版社,1993.

[61] 郭声波. 中国槟榔种植与槟榔习俗文化的历史地理探索[J]. 中国历史地理论丛,2009,24(4).

[62] 郭松义. 清代粮食市场和商品粮数量的估测[J]. 中国史研究,1994(4).

[63] 韩茂莉. 北宋黄河中下游地区主要粮食作物地理分布[J]. 中国历史地理论丛,1989(2).

[64] 韩茂莉. 辽金农业地理[M]. 北京:社会科学文献出版社,1999.

[65] 韩茂莉. 宋代农业地理[M]. 太原:山西古籍出版社,1993.

[66] 韩茂莉. 中国历史农业地理[M]. 北京:北京大学出版社,2012.

[67] 何清谷. 略论战国时期的雇佣劳动[J]. 陕西师范大学学报(哲学社会科学版),1981(4).

[68] 何晓昕,罗依. 中国风水史[M]. 北京:九州出版社,2008.

[69] 后文洙,崔书玖. 南京商贸史话[M]. 南京:南京出版社,1999.

[70] 胡钢. 中国古代土地市场发育研究[D]. 杨凌:西北农林科技大学硕士学位论文,2003.

[71] 胡厚宣. 殷代的蚕桑和丝织[J]. 文物,1972(11).

[72] 胡焕庸. 中国人口地理:上[M]. 上海:华东师范大学出版社,1984.

[73] 胡戟. 从耕三余一说起——我国传统小农经济的生产效率和生产结构问题[J]. 中国农史,1983(4).

[74] 胡如雷. 隋唐五代社会经济史论稿[M]. 北京:中国社会科学出版社,1996.

[75] 黄彩霞. 明清徽商与江南粮食市场[D]. 芜湖:安徽师范大学硕士学位论文,2004.

[76] 黄鸿山. 元代常平义仓研究[J]. 苏州大学学报,2005(4).

[77] 黄今言,王福昌. 汉代农业商品生产的群体结果及其发展水平之评估[J]. 中国社会经济史研究,2003(1).

[78] 黄今言. 汉代不同农耕区之劳动生产率的考察——以粮食生产为研究中心[J]. 中国社会经济史研究,2006(3).

[79] 黄今言.秦汉商品经济研究[M].北京:人民出版社,2005.

[80] 黄冕堂.清代农村长工工价纵横探[J].中国经济史研究,1992(3).

[81] 黄冕堂.清史治要[M].济南:齐鲁书社,1990.

[82] 黄冕堂.中国历代物价问题考述[M].济南:齐鲁书社,2008.

[83] 黄启臣.试论明清商业资本流向土地的问题[A]//中国史研究编辑部.中国封建社会经济结构研究[M].北京:中国社会科学出版社,1985.

[84] 黄清敏.文契中的清代福州山区农业商品经济[J].农业考古,2009(2).

[85] 黄宗智.长江三角洲小农家庭与乡村发展[M].北京:中华书局,2000.

[86] 黄宗智.华北的小农经济与社会变迁[M].北京:中华书局,1986.

[87] 黄宗智.论长江三角洲的商品化进程与以雇佣劳动为基础的经营式农业[J].中国经济史研究,1988(3).

[88] J.T.施莱贝克尔.美国农业史[M].北京:农业出版社,1981.

[89] 季羡林.中国糖史[A]//季羡林文集(第九卷)[C].南昌:江西教育出版社,1998.

[90] 加藤繁.中国经济史考证[M].北京:商务印书馆,1973.

[91] 翦伯赞.两汉时期的雇佣劳动[J].北京大学学报,1959(3).

[92] 江剑.北宋青苗法研究[D].济南:山东大学硕士学位论文,2011.

[93] 江苏省博物馆.江苏省明清以来碑刻资料选集[M].北京:生活·读书·新知三联书店,1959.

[94] 江太新.论清代前期的土地买卖周期[J].中国经济史研究,2000(12).

[95] 蒋建平.清代前期米谷贸易的宏观考察[J].烟台大学学报(哲学社会科学版),1988(3).

[96] 景国华.南浔蚕丝经济[M].杭州:浙江人民出版社,2006.

[97] 崛敏一.均田制研究[M].福州:福建人民出版社,1984.

[98] 孔祥军.两宋常平仓研究[J].南京农业大学学报,2009(4).

[99] 赖作卿.中国历史上农业金融的一次突破——论王安石变法中的"青苗法"[J].赣南师范学院学报,1996(2).

[100] 冷鹏飞.战国秦汉时期农业领域商品经济的发展[J].湖南师范大学社会科学学报,2002(1).

[101] 冷鹏飞.中国古代社会商品经济形态研究[M].北京:中华书局,2002.

[102] 李伯重.唐代江南农业的发展[M].北京:农业出版社,1990.

[103] 李辅斌.清代直隶山西棉花种植和蚕桑业的变化及分布[J].中国历史地理论丛,1996(12).

[104] 李根蟠.长江下游稻麦复种制的形成和发展——以唐宋时代为中心的讨论[J].历史研究,2002(5).

[105] 李根蟠.从《管子》看小农经济与市场[J].中国经济史研究,1995(3).

[106] 李根蟠.战国秦汉小农家庭的规模及其变化机制——围绕"五口之家"的讨论[J]//张国刚.家庭史研究的新视野[C].北京:生活·读书·新知三联书店,2004.

[107] 李贵民.明清时期蓝靛业研究[D].台南:台湾成功大学历史研究所硕士学位论文,2004.

[108] 李恒全.试论汉代农业领域的商品生产问题[J].中国农史,2005(4).

[109] 李华瑞.关于《青苗法研究》的几个问题[J].西南师范大学学报,1992(9).

[110] 李华瑞.宋代酒的生产和征榷[M].保定:河北大学出版社,1995.

[111] 李捷民,等.河北藁城县台西村商代遗址1973年的重要发现[J].文物,1974(8).

[112] 李锦伟.农业结构的变化与明清黔东商品经济的发展[J].农业考古,2010(2).

[113] 李靖莉.唐宋明清时期黄河三角洲商品经济发展考论[J].东岳论丛,2006(11).

[114] 李军,冯开文.中国农业经济史纲要[M].北京:中国农业大学出版社,2008.

[115] 李琳琦.明清徽州粮商述论[J].江西师范大学学报(哲学社会科学版),1988(4).

[116] 李玲崧.秦汉时期的土地买卖对社会扩大再生产物质基础的影响[J].中山大学学报论丛,1999(2).

[117] 李令福.明清山东农业地理[M].台北:五南图书出版有限公司,2000.

[118] 李令福.明清山东省棉花种植业的发展与主要产区的变化[J].中国历史地理论丛,1998(3).

[119] 李令福.清代东北地区经济作物与蚕丝生产的区域特征[J].中国历史地理论丛,1992(9).

[120] 李令福.烟草、罂粟在清代山东的扩种及影响[J].中国历史地理论丛,1997(9).

[121] 李绍强,徐建青.中国手工业经济通史:明清卷[M].福州:福建人民出版社,2004.

[122] 李维才.唐代粮食问题研究[D].济南:山东大学博士学位论文,2011.

[123] 李文治.中国近代农业史资料[M].北京:生活·读书·新知三联书店,1957.

[124] 李文治,江太新.中国地主制经济论:封建土地关系发展与变化[M].北京:中国社会科学出版社,2005.

[125] 李文治,魏金玉.明清时代的农业资本主义萌芽[M].北京:中国社会科学出版社,1983.

[126] 连横.台湾通史[M].北京:九州出版社,2008.

[127] 梁家勉.中国农业科学技术史稿[M].北京:农业出版社,1989.

[128] 廖建智.明代茶酒文化之研究[M].台北:万卷楼图书股份有限公司,2005.

[129] 列宁.列宁全集[M].北京:人民出版社,1959.

[130] 林甘泉.中国经济通史:秦汉经济卷[M].北京:经济日报出版社,2000.

[131] 林文勋,杨华星.也谈中国封建社会商品经济发展的特点[J].思想战线,2000(6).

[132] 刘昌俊.唐代西南地区经济作物发展原因探研[J].内蒙古农业科技,2009(3).

[133] 刘传宾.西周青铜器铭文土地转让研究[D].长春:吉林大学硕士学位论文,2007.

[134] 刘德.青苗法的得失及其原因[J].广西民族学院学报,1993(2).

[135] 刘秋根.15—18 世纪中国资金市场发育水平蠡测[J].人文杂志,2008(1).

[136] 刘秋根.两宋私营高利贷资本初探[J].河北大学学报,1987(3).

[137] 刘秋根.论清代前期高利贷资本的活动形式[J].中国经济史研究,1995(1).

[138] 刘秋根.论元代私营高利贷资本[J].河北学刊,1993(3).

[139] 刘秋根.明代农村高利贷资本[J].河北大学学报(哲学社会科学版),

1998(3).

[140] 刘秋根. 明清高利贷资本[M]. 北京:社会科学文献出版社,2000.

[141] 刘秋根. 试论宋代官营高利贷资本[J]. 河北学刊,1989(2).

[142] 刘秋根. 唐宋常平仓的经营与青苗法的推行[J]. 河北大学学报,1989(4).

[143] 刘秋根. 元代官营高利贷资本述论[J]. 文史哲,1991(3).

[144] 刘秋根. 中国封建社会农业金融发展阶段探索[J]. 人文杂志,2007(3).

[145] 刘秋根,王福鑫. 明代高利贷资本活动形式[J]. 史学月刊,1997,(5).

[146] 刘玉峰. 唐代商品性农业的发展和农产品的商品化[J]. 思想战线,2004(2).

[147] 刘志伟. 试论清代广东地区商品经济的发展[J]. 中国经济史研究,1988(2).

[148] 龙登高. 江南市场史:十一至十九世纪的变迁[M]. 北京:清华大学出版社,2003.

[149] 龙登高. 中国传统市场发展史[M]. 北京:人民出版社,1997.

[150] 卢华语. 唐代蚕桑丝绸研究[M]. 北京:首都师范大学出版社,1995.

[151] 鲁西奇. 汉代买地券的实质、渊源与意义[J]. 中国史研究,2006(1).

[152] 钱大昕,撰;吕友仁,校点. 潜研堂集[M]. 上海:上海古籍出版社,1989.

[153] 吕志峰. 东汉买地券著录与研究概述[J]. 南都学坛,2003(10).

[154] 罗仑,景甦. 清代山东经营地主经济研究[M]. 济南:齐鲁书社,1985.

[155] 罗彤华. 唐代民间借贷之研究[M]. 台北:台湾商务印书馆,2005.

[156] 罗西章. 陕西扶风杨家堡西周墓清理简报[J]. 考古与文物,1980(2).

[157] 马波. 清代闽台地区的农产品流通[J]. 中国历史地理论丛,1994(4).

[158] 马朵朵. 元代信贷问题研究[D]. 石家庄:河北师范大学,2010.

[159] 马克思. 资本论[M]. 北京:人民出版社,2004.

[160] 马新. 商品经济与两汉农民的历史命运[J]. 文史哲,1996(6).

[161] 马雪芹. 明清河南农业地理[M]. 台北:台北洪业文化有限公司,1997.

[162] 马玉臣. 宋代常平仓制度研究[M]. 开封:河南大学硕士学位论文,2000.

[163] 默书民. 元大都的粮食来源与消费[J]//中国元史研究会. 元史论丛(第9辑)国际学术研讨会论文集[C]. 北京:中国广播电视出版社,2004.

[164] 穆素洁. 中国:糖与社会(农民、技术和世界市场)[M]. 广州:广东人民

出版社,2009.

[165] 穆素洁.商品性农业及其变化的限度:1644—1834年的珠江三角洲[J].广东社会科学,1989(1).

[166] 乜小红.对敦煌农业雇工契中雇佣关系的研究[J].敦煌研究,2009(5).

[167] 乜小红.再论敦煌农业雇工契中的雇佣关系[J].中国经济史研究,2011(4).

[168] 宁可.汉代农业生产漫谈[N].光明日报,1979-10-4.

[169] 宁可.中国经济通史(隋唐五代经济卷)[M].北京:经济日报出版社,2000.

[170] 宁欣.从士人社会到市民社会——以都城社会的考察为中心[J].文史哲,2009(6).

[171] 牛敬忠.清代常平仓、社仓的社会功能[J].内蒙古大学学报(哲学社会科学版),1991(1).

[172] 漆侠.宋代经济史:上[M].北京:中华书局,2009.

[173] 漆侠.中国经济通史:辽夏金经济卷[M].北京:经济日报出版社,2000.

[174] 漆侠.中国经济通史:宋代经济卷[M].北京:经济日报出版社,2000.

[175] 秦和平.试析清代四川羌区农业的发展和劳动力问题[J].中国农史,1991(3).

[176] 全汉昇.南宋稻米的生产与运销[J]//国立编译馆.宋史研究集刊[C].台北:国立编译馆,1969.

[177] 任放.明清时期湖南商品经济的发展状况[J].求索,2002(5).

[178] 沈阳农学院.社会主义农业经济学[M].北京:中国人民大学出版社,1980.

[179] 石冬梅.北周六官源流考[J].保定学院学报,2008(1).

[180] 施坚雅.中华帝国晚期的城市[M].北京:中华书局,2000.

[181] 史志宏.清代前期小农经济[J]//方行.中国封建经济论稿[C].北京:商务印书馆,2004.

[182] 斯波义信.宋代江南经济史研究[M].南京:江苏人民出版社,2001.

[183] 斯波义信.宋代商业史研究[M].台湾:稻禾出版社,1997.

[184] 宋杰.汉代雇佣价格辨析[J].首都师范大学学报(社会科学版),1988(2).

[185] 宋仁桃．战国秦汉城市人口结构初探——以农民问题为中心[J]．史学月刊，2006(5).

[186] 苏金花．唐五代敦煌农业劳动力的身份结构探析[J]．中国经济史研究，2004(3).

[187] 孙刚华．汉代雇佣劳动研究[D]．上海：上海师范大学硕士学位论文，2010.

[188] 谭光万，樊志民．战国秦汉农业功能的国家定位与制度强化[J]．西北农林科技大学学报(社会科学版)，2013，13(1).

[189] 谭天星．简论清前期两湖地区的粮食商品化[J]．中国农史，1988(4).

[190] 唐耕耦．唐代茶业[J]．社会科学战线，1979(4).

[191] 唐林生．清代的常平仓制度[J]．衡阳师专学报(社会科学版)，1989(3).

[192] 唐云明．我国育蚕织绸起源时代初探[J]．农业考古，1985(2).

[193] 陶卫宁．论烟草传入我国的时间及其路线[J]．中国历史地理论丛，1998(9).

[194] 陶卫宁．明末清初我国烟草的主要产地及运销[J]．中国历史地理论丛，1996(12).

[195] 天野元之助．中国农业史研究[J]．农业综合研究所，お茶の水書房刊，1962.

[196] 田昌五，漆侠．中国封建社会经济史[M]．济南：齐鲁书社，北京：文津出版社，1996.

[197] 汪若海．中国棉史纪事[M]．北京：中国农业科学技术出版社，2007.

[198] 王利华．中国农业通史：魏晋南北朝卷[M]．北京：中国农业出版社，2007.

[199] 王玲．六朝时期荆州地区的粮食贸易[J]．中国社会经济史研究，2009(1).

[200] 王庆瑞，敦德勇．甘肃东乡林家马家窑文化遗址出土的稷与大麻[J]．考古，1984(7).

[201] 王双怀．明代华南的经济作物及其地理分布[J]．中国历史地理论丛，1998(9).

[202] 王双怀．明代华南农业地理研究[M]．北京：中华书局，2002.

[203] 王文东．宋朝青苗法与唐宋常平仓制度比较研究[J]．中国社会经济史研究，2006(3).

［204］王文书.宋代借贷业研究［D］.保定：河北大学博士学位论文，2011.

［205］王晔.辽代幽云地区土地买卖的几个问题——以辽代石刻资料为中心［J］.中国经济史研究，2011(9).

［206］王毓铨.中国经济通史：明代经济卷［M］.北京：经济日报出版社，2000.

［207］王元林，刘强.明清时期潮州粮食供给地区及路线考［J］.中国历史地理论丛，2005，20(1).

［208］王震亚.汉简中的商品、价格、税收与市场管理.简牍学研究：第一辑［M］.兰州：甘肃人民出版社，1997.

［209］王中良，王文书.辽金元官营借贷利率及其利率政策［J］.辽宁工程技术大学学报(社会科学版)，2008，10(5).

［210］王中良.辽金官营借贷研究［J］.辽宁工程技术大学学报(社会科学版)，2007，9(4).

［211］王仲荦.金泥玉屑丛考［M］.北京：中华书局，1998.

［212］魏明孔.中国手工业经济通史：魏晋南北朝卷［M］.福州：福建人民出版社，2004.

［213］魏小英，曹敏.明清时期农业领域商品经济发展刍议［J］.重庆工商大学学报(社会科学版)，2008(8).

［214］温乐平.秦汉时期粮价波动与国家调控措施［J］.湖北师范学院学报(哲学社会科学版)，2008，28(2).

［215］吴宾.明清时期陕南农业商品化发展及其成因［J］.西北农林科技大学学报(社会科学版)，2005(7).

［216］吴宾.中国古代粮食安全问题研究［D］.杨凌：西北农林科技大学，2007.

［217］吴承明.中国资本主义与国内市场［M］.北京：中国社会科学出版社，1985.

［218］吴存浩.中国农业史［M］.北京：警官教育出版社，1996.

［219］吴宏岐.元代北方地区农作物的地域分布［J］.中国历史地理论丛，1988(12).

［220］吴宏岐.元代江浙地区农业经济的发展及地域差异［J］.中国历史地理论丛，1991(12).

［221］吴宏岐.元代南方地区农作物的地域分布［J］.中国历史地理论丛，1992(6).

[222] 吴宏岐.元代农业地理[M].西安:西安地图出版社,1997.

[223] 吴慧.中国历代粮食亩产研究[M].北京:农业出版社,1985.

[224] 吴慧.中国商业通史:第四卷[M].北京:中国财政经济出版社,2008.

[225] 吴觉农.茶经述评[M].北京:中国农业出版社,2005.

[226] 吴孔明.从麻织诗看唐代麻织业[J].重庆工学院学报(社会科学版),2008(11).

[227] 吴量恺.清前期农业雇工的工价[J].中国社会经济史研究,1983(2).

[228] 武建国,张锦鹏.宋代江南地区农村劳动力的利用与流动分析[J].中国经济史研究,2011(5).

[229] 武拉平.我国农村集市的起源、分化与发展趋势[A].//李军,王秀清.历史视角中的三农:王毓瑚先生诞辰一百周年纪念文集[C].北京:中国农业出版社,2008.

[230] 武沐,王敬伟.清代河州契文中的土地买卖[J].西北师范大学学报(社会科学版),2008(7).

[231] 西奥多·W.舒尔茨.改造传统农业[M].北京:商务印书馆,2009.

[232] 西嶋定生.中国经济史研究[M].北京:农业出版社,1984.

[233] 夏纬瑛.《诗经》中有关农事章句的解释[M].北京:农业出版社,1981.

[234] 谢桂华,李均民.居延汉简释文合校[M].北京:文物出版社,1987.

[235] 谢景芳.论清代奉天与内地间粮食海运贸易[J].辽宁师范大学学报(社科版),1989(3).

[236] 谢宏维.清代棚民及其对社会经济的影响[J].历史教学,2004(3).

[237] 谢雁翔.四川郫县犀浦出土东汉残碑[J].文物,1974(4).

[238] 徐宏件.论唐都长安的粮食供应[D].西安:陕西师范大学硕士学位论文,2007.

[239] 徐辉,等.对钱山漾出土丝织品的验证[J].丝绸,1981(2).

[240] 徐晓望.论晚明福建商业性农业的发展[J].中共福建省委党校学报,2003(4).

[241] 徐扬杰.汉代雇佣劳动的几个问题[J].江汉论坛,1982(1).

[242] 许涤新,吴承明.中国资本主义发展史:第一卷[M].北京:人民出版社,1985.

[243] 许涤新,吴承明.中国资本主义发展史[M].北京:人民出版社,2003.

[244] 许檀. 明清时期山东经济的发展[J]. 中国经济史研究,1995(3).

[245] 亚当·斯密. 国富论[M]. 北京:人民日报出版社,2009.

[246] 杨国安. 浅析清代经济作物种植的区域性特征[J]. 中国农史,2001(2).

[247] 杨国桢. 明清土地契约文书研究[M]. 北京:中国人民大学出版社,2009.

[248] 杨宽. 战国史[M]. 上海:上海人民出版社,1955.

[249] 杨松水. 论清代皖中地区与江南米粮贸易的动因与影响[J]. 中国农史,2006(1).

[250] 杨伟. 清代黔东南地区农林经济开发及其生态－生产结构[J]. 中国历史地理论丛,2000(3).

[251] 杨文. 北宋在河湟地区的官营榷场贸易及土地买卖政策[J]. 青海民族大学学报(社会科学版),2010(4).

[252] 杨乙丹. 组织结构演进、利益分化与传统国家农贷的目标偏离[J]. 中国农史,2010(2).

[253] 杨贞. 清代前期民间借贷法律研究[D]. 保定:河北大学硕士学位论文,2011.

[254] 姚遂. 中国金融思想史[M]. 北京:中国金融出版社,1994.

[255] 叶茂. 中国历史上的要素市场与土地买卖——“中国历史上的商品经济”系列研讨会第四次会议纪要[J]. 中国经济史研究,2001(1).

[256] 叶依能. 元代粮食生产和粮食商品化[J]. 中国农史,1994(4).

[257] 叶志如. 乾隆年间江北数省行禁踏曲烧酒史料[J]. 历史档案,1987(3).

[258] 叶志如. 乾隆年间江南数省行禁踏曲烧酒史料[J]. 历史档案,1987(1).

[259] 易棉阳. 民国时期国家农贷中的农贷悖论解读[J]. 中国社会经济史研究,2011(4).

[260] 易泽丰. 清代海南岛农作物的地域分布[J]. 中国历史地理论丛,1998(12).

[261] 尹钧科. 古代北京城市管理[M]. 北京:同心出版社,2002.

[262] 余也非. 中国历代粮食平均亩产量考略[J]. 重庆师范大学学报(哲学社会科学版),1980(3).

[263] 余寅同. 宋朝田宅先买权制度研究[J]. 法制与社会,2009(12).

[264] 虞云国. 略论宋代太湖流域的农业经济[J]. 中国农史,2002(1).

[265] 岳琛. 中国农业经济史[M]. 北京:中国人民大学出版社,1989.

[266] 曾维君. 略论中国古代高利贷资本利率演变趋势[J]. 湖南社会科学,2001(2).

[267] 詹玉荣. 中国农村金融史[M]. 北京:北京农业大学出版社,1991.

[268] 张波,樊志民. 中国农业通史:战国秦汉卷[M]. 北京:中国农业出版社,2007.

[269] 张传玺. 中国历代契约会编考释(上)[M]. 北京:北京大学出版社,1995.

[270] 张海鹏,张海瀛. 中国十大商帮[M]. 合肥:黄山书社,1993.

[271] 张焕育. 明代预备仓研究[D]. 苏州:苏州大学硕士学位论文,2010.

[272] 张家山二四七号汉墓竹简整理小组. 张家山汉墓竹简(二四七号墓)释文(修订本)[M]. 北京:文物出版社,2006.

[273] 张建军. 清代新疆主要经济作物及其地域分布[J]. 中国历史地理论丛,1996(4).

[274] 张剑光,邹国慰. 唐五代时期江南农业生产商品化及其影响[J]. 学术月刊,2010,42(2).

[275] 张剑光. 唐五代江南麻布纺织的地理分布[J]. 中国社会经济史研究,2002(2).

[276] 张晋藩. 中国法制通史[M]. 北京:法律出版社,1998.

[277] 张晋藩,韩玉林. 中国法制通史. 第六卷(元)[M]. 北京:法律出版社,1999.

[278] 张晋藩,怀效峰. 中国法制通史. 第七卷(明)[M]. 北京:法律出版社,1999.

[279] 张萍. 清代陕西植棉业发展及棉花产销格局[J]. 中国历史地理论丛,2007(1).

[280] 张全民. 社仓制与青苗法比较刍议[J]. 史学月刊,1994(1).

[281] 张显清. 明代后期社会转型研究[M]. 北京:中国社会科学出版社,2008.

[282] 张岩. 清代汉口的粮食贸易[J]. 江汉论坛,1993(4).

[283] 张益祥. 清代民间买卖田产法规范之研究——以官方表述为中心[D]. 台北:台湾政治大学法律学研究所硕士学位论文,2004.

[284] 张泽咸,郭松义. 略论我国封建时代的粮食亩产[J]. 中国史研究,1980

(3).

[285] 张忠民.前近代中国社会的土地买卖与社会再生产[J].中国经济史研究,1989(7).

[286] 章楷.中国植棉简史[M].北京:中国三峡出版社,2009.

[287] 章有义.明清徽州土地关系研究[M].北京:中国社会科学出版社,1984.

[288] 赵德馨.中国经济通史[M].长沙:湖南人民出版社,2002.

[289] 赵丰.唐代蚕桑业的地理分布[J].中国历史地理论丛,1991(6).

[290] 赵冈,陈钟毅.中国经济制度史论[M].北京:新星出版社,2006.

[291] 赵冈,陈钟毅.中国历史上的劳动力市场[M].台北:台湾商务印书馆,1986.

[292] 赵冈.农业经济史论集:产权、人口与农业生产[M].北京:中国农业出版社,2000.

[293] 赵建勇.唐关中农业与长安城粮食供应研究[D].杨凌:西北农林科技大学硕士学位论文,2008.

[294] 赵云旗.唐代土地买卖研究[M].北京:中国财政经济出版社,2002.

[295] 赵云旗.中国土地买卖起源问题再探讨[J].学术月刊,1999(1).

[296] 赵忠仲.徽商与明清时期的土地市场[D].芜湖:安徽师范大学硕士学位论文,2011.

[297] 浙江省文物管理委员会.吴兴钱山漾遗址第一、二次发掘报告[J].考古学报,1960(2).

[298] 郑昌淦.明清农村商品经济研究[M].北京:中国人民大学出版社,1989.

[299] 郑绍昌.秦以前中国农业劳动生产率的初步估计[J].中国社会经济史研究,1985(1).

[300] 郑学檬.中国经济通史:隋唐五代[M].长沙:湖南人民出版社,2002.

[301] 郑宗寒.试论小城镇[J].中国社会科学,1983(4).

[302] 中国金融史编写组.中国金融史[M].成都:西南财经大学出版社,1993.

[303] 中国科学院考古研究所.居延汉简甲编[M].北京:科学出版社,1959.

[304] 周宏伟.清代两广农业地理[M].长沙:湖南教育出版社,1998.

[305] 周进.清代土地绝卖契约研究[D].武汉:武汉大学硕士学位论文,2005.

[306] 周琍,黎明香.明清赣南地区经济作物的种植研究[J].农业考古,2010(1).

[307] 周龙华.从两则土地税税额材料看宋代的土地买卖[J].贵州社会科学,1992(1).

[308] 周明生.中国古代宏观经济管理研究[M].南京:江苏科技出版社,1989.

[309] 周绍泉.试论明代徽州土地买卖的发展趋势——兼论徽商与徽州土地买卖的关系[J].中国经济史研究,1990(12).

[310] 周翔鹤.清代台湾民间抵押借贷研究[J].中国社会经济史研究,1993(2).

[311] 周志斌.明清时期江苏农业中的雇佣劳动状况[J].安徽农业科学,2009,37(29).

[312] 周智武.明清时期客家山区商业性农业的发展及其影响[J].农业考古,2010(8).

[313] 周自强.中国经济通史:先秦经济卷[M].北京:经济日报出版社,2000.

[314] 朱道华.农业经济学[M].北京:中国农业出版社,2000.

[315] 朱和平.试论魏晋南北朝时期经济作物中的商品成分问题[J].农业考古,2001(1).

[316] 朱宏斌.秦汉时期区域农业开发研究[M].北京:中国农业出版社,2010:163-167.

[317] 朱春阳.元代义仓初探[J].东南文化,2007(5).

[318] 朱奎泽.汉代西北屯戍系统粮食分配问题探析——以汉简资料为中心[J].中国农史,2007(2).

[319] 朱睿根.隋唐时期的义仓及其演变[J].中国社会经济史研究,1984(2).

[320] 邹逸麟.有关我国历史上蚕桑业的几个历史地理问题[A].//复旦大学中文系.选堂文史论苑[C].上海:上海古籍出版社,1994.

英文文献:

[1] Alexander Chayanov. On the Theory of Peasant Economy[M]. Wisconsin: The University of Wisconsin Press, 1986.

[2] Buck, John Lossing. Land Utilization in China: A Study of 16786 Farms

in 168 Localities, and 38256 Farm Families in Twenty-two Provinces in China [M]. New York: Paragon Book Reprint Corp, 1964: 1929 - 1933.

[3] Chen, Han-Seng. Agrarian Reform in China[J]. Far Eastern Survey, 1948, 17(4): 41 - 43.

[4] Darryn Mitussis. History of Land Reform[DB/OL] Digital Guanxi. com. 2006, 22, June.

[5] Dwayne Benjamin, Loren Brandt. Land, Factor Markets, and Inequality in Rural China: Historical Evidence[J]. Explorations In Economic History, 1997 (34): 460 - 494.

[6] Elvin, Mark. Early Communist Land Reform and the Kiangsi Rural Economy[J]. Modern Asian Studies, 1970, 4(2): 165 - 169.

[7] Erik Mathijs, Nivelin Noev. Commercialization and Subsistence in Transition Agriculture: Empirical Evidence from Albania, Bulgaria, Hungary and Romania[J]. Paper Prepared for Presentation at the Xth EAAE Congress 'Exploring Diversity in the European Agri-Food System', Zaragoza (Spain), 2002, 28 - 31 August.

[8] Esherick, Joseph. Number Games—A Note on Land Distribution in Prerevolutionary China[J]. Modern China, 1981, 7(4): 387 - 411.

[9] John L Buck. Chinese Farm Economy. Nanking, 1930.

[10] Jones Govereh, Jayne T S, and James Nyoro, June. Smallholder Commercialization, Interlinked Markets and Food Crop Productivity : Cross-country Evidence in Eastern and Southern Africa[J]. This paper is published by the Department of Agricultural Economics and the Department of Economics, Michigan State University (MSU), 1999.

[11] Joseph, Wesherick. Number Games—A Note on Land Distribution in Prerevolutionary. China. Modern China, 1981, 7(4): 387 - 411.

[12] Karl Polanyi, K Conrad, K Arensburg and H W Pearson. Trade and Market in the Early Empires[J]. Glencoe: The Free Press & The Falcon's Wing Press, 1957.

[13] Kenneth Pomeranz. Land Markets in Late Imperial and Republican China[J]. The Rise, Organization, and Institutional Framework of Factor

Markets, 2005, June: 23 - 25.

[14] Macauley. Social Power and Legal Culture: Litigation Masters in Late Imperial China[J]. Stanford: Stanford University Press, 1988.

[15] Prabhu L Pingali. Environmental Consequences of Agricultural Commercialization in Asia[J]. Environment and Development Economics, 2001 (6): 483 - 502.

[16] Prabhu L Pingali, Mark W Rosegrant. Agricultural Commercialization and Diversification: Processes and Policies[J]. Food Policy, 1995(20): 171 - 185.

[17] Prabhu L. Pingali. From Subsistence to Commercial Production Systems: The Transformation of Asian Agriculture[J]. American Journal of Agricultural Economics, 1997, 79(2): 628 - 634.

[18] R Heltberg, F Tarp. Agricultural Supply Response and Poverty in Mozambique[J]. Food Policy, 2002(27): 103 - 124.

[19] Samuel L Popkin. The Rational Peasant: The Political Economy of Rural Society in Vietnam[M]. University of California Press, 1979.

[20] Schiffrin, Harold. Sun Yat-sen's Early Land Policy: the Origin and Meaning of 'Equalization of Land Rights'[J]. The Journal of Asian Studies, 1957, 16(4): 549 - 564.

[21] Strasberg, Paul J Jayne, T S Yamano, et al. Effects of Agricultural Commercialization on Food Crop Input Use and Productivity in Kenya[J]. Food Security Ⅲ Papers 11463, Michigan State University, Department of Agricultural, Food and Resource Economics, 1999.

后 记

《农业商品化:历史与启示》一书,是在我的博士学位论文基础上修改完成的。回首该书的起草、修改和出版历程,我感慨良多。从2013年到2018年,既是该书成稿到出版的五年,也是我在大连海洋大学参加工作的第一个五年。这五年,我从一个刚毕业的学生逐步成长为一名大学教师。随着知识和阅历的增长、视野的开阔,我对我国古代农业商品化问题及其现实意义有了更深入的认识,于是开始着手对我的博士学位论文原稿进行修改和完善,直至出版。

本书能够顺利出版需要感谢的人太多。感谢我的家人长期以来对我学业、工作的理解和支持。

感谢我的导师樊志民教授,三年硕士、四年博士,从为人到为学,循循善诱,七年不舍。樊老师对农业商品化问题独特的认识,时常能让我豁然开朗,思路大开。

感谢大连海洋大学经济管理学院的刘广东院长、王保良书记、张瑜副院长、贺义雄副院长等学院领导对本书出版的大力支持。感谢经济与金融教研室各位同事的帮助。

我还要感谢东南大学出版社的孙松茜编辑,正是其工作的高效和严谨,才使得本书能够顺利出版。

特别感谢大连海洋大学农村发展学科经费的支持,正是这一有力的支持,才使得本书没有因经费之缺而被束之高阁。希望本书的出版能为大连海洋大学农村发展学科的建设贡献绵薄之力。当然,由于本人学识浅陋,书中难免还存在错漏之处,敬请方家指教。

谭光万

2018年1月于大连　弘基书香园